Hans Beimler

Im Mörderlager Dachau

Herausgegeben, kommentiert
und um eine biographische Skizze
ergänzt von Friedbert Mühldorfer

PapyRossa Verlag

© 2012 by PapyRossa Verlags GmbH & Co. KG, Köln
Luxemburger Str. 202, 50937 Köln
Tel.:   +49 (0) 221 – 44 85 45
Fax: +49 (0) 221 – 44 43 05
E-Mail: mail@papyrossa.de
Internet: www.papyrossa.de

Umchlagfoto: siehe Bildnachweis zu Abb. 2
Umschlag: Willi Hölzel, Lux siebenzwoplus
Druck: Interpress

Die Deutsche Bibliothek verzeichnet diese Publikation in der
Deutschen Nationalbibliografie; detaillierte bibliografische
Daten sind im Internet über http://dnb.ddb.de abrufbar

ISBN 978-3-89438-480-7

Inhalt

Vorwort von Max Mannheimer   7

Vorbemerkung des Herausgebers   10

Einführung in Hans Beimlers Text   13

Hans Beimler
Im Mörderlager Dachau   25

Friedbert Mühldorfer
Hans Beimler – Eine biographische Skizze   74

Zeittafel   187

Quellen, Literatur und Bildnachweis   190

Gewidmet,
stellvertretend für die vielen Frauen, die oft vergessen werden im
»Schatten der Helden«:

Centa Herker-Beimler
Lena Beimler
Rosi Beimler
Maria Haimerl
Anny Mäusle
Antonia Stern

Besonderer Dank an Robert Bierschneider vom Staatsarchiv München, Anton Löffelmeier vom Stadtarchiv München, Albert Knoll von
der KZ-Gedenkstätte Dachau und Ernst Antoni fürs Korrekturlesen.

Gefördert vom Landesverband Bayern der Vereinigung der Verfolgten des Naziregimes/Bund der Antifaschistinnen und Antifaschisten

Vorwort
von Max Mannheimer

Nahezu unglaublich sind die Erlebnisse, die Hans Beimler in seinem Bericht »Im Mörderlager Dachau« erzählt: kaum vorstellbar das Ausmaß der Folter, der er ausgesetzt war, kaum vorstellbar auch, dass ihm die Flucht aus der Einzelzelle des Konzentrationslager gelang. Ausdrücklich als Lager für politische Gegner hatte der damalige neue Polizeipräsident Heinrich Himmler das Konzentrationslager am 22. März 1933 eröffnen lassen. So waren die ersten Häftlinge vor allem Kommunisten, Gewerkschafter und Sozialdemokraten.

Das KZ Dachau war der Anfang, es wurde zur »Schule der Gewalt« und Vorbild für alle Lager, die in den nächsten Jahren in Deutschland und schließlich in halb Europa errichtet wurden.

Als die Nazis im Frühjahr 1933 mit der Verfolgung ihrer Gegner begannen, war für mich als damals 13jährigen die Welt in meiner mährischen Heimat noch in Ordnung – von gelegentlichen Beschimpfungen als »Saujude« abgesehen; aber dagegen konnte ich mich schon noch wehren. 10 Jahre später stand ich dann wehrlos an der Todesrampe von Auschwitz und sah meine Mutter, meine Schwester, meine Frau und meinen Vater zum letzten Mal, bevor sie in den Gaskammern ermordet wurden. 1944 wurden mein Bruder und ich dann ins KZ Dachau überstellt, wo wir bis zur Befreiung in Außenlagern Zwangsarbeit leisten mussten. Was mit der Verfolgung der politischen Gegner 1933 begonnen hatte, setzte sich fort mit Terror und Mord an Homosexuellen, Zeugen Jehovas, Behinderten schließlich bis zum Holocaust an Sinti und Roma und Juden. Die Dachauer »Schule der Gewalt« hatte in Krieg und Massenmord geendet.

Beim neuerlichen Lesen von Beimlers Bericht wird nochmals der ganze Hass deutlich, mit dem die SS-Wachmänner ihre ersten Opfer aus den Reihen der Arbeiterbewegung im Siegesrausch quälten. Umso mehr bewundere ich den Überlebenswillen Hans Beimlers, seinen Mut zum Widerstehen und vor allem zur Flucht. Ich bewundere auch, dass er danach mit all seinen Möglichkeiten versucht hat, den Widerstand gegen Nazideutschland zu stärken und Hilfe für Verfolgte zu organisieren – bis hin zum Kampf in Spanien an der Seite der Republik gegen Francos Putsch, wo er den Tod fand. Dabei denke ich auch an seine Frau Centa, die ebenfalls jahrelang inhaftiert worden war und sich trotzdem nicht von weiterem Widerstand abhalten ließ; bis wenige Jahre vor ihrem Tod im Jahr 2000 konnte ich mit ihr bei Zeitzeugengesprächen im Rahmen internationaler Jugendbegegnung zusammenarbeiten.

Was wäre Deutschland und der Welt erspart geblieben, hätten bereits vor 1933 nicht so viele Menschen weggeschaut und verdrängt, was sichtbar war an Bedrohung durch den Nationalsozialismus. Was wäre möglich gewesen, hätten sich die Nazigegner damals darauf besonnen, den Streit untereinander zurückzustellen und gegen die Bedrohung der elementarsten Menschenrechte gemeinsam zu handeln. Sicher wäre das schwer gewesen angesichts der großen politischen Gegensätze, aber es wäre nichts gewesen gegenüber dem Leid, das allen Nazigegnern und Verfolgten später zugefügt wurde. Dass es auch nach der Machtübernahme der Nazis Widerstand von Frauen und Männern gerade aus der Arbeiterschaft gegeben hat, oftmals sogar nach Entlassung aus Gefängnissen und Konzentrationslagern, ist besonders zu würdigen und bis heute zu wenig beachtet.

Als Überlebende des nationalsozialistischen Terrors schworen wir uns nach der Befreiung 1945, in Erinnerung an unsere toten Kameradinnen und Kameraden, alles zu tun für den Aufbau einer neuen Welt des Friedens und der Freiheit. Manches konnte erreicht werden, aber noch viel zu oft bestimmt auch heute noch Gewalt das internationale Geschehen, viel zu oft werden in unserem Land Menschen wegen ihrer Hautfarbe, ihrer Konfession oder ihrer Kultur ausgegrenzt, verfolgt oder gar ermordet. Dass extrem rechte Gruppierungen oftmals ungehindert öffentlich ihre Propaganda betreiben können und dabei auch noch Gehör finden in Teilen der Bevölkerung, betrübt uns wenige Überlebende heute besonders.

So lange es geht, wollen wir Zeugnis ablegen von den Verbrechen damals und damit beitragen, dass möglichst viele Menschen vor allem der jungen Generation mitmachen im Kampf für eine Welt ohne Rassismus, Antisemitismus, Fremdenfeindlichkeit und Rechtsextremismus.

Hans Beimlers Bericht »Im Mörderlager Dachau« ist eines der besonders wichtigen Zeugnisse, die dabei helfen können.

Dr. h. c. Max Mannheimer
Präsident der Lagergemeinschaft Dachau

Vorbemerkung
des Herausgebers

»Nach längerem Bemühen ist es der Botschaft gelungen, Hetzschrift »Im Mörderlager Dachau« zu beschaffen. Broschüre ist geeignet, das deutsche Ansehen aufs schwerste zu schädigen«, schrieb die deutsche Botschaft in Moskau am 7. Juli 1934 an das Auswärtige Amt in Berlin und empfahl die Ausbürgerung des Verfassers. Vier Monate später konnte dann der nationalsozialistische »Völkische Beobachter« vom 4./5.11.1934 auf der Titelseite unter der Überschrift »Aus der Volksgemeinschaft ausgestoßen – Volksverräter und Lumpen sind keine Deutschen« die Ausbürgerung von 28 Personen verkünden, unter ihnen Hans Beimler, der Verfasser jener »schamlosen Hetzschrift.«

Die Broschüre »Im Mörderlager Dachau« war im August 1933 in Moskau erschienen, geschrieben unmittelbar nach der sensationellen Flucht des bayerischen KPD-Vorsitzenden und Reichstagsabgeordneten Hans Beimler aus dem neu errichteten Konzentrationslager Dachau. Seine Erinnerungen an die wochenlangen Qualen in den Händen der SS gehörten zu den ersten Veröffentlichungen über den Terror in Deutschland nach der Machtübernahme durch die Nazis und fanden als authentische Stimme des »anderen Deutschland« weltweite Verbreitung. In Deutschland selbst wurde der Bericht illegal weitergegeben und vielfach in illegalen Zeitungen und Flugblättern zitiert – auch nach dem Tod Hans Beimlers am 1. Dezember 1936 bei Madrid auf Seiten der Antifaschisten im Spanischen Bürgerkrieg.

»Im Mörderlager Dachau« vermittelt nicht nur die erschütternden Erinnerungen eines prominenten Nazi-Gegners der ersten Stunde, sondern ist gleichzeitig auch ein wichtiges Dokument für den besonderen Terror von SS und SA gegen ihre politischen Gegner im Frühjahr 1933 und für die Zustände im neu eröffneten Konzentrationslager Dachau nahe Münchens, der »Hauptstadt der Bewegung«.

Beimlers Erinnerungen wurden trotz dieser Bedeutung in den alten Bundesländern nicht mehr vollständig veröffentlicht. In der DDR erschien erst 1976 eine Neuausgabe, die bis 1980 in mehreren Auflagen gedruckt wurde. Auszüge aus den Erinnerungen fanden sich dagegen in verschiedenen Publikationen zum Gedenken an Hans Beimler oder zum NS-Lagersystem.

Mit der vorliegenden Neuausgabe wird erstmals Beimlers Text in der Originalfassung der deutschen Ausgabe von 1933 wiedergegeben, ergänzt um Anmerkungen und eine Einführung zu Entstehung und Bedeutung des Textes.

Mit dieser Neuausgabe ist auch eine genauere Beschreibung von Hans Beimlers Lebensgeschichte verbunden. Sie war und ist bis heute im Westen der Bundesrepublik weitgehend unbekannt, weil die Erinnerung an die Verfolgung von Kommunisten jahrzehntelang verdrängt wurde. In den neuen Bundesländern dagegen ist der Name »Hans Beimler« bis heute vielen Menschen ein Begriff, weil dieser in der DDR offiziell als Held verehrt wurde und zahlreiche Straßen und Einrichtungen nach dem Münchner Kommunisten benannt worden waren – meist begleitet von einer stark verkürzten, geglätteten und heroisierenden Darstellung seines Lebens.

Die Hans Beimlers Bericht beigefügte »biographische Skizze« möchte dessen Lebensweg genauer nachzeichnen, auf diese Weise bisher Unbekanntes anführen und gleichzeitig manche Klischees korrigieren. Sie stützt sich auf wenige, indirekt überlieferte Aufzeichnungen Beimlers, auf schriftliche Quellen, die vor allem aufgrund der meist illegalen Bedingungen von Beimlers Arbeit eher spärlich sind, und auf Erinnerungen seiner zweiten Frau Centa und seiner Tochter Rosi, mit der der Verfasser lange Zeit verbunden war. Für eine ausführliche Biographie Hans Beimlers, welche auf dessen persönliche und politische Haltung noch genauer eingehen könnte, fehlen vor allem seine Tagebuchnotizen, deren Verbleib nicht bekannt ist.

Trotz dieser Einschränkungen trägt diese biographische Darstellung hoffentlich dazu bei, Hans Beimlers Lebensweg endlich ange-
messen zu würdigen – und vielleicht auch seine Schlussworte in einer
kurzen Selbstbeschreibung zu erfüllen: »Jetzt habt ihr ungefähr eine
Ahnung vom Beimler Hans. Ist nicht viel, aber der Mensch freut
sich. […] Hart war's, aber schön – solange man kämpfen kann.«[1]

1   Geschrieben am 15.5.1936 in Zürich; zit. n. Antonia Stern: Hans Beimler.
     Dachau-Madrid, (Mskr.), o.O., o.J., S.53.

Abb. I: Hans Beimler in Spanien, 1936

Einführung in Hans Beimlers Text

Hans Beimlers Erlebnisbericht »Im Mörderlager Dachau« gehört zu den frühesten Zeugnissen über den besonderen Terror der National-sozialisten in den ersten Monaten ihrer Herrschaft. Er gab erstmals einen genauen Einblick in den mörderischen Alltag der Anfänge des Konzentrationslagers Dachau, das nicht nur eines der ersten Lager war, sondern als einziges die gesamten 12 Jahre der Nazidiktatur be-standen hat. Der Bericht erregte weltweit Aufsehen, wurde in ver-schiedene Sprachen übersetzt und vor allem auch in der internatio-nalen Presse zitiert.

Entstehung und Verbreitung

Nach seiner Flucht aus dem Konzentrationslager Dachau am 8. Mai 1933 und wochenlangem illegalen Aufenthalt in Deutschland erreich-te Beimler am 26. Juli Moskau. Bevor er einen Kuraufenthalt antreten konnte, musste er in vielen Einzelgesprächen und Versammlungen deutscher und anderer ausländischer Arbeiter von seinen Erlebnis-sen im Lager berichten.[1] »Offen gesagt, mir fiel es nicht leicht, immer und immer wieder alte durchgemachte Quälereien und Foltern zu er-zählen – weil ich alles aufs neue, wenn auch nicht physisch, so doch seelisch durchmachte. Natürlich kann man nicht schweigen, will man [...] sich [nicht, F. M.] zum Mitschuldigen an den Folterungen unserer revolutionären Arbeiter und Arbeiterinnen machen. So war es mir, wie man sagt, »leichter ums Herz«, als ich nach ungefähr zehn Tagen

---

1   Vgl. zu den folgenden Angaben die Aufzeichnungen Beimlers über seinen Aufenthalt in der Sowjetunion. Kopie des Berichts v. 26.6.1933 im Bestand Hans Beimler, Archiv KZ-Gedenkstätte Dachau., Nr. 31965.

den Auftrag – meine am eigenen Leib verspürten – mit eigenen Ohren gehörten – und mit eigenen Augen gesehenen Erlebnisse – auf annähernd 80 handgeschriebenen Seiten, die 51 Schreibmaschinenseiten ergaben, niedergeschrieben hatte.«

Von seinen persönlichen Erlebnissen abgesehen vermittelt der Text eine Vielzahl von Namen und Beschreibungen, die Beimlers genaue Kenntnisse und Beobachtung zeigen und die Verhältnisse im Konzentrationslager treffend wiedergeben. Dies gilt in hohem Maße auch für die Aufzählung von Mordopfern aufgrund von Zeitungsmeldungen, die er seinem Bericht unter der Überschrift »50 Todesfälle in Dachau« anfügt. Es ist davon auszugehen, dass Beimler in seinem Versteck in München bei der Familie Mäusle die Zeitungsmeldungen verfolgen und sich entsprechende Notizen machen konnte. Die angeführten Todesfälle ereigneten sich alle noch in dieser Zeit. Die Meldung über den Mord an Felix Fechenbach wurde wohl unmittelbar während der Abfassung seines Berichts in Moskau recherchiert. Möglicherweise konnte er auch auch auf Informationen für das »Braunbuch« zurückgreifen.

Zunächst war vorgesehen, dass die Broschüre von der MOPR[2], der sowjetischen Sektion der Internationalen Roten Hilfe, herausgegeben werden sollte, aus finanziellen Gründen jedoch gekürzt, was Beimler erbost kommentierte: »Am liebsten hätte ich die 80 Seiten genommen und in den Ofen geworfen.« Vor allem durch Vermittlung von Alexander Emel[3], den Beimler als Lehrer der Propagandistenschule der KPD in Berlin kannte, erschien der Text dann ungekürzt in der »Verlagsgenossenschaft ausländischer Arbeiter in der UdSSR«. Dieser Großverlag wurde 1931 gegründet und brachte für die vielen in der UdSSR tätigen ausländischen Arbeiter und Angestellten wissenschaftliche, politische und belletristische Literatur in verschiedensten

---

2   Russ. Abkürzung für: Internationale Organisation zur Unterstützung der Kämpfer der Revolution.

3   Dr. Alexander Emel (eigtl. Moses Lurje), 1897 bei Minsk geboren, Studium in Deutschland, bis 1931 Leiter der Abteilung Agitation und Propaganda des Zentralkomitees der KPD, 1933-1936 u. a. Lehrer an der Universität in Moskau, 1936 nach einem »Schauprozess« hingerichtet.

Sprachen heraus.[4] In den letzten Tagen vor Beimlers Kuraufenthalt, der am 15. August 1933 endete, einigten sich Emel, der Verlag und Beimler auf den Titel »Im Mörderlager Dachau«. Als Titelbild des Schutzumschlages wurde festgelegt, das John-Heartfield-Motiv der Rückseite des kurz vorher in Paris erschienenen »Braunbuchs über Reichstagsbrand und Hitlerterror« zu verwenden.[5]

Beimlers Erinnerungen erschienen dann bereits am 19.8.1933 in einer Erstauflage von 5500 Exemplaren in deutscher Sprache mit dem Innentitel »Im Mörderlager Dachau. Vier Wochen in den Händen der braunen Banditen«; der Umfang betrug 69 Seiten. Enthalten war darin auch eine Auflistung von Todesfällen seit Beimlers Flucht, die er selbst an seinen Text angefügt hatte, sowie ein Vorwort von Fritz Heckert[6], der die Herausgabe ebenfalls unterstützt hatte. Von der Redaktion wurde außerdem als Anhang ein gekürzter Artikel aus der »Coburger Zeitung« als Beispiel für eine nationalsozialistische Berichterstattung über das KZ Dachau angefügt.

Mit gleichem Inhalt, aber auf nur 55 Seiten gedruckt, erschien daraufhin im gleichen Jahr eine zweite Auflage der Vegaar, die ihrerseits dann als Vorlage diente für einen unveränderten Nachdruck des Textes im Jahr 1934 durch den Literatur-Vertrieb der Kommunistischen Partei des Saarlandes.[7]

---

4   Die Vegaar, so die Abkürzung des Verlagsnamens, hatte 1936 allein 30 Sprachsektionen und verlegte bis zur Schließung 1938 insgesamt 741 nachgewiesene Titel mit einer Gesamtauflagenhöhe von fast 8 Millionen Exemplaren. Bekannte Künstler wie John Heartfield oder Heinrich Vogeler wirkten bei der Buchgestaltung mit; vgl. Günter Schick: Bibliographie deutschsprachiger Veröffentlichungen der »Verlagsgenossenschaft ausländischer Arbeiter in der UdSSR« Moskau, Leningrad, (Berlin 1992), S. 1 ff.

5   Das »Braunbuch« wurde von der KPD am 1. August 1933 in Paris auf einer Pressekonferenz – rechtzeitig vor Beginn des Prozesses zum Reichstagsbrand – vorgestellt. Auf fast 400 Seiten wurden die Stationen der Machtübernahme in Deutschland nachgezeichnet und die Verbrechen in diesen sechs Monaten dokumentiert. Für die Titelseite wurde ebenfalls eine Fotomontage des Grafikers John Heartfield (1891-1968) verwendet.

6   Fritz Heckert (1884-1936), Reichstagsmitglied, Vertreter der KPD im Exekutivkomitee der Kommunistischen Internationale in Moskau.

7   Herausgeber war Hans Pink (1906-1974), Leiter der Roten Hilfe im Saarge-

1933 erschienen auch bereits unveränderte Ausgaben in englischer, russischer und jiddischer Sprache; 1935 folgte eine französische und 1937 eine spanische Ausgabe.[8]

Wesentlich für das große internationale Echo waren jedoch Zeitungsartikel, die sich auf Beimlers Erlebnisse bezogen oder sie auszugsweise wiedergaben.

Angesichts der vielen Berichte in ausländischen Zeitungen, die sich auf Beimlers Schilderung stützten, musste die deutsche Botschaft in Moskau in einem Brief an das Auswärtige Amt feststellen: »Hetzschrift ›Im Mörderlager Dachau‹ [...] ist geeignet, das deutsche Ansehen aufs schwerste zu schädigen.«[9]

»Im Mörderlager Dachau« war der erste längere, zusammenhängende Bericht über die Vorgänge in einem deutschen Konzentrationslager, der veröffentlicht wurde. Für die illegale Verbreitung in Deutschland waren insbesondere Tarnbroschüren, illegale Zeitungen und Flugblätter von Bedeutung, in denen Auszüge aus Beimlers Bericht veröffentlicht wurden.[10] In der Folgezeit erschienen eine Reihe von Beschreibungen anderer ehemaliger Häftlinge, die teilweise in Anthologien aufgenommen oder auch als eigenständige Darstellung

---

biet. Der Druck erfolgte bei der Saar-Nahe-Druck AG in Saarbrücken; bis zur Angliederung des Saarlandes an Deutschland im März 1935 war eine legale Arbeit der KPD möglich.

8   Four Weeks in the Hands of Hitler's Hell-Hounds. The Nazi Murder Camp of Dachau, London 1933; Lager' smerti Dachau, Moskau 1933; In fashistishn Kontslager Dakhau, New York 1933; Au camp d'assasins de Dachau, Paris 1935; En el campo de asesinos de Dachau. Cuatro semanas en poder de los bandidos pardos, Barcelona 1937.

9   Politisches Archiv des Auswärtigen Amts, AA Inland II A/B, Ausbürgerung 3. Liste A-M, R 99641, Fiche Nr. 6268.

10   So auch nach Beimlers Tod in Spanien, siehe etwa die Tarnbroschüre mit dem Umschlag »Goethe. Götz von Berlichingen« in Reclams-Universal-Bibliothek, die im Innenteil »Über Hans Beimler, den spanischen Freiheitskampf und seine Lehren für das deutsche Volk« Auszüge aus Beimlers Bericht enthielt und u. a. über die Schweiz nach Süddeutschland gebracht wurde; vgl. Hans Teubner: Exilland Schweiz. Dokumentarischer Bericht über den Kampf emigrierter deutscher Kommunisten 1933-1945, Frankfurt 1975, S.41.

veröffentlicht wurden. Bedeutend für die frühe Zeit in Dachau ist Martin Grünwiedls Bericht »Dachauer Gefangene erzählen«, den er im Sommer 1934 schrieb und der in München illegal vervielfältigt wurde. Ebenfalls international bekannt wurde Julius Zerfaß' Schilderung »Dachau«, die 1936 in Zürich gedruckt und auch in andere Sprachen übersetzt wurde.[11]

Nach 1945 wurden in sehr vielen Würdigungen Beimlers in Zeitungen, Zeitschriften oder Broschüren[12] Auszüge aus seinem Text wiedergegeben. Eine vollständige Neuausgabe erschien dann erst 1976 in der DDR, allerdings ohne das Vorwort Fritz Heckerts. Beimlers Text wurde dabei nur geringfügig stilistisch angepasst.[13]

Inhalt und sprachliche Gestaltung

Beimlers Bericht ist die genaue Beschreibung der 28 Tage von seiner Verhaftung am 11. April bis zu seiner Flucht in der Nacht vom 8. auf den 9. Mai 1933. Das erste Drittel umfasst die Zeit der Haft im Münchener Polizeigefängnis Ettstraße, der Großteil widmet sich der Situation im Konzentrationslager, in das er am 25. April eingeliefert wurde. Diese Beschreibung wird eingerahmt durch einen einleitenden Teil, der den Bogen spannt von der Niederschlagung der Münchner Räterepublik 1919 bis zur Verhaftung. Der Bericht endet relativ abrupt mit der – im Gegensatz zur vorherigen Ausführlichkeit – ganz knapp gehaltenen Feststellung, dass er die Zelle verlassen habe. Genauere Umstände konnte er nicht preisgeben, um die Helfer und Helferinnen nicht zusätzlich zu gefährden. Einen richtigen Schlussteil gibt es nicht, in einer knappen Passage aber geht er abschließend auf die Ziel-

---

11 Martin Grünwiedl (1901-1987), 1933-1938 in Dachau und anschließend im KZ Buchenwald inhaftiert; Julius Zerfaß (1886-1956), dem nach 6 Monaten die Flucht aus dem Lager gelungen war, veröffentlichte seinen Bericht unter dem Pseudonym Karl Hornung: Dachau, Europa-Verlag Zürich 1936.

12 Siehe dazu das Kapitel Rezeption im biographischen Teil.

13 Hans Beimler: Im Mörderlager Dachau, hg. v. Komitee der antifaschistischen Widerstandskämpfer der DDR, Berlin 1976; die zweite Auflage erschien 1980 ebenfalls im Militärverlag der DDR. Die Ausgabe ist ergänzt um ein Vorwort des Herausgebers Nikolaus Riedmüller und um Erinnerungen von Kampfgefährten Beimlers.

setzung seiner Erinnerung ein: die Mobilisierung der Menschen im
Kampf gegen den »Mordfaschismus«. Damit knüpft er an das einlei-
tende Kapitel an, das ebenfalls mit einem Appell endet.

Im Zentrum des Berichts steht Beimlers eigenes Erleben, das er
chronologisch wiedergibt; nur an wenigen Stellen verlässt er diese
Struktur, wenn er im Kapitel »Herzlich willkommen in Dachau« auf
eine Illustrierte vom Juli verweist oder über Hunglingers frühere Tätigkeit spricht; damit tritt er aus der Rolle des unmittelbar Erlebenden
heraus. Insgesamt aber prägt die Unmittelbarkeit den gesamten Text.
Minutiös schildert er die immer wiederkehrenden Prügelrituale der
SS-Männer an ihm und anderen Häftlingen, was es dem Leser nicht
leicht macht, sich einzulassen auf die Quälereien. In solchen Passagen
nimmt Beimler keinerlei »Rücksicht« auf Empfindlichkeiten, sondern
zwingt gleichsam zum Nachvollzug der Torturen. An diesen Stellen
ist auch spürbar, wie sehr Beimler diesem traumatischen Geschehen
auch beim Niederschreiben immer noch verhaftet ist und wie er es
nochmals durchlebt. Mit diesem sich steigernden Terror wird auch
die Perspektive eingeengt auf die Alternative Selbstmord oder Mord
durch die SS, letzteres als wahrscheinliche Konsequenz einer Flucht.
»Es war der erschütterndste Augenblick meines Lebens«, schreibt
Beimler, als er auf den zerschundenen Körper seines engen Freundes
Fritz Dressel schauen musste, und formuliert wenig später den Schlüs-
selsatz: »So wie Fritz Dressel wollte ich nicht sterben!« Die Erwähnung vieler Genossen, denen Beimler im Lager begegnet, zeigt auch
sein Bemühen, auf deren Leid aufmerksam zu machen.[14]

Angesichts dieser direkten Betroffenheit wirken gelegentliche
Eigenstilisierungen Beimlers als unerschrockener kommunistischer
Funktionär (wie im Kapitel »Das Messer hast du nicht zum Brot-

---

14   Auch im späteren Exil setzte sich Beimler für die Würdigung ermordeter
     bayerischer Kommunisten in einem »Heldenbuch« ein; neben Franz Sten-
     zer, Joseph Götz und Fritz Dressel wollte er auch Alfred Fruth aufgenom-
     men wissen, der Beimlers Flucht mitorganisiert hatte. In einem Brief an
     Oskar Maria Graf versuchte er, diesen für ein Portrait Fruths zu gewinnen;
     Brief Beimlers aus Paris an O. M. Graf v. 13.7.1936 (Kopie), Archiv der KZ-
     Gedenkstätte Dachau, Bestand Beimler, Nr. 19.092

schneiden bekommen«) eher propagandistisch aufgesetzt und auch sprachlich recht pathetisch, sie ändern aber nichts an der Authentizität seines Erlebens. Eine größere Bedeutung als Gegenpol zur emotional aufwühlenden Schilderung haben jene Passagen, in denen er die SS-Männer als nicht nur brutal, sondern auch verstandesmäßig recht begrenzt beschreibt und damit die eigentliche Überlegenheit der Häftlinge herausstellt. Zu dieser Ebene der Distanz gehören vor allem eine manchmal recht lakonische, trockene Sprache, bildhafte Personenbeschreibungen wie »Kopfhalter« und »Lebendige Zange« oder auch umgangssprachliche Wendungen.

Insgesamt aber ist die sprachliche Darstellung eng verknüpft mit dem dramatischen Geschehen. Besonders auffallend ist die häufige Verwendung des Wortes »Mord« in zusammengefügten Substantiven, mit dem Beimler Personen und Handlungen der Nazis charakterisiert und damit gleichzeitig auch dem eigenen Hass und der eigenen Verzweiflung Ausdruck verschafft. Auch die Verwendung wörtlicher Rede, die ständige Benützung des Gedankenstrichs, Hervorhebungen durch Kursivdruck oder durch isolierte Zeilensetzung betonen immer wieder die Unmittelbarkeit des schrecklichen Geschehens.

Obwohl durch die Art der Darstellung deutlich wird, dass Beimler damit auch das Erlebte zu verarbeiten versucht und gleichzeitig der ermordeten Kameraden gedenkt, darf die »politische« Dimension des Textes nicht vergessen werden. Beimler geht es ausdrücklich nicht um sein persönliches Leiden oder die Darstellung des Leidens an sich; der Bericht solle dazu beitragen, so schreibt er im Einleitungskapitel »Keine erfundene Greuelpropaganda«, die »ganze Wahrheit ans Tageslicht zu bringen«, das heißt, der beschönigenden Nazi-Berichterstattung und dem Nichtwissen der Außenstehenden etwas entgegenzusetzen. Diese Wahrheit müsse jeder verbreiten, um damit die deutsche Arbeiterschaft und die »Arbeiterklasse der ganzen Welt« zum Kampf gegen den Faschismus zu bewegen. Damit bleibt Beimler noch der KPD-Strategie und der Hoffnung der letzten Jahre verhaftet, was sich auch darin zeigt, dass er zur »antifaschistischen Front« – einer häufigen gebrauchten Losung der KPD – aufruft und diesen Kampf

verbindet mit der »Errichtung der Herrschaft der Arbeiterklasse«,
welche unmittelbar dem Faschismus folge. Denn in dem gesteigerten Terror des Faschismus drücke sich nichts anderes aus als das im
»Todeskampf liegende kapitalistische Ausbeuter- [...] und Mordsystem«, wie Beimler in seiner Schlussbemerkung schreibt. Für ihn selbst
waren die Erlebnisse ein entschiedener Anstoß zur weiteren illegalen
Arbeit in den Grenzgebieten und vor allem für seinen antifaschistischen Kampf in Spanien.

Dennoch zeigt der Bericht auch wichtige Veränderungen. Der
Begriff »Mordfaschismus«, den die KPD bisher immer zur Unter-
scheidung des Nazifaschismus von anderen »Varianten« bürgerlicher
Herrschaft wie Brüning-, Papen- oder in Bayern auch Heldfaschismus
benutzt hat, erhält bei Beimler eine neue Qualität. Gerade auch der
besonders häufige Gebrauch dieses Begriffs weist darauf hin, dass
der erlebte Terror für Beimler eben keine bloße Steigerung dessen
ist, was Kommunisten bisher unter »bürgerlichen« Regierungen an
Verfolgung zu ertragen hatten. In der Einleitung stellt er dies dadurch
heraus, dass die »Tyrannei« der bayerischen Regierungen seit 1919
gegen die revolutionäre Arbeiterbewegung trotz allem »verblaßt im
Vergleich zu dem, was jetzt im ›Dritten Reich‹ den gefangenen Prole-
tariern [...] angetan wird.« Folglich verläuft für Beimler die eigentliche
Trennlinie zwischen faschistischen und alle anderen, nicht-faschisti-
schen Kräften.

Noch in seiner Rede in »Ziegenhals« am 7. Februar 1933 hatte der
KPD-Vorsitzende Thälmann vom »äußersten Terror« gesprochen, der
nun kommen werde; dessen volles Ausmaß war aber nicht vorauszu-
sehen.

Die Erkenntnis der völlig neuen Qualität von Terror und politischer Herrschaft des Faschismus wurde in der Folgezeit zu einer wesentlichen Ursache für eine veränderte Strategie der Kommunistischen
Internationale und der KPD, die schließlich in die »Volksfrontpolitik«
mündete. Bei Beimler zeigen sich wichtige Vorformen dieser Haltung
auch darin, dass er in den allgemeinen Passagen der ersten Seiten
die Bayerische Volkspartei und ihre Regierungen ungewöhnlich milde
beurteilt, dass die früher heftigen Schuldzuweisungen an die Sozial-

demokratie[15] völlig fehlen, dass er vor allem von der gemeinsamen Betroffenheit der Häftlinge ausgeht. Hier werden ausdrücklich Sozialdemokraten, Gewerkschafter, Parteilose, jüdische Häftlinge einbezogen, ja auch ehemalige Nationalsozialisten, wenngleich natürlich das Leid der kommunistischen Freunde im Vordergrund steht.

Beimlers veränderte Sicht aufgrund eigenen Leidens wird besonders deutlich im Vergleich zum Vorwort Fritz Heckerts, der Beimlers Text nicht nur bezüglich pathetischer Sprache und Heroisierung der Kommunisten weit in den Schatten stellt. Als Mitglied des Politbüros der KPD formuliert Heckert eine allgemeine politische Erklärung mit massiven Angriffen auf »zehntausende von Pfaffen aller Konfessionen«, auf die »feige und erbärmliche verräterische Sozialdemokratie« und die Verleumder der Sowjetunion; das Vorwort liest sich damit auch wie ein Kommentar, wie eine Korrektur und Ergänzung zu Beimlers Ausführungen. Der Unterschied zwischen den Schlussfolgerungen eines Häftlings und denen eines aus der Distanz beschreibenden, sicher mitfühlenden Genossen im Moskauer Exil fällt hier besonders deutlich aus.

Bedeutung

»Im Mörderlager Dachau« ist ein wichtiges Dokument für die Frühzeit des Konzentrationslagers, weil es, wie viele andere Häftlingsberichte, Details liefert zur Rekonstruktion des ersten Lagers, das in einer ehemaligen Munitionsfabrik eingerichtet worden war. Besonders wertvoll sind auch Beimlers Erinnerungen an seine Mithäftlinge und die Beschreibung der Abläufe in den Arrestzellen.[16] Zudem liefern seine genauen Beobachtungen Einblick in die psychische Verfasstheit jener SS-Männer, die Anfang April 1933 die Bayerische Polizei als Wach-

---

15 »Indirekt« nur durch die Erwähnung der Namen Ebert und Noske und den späteren Hinweis auf die relativ komfortablen Haftbedingungen von Erhard Auer. Insgesamt war die Konfrontation zwischen KPD und SPD im Bezirk Südbayern auch in der Endphase der Weimarer Republik wesentlich geringer als in Berlin oder auf Reichsebene.

16 Zu den Arrestzellen des ersten und zweiten Lagers siehe Dirk Riedel: Kerker im KZ Dachau. Die Geschichte der Bunkerbauten, Dachau 2002.

personal ablösten. Er zeigt das besondere Ausmaß an Hass und Roh-
heit, das jene SS-Männer auszeichnete, die aus dem Konzentrationslager ein »Mörderlager« und schließlich eine »Mörderschule«[17] machten
und – machen sollten.

Der »unkontrollierte« Terror der ersten Monate war nicht nur ein
Ventil für den aufgestauten Hass von SA und SS infolge jahrelanger
Auseinandersetzungen mit ihren prominenten kommunistischen Wi-
dersachern; auch nicht nur die Wut darüber, dass es der NSDAP auch
in Bayern nicht gelungen war, die Arbeiterschaft in größerem Ausmaß der SPD, KPD und den Gewerkschaften zu entfremden und für
sich zu gewinnen.

Dieser Terror war auch Ausdruck von Ideologie und Strategie des
Nationalsozialismus. Die nationalsozialistische Bewegung war nach
Kriegsende, Revolution und Republik angetreten mit dem Ziel, die
territorialen und politischen Veränderungen zu revidieren und dafür
Sorge zu tragen, dass ein neuerlicher Aufstieg Deutschlands zur Welt-
macht nicht wieder durch die »Novemberverbrecher«, durch Juden
und Sozialisten, vereitelt würde. Im Mai 1919 mussten die völkisch-
nationalistischen Kräfte bei der Niederschlagung der Räterepublik
auf halbem Wege stehen bleiben, der Kapp-Putsch 1920 war selbst
in Bayern nicht ganz erfolgreich und wurde im Reich durch einen
Generalstreik niedergeschlagen, der Hitler-Putsch 1923 scheiterte
noch kläglich. Das doppelte Feindbild aus Juden und Kommunisten/
Marxisten/Sozialisten war prägend seit 1919 und eröffnete darüber
hinaus auch eine Annäherung von Teilen des Bürgertums. Die rest-
lose Ausschaltung der »internationalistischen« traditionellen Arbeiterbewegung war Programm und wurde mit der Machtübernahme konsequent verwirklicht. Davon zeugt die Errichtung des Lagers Dachau
am 22. März zur Inhaftierung der »gesamten kommunistischen und –
soweit notwendig – Reichsbanner und marxistischen Funktionäre«.[18]

---

17   So bereits der Titel eines Berichts der Süddeutschen Zeitung über die Er-
     öffnung des Dachauer Prozesses: »Konzentrationslager Dachau als Mörder-
     schule«, SZ v. 16.11.1945

18   Münchner Neueste Nachrichten v. 21.3.1933; mit »Marxisten« sind hier So-
     zialdemokraten gemeint. Beispielhaft für das später so häufige »Vergessen«

Dabei ist auch die Abfolge strategisch durchdacht: Um das befürchtete gemeinsame Handeln der Arbeiterorganisationen und auch anderer Nazigegner zu erschweren, richtete sich der erste große Terror vor allem gegen die bereits vorher gesellschaftlich weitgehend ausgegrenzten Kommunisten.[19] Gewerkschafter und Sozialdemokraten waren die Nächsten, Nazigegner aus bürgerlichen Parteien die Übernächsten.

Auch der »unkontrollierte« Terror der ersten Monate des Lager Dachau war also Programm und hatte – auch wegen des zu großen Aufsehens – dann seine »Schuldigkeit« getan; der erste Kommandant Hilmar Wäckerle wurde im Juni 1933 durch Theodor Eicke abgelöst, der mit einer neuen Lagerordnung den Terror nun in kontrollierte und systematische Bahnen lenkte.

Beimlers Erinnerungsbericht hilft damit auch, die Erinnerung an die Rolle und das Leid der bayerischen Kommunisten im Konzentrationslager Dachau insgesamt wach zu halten, das oft »vergessen« oder auch verschwiegen wird.[20]

»Im Mörderlager Dachau« ist vor allem ein erschütterndes Dokument für die psychische und physische Folter, die Hans Beimler selbst erleiden musste. Diese Erfahrung prägte sein weiteres Engagement im Exil gegen die Naziherrschaft und erklärt auch seinen besonders

---

der ursprünglichen Funktion des Lagers und damit der Arbeiterbewegung insgesamt ist Johann Neuhäuslers Broschüre: Wie war das in Dachau? Ein Versuch, der Wahrheit näher zu kommen, München (1960), S. 8; er zitiert hier die Meldung der Münchner Neuesten Nachrichten über die Errichtung des Lagers, lässt jedoch – ohne Auslassungszeichen – die entscheidende Passage über die betroffenen Personengruppen einfach weg.

19   So berichtet die Bayerische Politische Polizei am 25.5.1933 über die »kommunistische Bewegung Bayerns«, dass »seit dem 9.3.1933 insgesamt 492 Kommunisten wegen ihrer strafbaren politischen Betätigung festgenommen wurden«. Weiter heißt es: »Um den Kommunismus endgültig auszurotten, bedarf es noch intensivster, ernster und wohlorganisierter Arbeit auf lange Sicht«; HStA München, Staatskanzlei 6312, Kommunismus/Bolschewismus 1919-1927 und 1933-1935.

20   Anhand einiger Lebensgeschichten würdigt Barbara Distel, ehem. Leiterin der KZ-Gedenkstätte Dachau, »Münchner Kommunisten im Konzentrationslager Dachau«, weist aber dabei auch auf die Defizite in der öffentlichen Wahrnehmung nach 1945 hin; in: Dachauer Hefte, 25. Jg. 2009, Heft 25, Die Zukunft der Erinnerung, S. 119-134.

entschiedenen Einsatz im Spanischen Bürgerkrieg zur Verteidigung der Republik. Sein Erlebnisbericht zeigt gleichzeitig die Hoffnung auf einen Aufschrei der Empörung und auf Widerstand, wenn dieses Dokument in Deutschland und der Welt bekannt würde. Die Hoffnung erfüllte sich nicht.

Das Dokument kann auch dem heutigen Leser an einem Einzelfall das Ausmaß der Gewalt der SS im Lager deutlich machen, was immer wieder notwendig ist angesichts der Gefahr, dass diese Dimension hinter bloßen Zahlen verschwindet.

Beimlers Bericht spielt eine besondere Rolle, weil es der erste veröffentlichte Bericht eines Häftlings über das KZ Dachau und Beimler zudem der einzige Häftling war, dem die Flucht aus dem Lagergefängnis gelungen ist.

Editorische Vorbemerkung

Der Text wird nach der Ausgabe der deutschen Erstveröffentlichung vom August 1933 wiedergegeben, einschließlich Beimlers Auflistung »50 Todesfälle in Dachau« und seines Nachtrags vom 8. August über den Mord an Felix Fechenbach.

Nicht aufgenommen werden von der Redaktion hinzugefügte Ergänzungen zum Text Beimlers. Dazu gehören die knappe Vorbemerkung des Verlags sowie das Vorwort von Fritz Heckert, das nur am Rande auf Beimler eingeht und eher den Charakter einer allgemeinen politischen Erklärung hat. Der Anhang »Durch Dachau zum Dritten Reich« aus der »Coburger Zeitung« vom 28.6.1933 wurde im Original nur verkürzt wiedergegeben und ebenfalls von der damaligen Redaktion hinzugefügt.

Um die Authentizität von Beimlers Text zu wahren, werden – abgesehen von ganz wenigen offensichtlichen Druckfehlern – sprachliche Wendungen, Zeichensetzung, grammatikalische Eigenheiten und Hervorhebungen in Kursivdruck erhalten.

Friedbert Mühldorfer

Hans Beimler

Im Mörderlager Dachau
Vier Wochen in den Händen der braunen Banditen

Keine »Erfundene Greuelpropaganda«

Seit der blutigen Niederschlagung der bayerischen Räterepublik durch Noske und den derzeitigen Reichsstatthalter General Epp, den damaligen Beauftragten Eberts und Noskes[1], war die revolutionäre Arbeiterschaft und ihre Partei, die KPD, einschließlich des Kommunistischen Jugendverbandes und der ihr nahestehenden Massenorganisationen: Revolutionäre Gewerkschaftsopposition, Rote Hilfe, Rote Sporteinheit, IAH[2], Freidenker und andere einer ununterbrochenen verschärften Verfolgung und Unterdrückung durch die Regierung der »christlichen« Volkspartei ausgesetzt. Der Name Bayern wurde in aller Welt fast in einem Atemzuge mit Ungarn, Bulgarien, Polen, Italien usw. genannt, wenn von blutiger Verfolgung, Folterung und Arbeitermord die Rede war. Wer erinnert sich nicht der Ermordung des unvergeßlichen Führers der bayerischen Räterepublik, Eugen Leviné[3], und der

---

1   Reichswehrminister Gustav Noske, SPD (1868-1946), vorher Mitglied des Rates der Volksbeauftragten unter Friedrich Ebert, SPD, (1871-1925, seit 1919 Reichspräsident), beauftragte den Reichswehroffizier Franz Ritter von Epp (1868-1946) mit der Aufstellung von Freikorpseinheiten. Epp war führend an der Niederschlagung der Münchner Räterepublik im April und Mai 1919 beteiligt. 1928 trat er der NSDAP bei und wurde am 9. März 1933 von Hitler zum Reichskommissar für Bayern ernannt, womit er die vollziehende Gewalt innehatte.

2   Internationale Arbeiterhilfe, 1921 in Berlin gegründete soziale Hilfsorganisation. .

3   Eugen Leviné, geb. 1883, als Mitglied des Vollzugsrats der Räterepublik wegen Hochverrat zum Tode verurteilt und am 5. Juni 1919 erschossen.

bestialischen Abschlachtung von Hunderten Münchner Arbeitern im
Schlachthaus, der Niedermetzelung von 21 katholischen Gesellenver-
eins-Mitgliedern[4] und vieler anderer? Hunderte bayerischer Arbeiter
mußten jahrelang in den Zuchthäusern und Gefängnissen schmachten.
Ich selbst habe seit 1919 mit den bayerischen Kommunisten und Arbeitern sowohl bei der dankbaren Aufgabe, die revolutionäre Partei
aufzubauen und die Arbeitermassen um sie zu sammeln, mitgewirkt,
als auch durch jahrelange Gefängnishaft all die Leiden der revolutionären Arbeiterschaft ausgekostet. Damals, in den Jahren nach 1919,
bezeichnete man die Machthaber in Bayern als Tyrannen, die in bar-
barischer Weise die revolutionäre Arbeiterschaft und die revolutionäre Bewegung knebelten und drangsalierten. Aber all das verblaßt im
Vergleich zu dem, was jetzt im »Dritten Reich« den gefangenen Prole-
tariern angetan wird. Nicht um »erfundene Greuelpropaganda« handelt es sich. Die Wahrheit über das »Dritte Reich« ist stärker als jede
»erfundene Greuelpropaganda«. Heute gibt es keinen Menschen in
der Welt – mit Ausnahme der fanatischen Anhänger der Mordbrenner
selbst –, der noch irgendeinen Zweifel an den Meldungen und Berichten über die *bestialischen Folterungen und Massenmorde in den SA-Kasernen,
Gewerkschaftshäusern und Konzentrationslagern* hat. Und die Wahrheit ist
noch viel schlimmer, als sie schon bekannt ist. So muß wohl jeder dazu
beitragen, die *ganze Wahrheit* ans Tageslicht zu bringen, um die gesamte
Arbeiterklasse der ganzen Welt, vor allem aber die deutschen Arbeiter selbst, zum *Kampf für die antifaschistische Front, zum Kampf gegen die
faschistischen Morde und Foltern, zum Kampf gegen die faschistische Diktatur,
für die Befreiung der 60 000 politischen Gefangenen in Deutschland, für die
Errichtung der Herrschaft der Arbeiterklasse und aller Werktätigen und Ausgebeuteten* aufzurufen und zu gewinnen.

Ich brauche mich nicht an die tausende, schon in aller Welt bekannten Tatsachen über das Wüten der braunen Armee der deutschen
Bourgeoisie zu halten, ich bin in der Lage, Hunderte neuer Tatsachen
des blutigen faschistischen Krieges gegen die deutschen revolutionä-

---

4   Am 6. Mai ermordeten Freikorpsangehörige 21 Mitglieder des katholi-
     schen Gesellenvereins St. Joseph als vermeintliche »Spartakisten«.

ren Arbeiter und Arbeiterinnen, und in erster Reihe die deutschen Kommunisten, hinzuzufügen, die ich *mit eigenen Augen gesehen, mit eigenen Ohren gehört und am eigenen Leibe gespürt habe.*

»Den Beimler ham ma…
in Dachau sehen wir uns wieder«!

Nachdem es den Faschisten in Bayern ohne Widerstand der Held-Stützel-Schäfer-Regierung[5] – und leider auch ohne nennenswerten Widerstand seitens der Arbeiterschaft – gelungen war, am 9. März 1933 die ganze Macht an sich zu reißen, setzte selbstverständlich mit gesteigerten Kräften eine unerhörte Verfolgungskampagne gegen die Kommunistische Partei ein. Bereits am 10. März gab der derzeitige Innenminister Wagner[6] – seines Zeichens verkappter Bergwerksdirektor – an alle Polizei- und Gendarmeriestationen durch Funkspruch die Anweisung, daß *»sofort alle kommunistischen und Reichsbannerfunktionäre[7], soweit sie zu erreichen sind, in Haft genommen werden müssen«.* – Soweit die bayrischen Städte München, Nürnberg, Augsburg usw. in Frage kamen, war der Erfolg der einsetzenden Verhaftungsaktionen nicht allzu groß, denn »die meisten Vögel waren ausgeflogen« – d. h. soweit Kommunisten in Frage kamen, waren sie ja schon seit dem 30. Januar, dem Tag der Ernennung Hitlers zum Reichskanzler, fast vollkommen illegal. Soweit es anging, die noch vorhandenen Möglichkeiten einer »legalen« Vorbereitung der Reichstagswahl zum 5. März auszunützen, wurden diese aufs engste mit der illegalen Arbeit verbunden. Das Parteibüro durfte weder wichtiges Material enthalten noch durften die Sekretäre und Bezirksleitungsmitglieder

---

5   Geschäftsführende Regierung Bayern vom Mai 1932 bis März 1933 unter dem Ministerpräsidenten Heinrich Held (1868-1938), dem u. a. als Innenminister Heinrich Stützel (1872-1944) und als Finanzminister Fritz Schäffer (1888-1967) angehörte; alle waren Mitglieder der Bayerischen Volkspartei (BVP).

6   Adolf Wagner (1890-1944), Bergbautechniker, NSDAP-Gauleiter von München-Oberbayern, seit 9.3.1933 Staatskommissar für das Innenministerium, ab 15.3.33 kommissarischer Innenminister.

7   Reichsbanner Schwarz-Rot-Gold war eine 1924 gegründete, von der SPD dominierte paramilitärische Formation zum Schutz der Republik.

darin arbeiten. Wie notwendig diese Maßnahmen waren, zeigte sich durch Dutzende Haussuchungen der Stützel-Polizei und die Schließung der Büros aller revolutionären Organisationen und der »Neuen Zeitung« am 25. Februar.[8] Ein Sekretär, der die Weisungen nicht beachtet hatte, wurde in Haft genommen und sitzt seitdem im Gefängnis bzw. Konzentrationslager Dachau.

Im übrigen ist es der Polizei bis zu meiner Verhaftung am 11. April nicht gelungen, die Leitung der Partei nennenswert zu schwächen. Die Verhaftung des für den Literaturvertrieb verantwortlichen Genossen machte selbstverständlich die Einsetzung eines anderen notwendig. So wurde die Verbindung mit einem Parteifunktionär aufgenommen, der von der Leitung als Ersatz vorgesehen war, um diesem die nötigen Instruktionen zu geben. Entgegen meinem Prinzip und dem aller anderen Mitglieder des Sekretariats hatte ich statt der Nacht den Nachmittag des 11. April als den Zeitpunkt des Zusammentreffens festgelegt. Wie verabredet, erschienen die zwei bestellten Genossen pünktlich, und nach kurzer Aussprache wurde ein Genosse wieder weggeschickt. Nach etwa vier bis fünf Minuten wollte ich mich auch von dem noch anwesenden Genossen trennen. Im gleichen Augenblick hielt plötzlich ein Auto, sechs Kriminalbeamte, das heißt SS in Zivilkleidung, sprangen aus dem Wagen und verhafteten mich und den noch anwesenden Genossen. An Ort und Stelle untersuchte je ein Polizist unsere Taschen, wobei uns die anderen vier mit Pistolen in den Händen umringten.

Nachdem die Untersuchung vollkommen ergebnislos verlief, fragte ich, was denn eigentlich los sei – worauf mich einer von diesen Helden mit »halts Maul« in den Wagen stieß. Nachdem man noch das Fahrrad des mitverhafteten Genossen an der Rückwand des Autos festgebunden hatte, wurden wir ins Polizeipräsidium gebracht.

---

8   Die »Neue Zeitung. Organ der Kommunistischen Partei Deutschlands (Sektion der Kommunistischen Internationale)« war die Zeitung des Bezirks Südbayern, erstmals 1918 in München erschienen; die letzte legale Ausgabe erschien am 28.2.1933, das Verbot der Zeitung wurde auf Weisung des Bayerischen Innenministeriums am 2. März 1933 verfügt. Die von Beimler genannten Maßnahmen durch die Polizei erfolgten am 1.3.1933.

Kaum hatten sich die Tore des Polizeipräsidiums »Ettstraße« hinter uns geschlossen, verbreiteten die Polizisten, die uns verhaftet hatten, wie ein Lauffeuer die Nachricht von meiner Verhaftung: »*Den Beimler ham ma, den Beimler ham ma!*« In wenigen Minuten waren wir von SA und SS umringt; sie überschütteten uns, vor allem mich, mit allen möglichen Beschimpfungen: »*Na Bürscherl, jetzt haben wir dich!*« »*In Dachau sehen wir uns wieder!*« »*Jetzt ist's aus mit der Weltrevolution!*« »*Du Hetzer!*« *u. a. m.* Alles war sichtlich erfreut über den »Fang«, den sie da gemacht hatten. Ein SA-Mann sprang vom Hochparterre aus dem Fenster, um mich zu sehen und seiner »Freude« Ausdruck zu verleihen. Nun ging's hinauf zu der im ersten Stock untergebrachten politischen Abteilung »6/A-«.[9]

Auf der Suche nach dem »Aufstandsplan«

Wie unten im Hofe, war auch oben das »Vorführungszimmer« wie auch das anschließende in wenigen Minuten überfüllt; es war ein Kommen und Gehen. Wieder wurden meine Kleider durchsucht; Schuhe und Strümpfe mußte ich ausziehen, die Hose herunterlassen – doch es fand sich nicht mehr als schon nach der Durchsuchung bei der Verhaftung. Die Herrschaften waren sichtlich enttäuscht darüber, daß ich nicht den »Aufstandsplan der Weltrevolution«[10] oder wenigstens eine »schwarze Liste« mit soundsovielen tausend Namen aller SS- und SA-Führer und eventuell auch ein kleines Maschinengewehr oder einen »Lagerplan über Waffenlager« usw. bei mir hatte. Inzwischen hatten zwei Sekretäre den sogenannten »Vorführungsbogen« bereitgelegt. Während einer davon mit Schreibmaschine ausgefüllt werden sollte und bereits in die Maschine eingespannt war, hatte ein

---

9   Aus der Abteilung VI, der Politischen Abteilung im Polizeipräsidium München, wurde seit März 1933 die Bayerische Politische Polizei gebildet.

10 Anspielung auf die Propaganda von Reichs- und Landesbehörden v. a. nach dem Reichstagsbrand, wonach die Kommunisten mit Sprengstoffanschlägen, Sabotage, russischen Flugzeugangriffen (!) und Giftgaseinsatz (!) einen Umsturz in Deutschland geplant hätten; vgl. Meldung des Polizeifunkdienstes Bayern v. 1.3.1933, in: StA München, Gestapo 42, Bl. 68, sowie LRA München 58292.

anderer bereitgelegen, um als »Original« mit Handschrift ausgefüllt
zu werden.

Als ich die Frage: *»Welche Funktion in der Partei zuletzt«* mit »Parteisekretär und Reichstagsabgeordneter« beantwortete, rief einer gleich
dazwischen: *»Gewesen!«* – worauf ich antwortete: »Wenn Sie sagen
»gewesen«, dann kann ich nur erklären, daß ich, wie schon zweimal,
von 60 000 Münchener Arbeitern auf der Liste der Kommunistischen
Partei auch am 5. März in den Reichstag gewählt worden bin. Wenn
ich z.Zt. mein Mandat nicht ausüben kann, dann ändert das nichts
an der Tatsache, daß ich von 60 000 Münchnern Arbeitern gewählt
worden bin.«[11] – Darauf erklärt ein anderer lächelnd: *»Wir treiben
dir deinen Reichstagsabgeordneten schon noch aus!«*[12] Nach Beantwortung
einer Anzahl anderer Fragen mußte ich auf dem Originalbogen in
deutscher Schrift ausfüllen: *»Ich bin 1895 geboren, habe die Volksschule
besucht und das Schlosserhandwerk gelernt«,* und in lateinischer: *»Ich bin
seit 1918 Mitglied der KPD und hatte zuletzt die Funktion als Parteisekretär
und Reichstagsabgeordneter.«*

Nun wurde mir eröffnet, daß ich »vorläufig in Schutzhaft« bleibe,
worauf mich ein SS-Mann abführte. Kaum hatten wir das Zimmer verlassen, legte er mir am linken Vorderarm den sogenannten »Achter«
(die eiserne Fessel) an und »führte« mich den Korridor entlang. Hinter
uns gingen außerdem noch zwei andere SS-Leute. Ich war nicht nur
der Meinung, daß ich jetzt selbstverständlich in den Aufnahmeraum
des Polizeigefängnisses gebracht werde, sondern war auch zugleich
überrascht, daß ich, von den Beschimpfungen und ironischen Bemerkungen bei der Verhaftung und Einlieferung abgesehen, »glimpflich«
weggekommen war. Aber unser Weg zum Gefängnis nahm eine andere Richtung als die, die ich in der Vergangenheit öfters geführt worden
war. Es wird wohl wenig Kommunisten und noch weniger kommunistische Funktionäre geben, die nicht mit den »Örtlichkeiten« der

---

11   Für die KPD wurden in München 55 483 Stimmen abgegeben, womit auch
       Beimler wieder gewählt war.

12   Die Mandate wurden den gewählten 81 kommunistischen Reichstagsabge-
       ordneten offiziell am 31.3.1933 aberkannt.

Polizeipräsidien »vertraut« sind. So war ich im Augenblick, da unser Weg nicht die Treppe zum Gefängnis hinunter-, sondern vorbeiführte, auf die kommenden Dinge gefaßt. Blitzschnell wechselten in dieser Situation die Gedanken, und ich glaubte, man würde mich wohl gleich nach Dachau bringen. Inzwischen hatten wir das sogenannte Einwohneramt passiert und waren an diesem vorbei im »Weißen Saal« angekommen. Dieser »Weiße Saal«, der in der Vergangenheit zu Ausstellungszwecken und zur Auslegung der Wahllisten bei Parlamentswahlen und ähnlichem diente, war zu meiner Überraschung seit dem 10. März[13] zum Schlaf- und Aufenthaltsraum der SA- und Stahlhelmwachen für das Polizeipräsidium und seine nähere Umgebung umgewandelt worden. Kaum hatten wir diesen Saal betreten und die im Saale anwesenden 50 bis 60 SA- und Stahlhelmleute erfahren, wer der Gefesselte war (nämlich der Beimler), erhob sich ein wahres Geheul, und es war mir nur möglich, eine Anzahl Schimpfworte und Drohungen zu vernehmen. Wir waren umringt, und die ganze Situation ließ mich das Schlimmste befürchten; während mich mein »Führer« durch die ganze Horde hindurchführte, folgte uns diese. Als wir an der breiten steinernen Treppe, die zur Neuhauser Straße führte, angekommen waren und schon vier bis fünf Stufen hinter uns hatten, wandte sich der mich führende SS-Mann an die immer noch nachrückende Bande mit einer Bemerkung, von der ich nur die letzten Worte: »*... alles andere bleibt zurück!*« verstehen konnte.

Beginn der Folter

Unterdessen gingen wir weiter und hatten die erste Treppe hinter uns. Bei der Wendung zur zweiten Treppe konnte ich feststellen, daß »nur« fünf oder sechs SS-Leute gefolgt waren; während die Horde oben im Saal an der Treppe hinter uns war, wurde es oben still. Man schob mich unter die Treppe in einen Raum, der kein Fenster aufzuweisen hatte und von einer kleinen Lampe beleuchtet war. Außer dieser klei-

---

13   Tag nach der Machtübernahme der Nationalsozialisten in Bayern. Bereits am nächsten Tag trat Heinrich Himmler seinen Dienst als neuer Polizeipräsident in München an; damit verbunden war die Bildung einer »Hilfspolizei« aus SA- und SS-Männern.

nen elektrischen Birne war ein schwarzer Bürotisch und eine Militär-
bettstelle mit Strohsack als Inventar festzustellen. Während sich die
Tür hinter uns schloß und der »Achter« von meiner Hand genommen wurde, stellte sich ein kleiner, brutal aussehender SS-Mann vor
mich hin und kommandierte: *»Hut und Mantel weglegen!«* Ich kam der
Aufforderung nach und legte die genannten Kleidungsstücke auf das
erwähnte Feldbett. *»Jacke und Weste ausziehen!«* war das zweite Kommando. Da ich etwas zögerte, folgten gleich die Worte: »Schneller
– schneller!« Auch diese beiden Stücke liegen auf Hut und Mantel;
darauf das nächste Kommando: *»Hose runterlassen!«* Nun sollte ich
mich über den Tisch legen. Mehr noch als beim zweiten Kommando
zögerte ich, und im nächsten Augenblick »lag ich schon« mit dem
Oberkörper über dem Tisch, während die Beine im rechten Winkel
nach unten hingen. Mit dieser Lage war aber der »Kommandeur«
nicht zufrieden: *»Leg dich nur ganz drauf!«* Da sie, wie dieser »Held«
sagte, nicht viel Zeit hatten, *zog er mich, den Kopf unter den Arm nehmend,
ganz auf den Tisch.* Er blieb gleich am Kopfende stehen und *klemmte
meinen Kopf unter den rechten Arm, wobei er mir zugleich mit der linken
Hand den Mund zuhielt.* Nachdem er mich in die von ihm gewünschte
Lage gebracht hatte, hörte ich nur noch: *»Los – drauf!«* Und nun schlugen die braunen Kapitalsknechte *solange auf meinem Körper herum (das
Hemd hatte der »Kopfhalter« bis an den Kopf hochgezogen), bis ich keinen
Laut mehr von mir gab. Ob es 60 oder 70 oder noch mehr Schläge mit dem
Gummiknüppel waren – ich weiß es nicht, denn sie hatten mich bewußtlos
geprügelt.* Als ich wieder zu mir kam, kniete ich mehr, als ich stand,
vor dem Tisch. Der Schweiß rann mir vom Gesicht, als hätte man
mir einen Kübel Wasser über den Kopf gestülpt. Obwohl ich nicht
fähig war zu stehen, brüllte mich der eine Bandit wieder an: *»Los,
Hose anziehen, aber schnell!«* Aber sie hatten ja »so wenig Zeit« und
machten Miene, aufs neue »drauflos« zu schlagen, wenn ich für das
Anziehen zu lange Zeit brauchte. So stützte ich mich mit der rechten
Hand auf die Kante des Foltertisches und mit der linken zog ich die
Hose hoch. Vor Schmerzen hätte ich aufschreien können, als ich die
Hosenträger über die Schultern streifte. Schwarz und flimmrig wurde
es mir vor den Augen, und ich glaubte im letzten Augenblick wieder

umzufallen. Ich kam aber doch noch soweit, mich ganz anzuziehen. Während ich meine Jacke anzog, fragte der »Kopfhalter«, *ob ich mir jetzt auch noch »einbilde«, daß ich noch Reichstagsabgeordneter bin,* worauf ich erwiderte: *»Deshalb habt ihr mich so geschlagen?« »Das war noch viel zu wenig!«* schrie einer dazwischen, der während der Schlägerei »neu« hinzugekommen war. *Im nächsten Augenblick lag ich wieder auf dem Tisch,* und nochmals prügelten sie auf mich ein – solange, bis kein Laut mehr von mir zu hören war. In der Tat war es nicht mehr auszuhalten, *denn in der Zeit zwischen der ersten Quälerei und dem Anziehen waren meine Oberschenkel, das Gesäß und die beiden Schultern stark angeschwollen.* »Genug«, hörte ich sagen und die »Zange« wurde wieder locker, wobei ich zugleich vom Tisch geschoben wurde. Alle Kräfte mußte ich aufwenden, um mich nur einigermaßen aufrecht zu halten. »Bist jetzt zufrieden?« war die Frage, die zynisch an mich gerichtet wurde. Wollte ich nicht aufs neue über den Tisch geworfen werden, so mußte ich schweigen.

»Der Kerl lebt noch!«

Was wird wohl jetzt kommen? war der einzige Gedanke, der mir aber auch zugleich die Kraft gab, auf neue Quälereien, ja auf alles gefaßt zu sein, denn sie hatten sich so richtig in Wut geschlagen, und die Lust zu Bestialitäten schien größer zu werden. Dieses Loch, dachte ich, wirst du wohl nicht mehr lebendig verlassen. Als man dann sagte: »Nimm den Hut und Mantel«, stieg die Hoffnung wieder etwas. Nun faßte mich der »SS-Mann«, welcher mich vorher mit dem »Achter« in die Kammer geführt hatte, unter den linken Arm und schob mich neben sich her, die beiden steinernen Treppen zum »Weißen Saal« hinauf. Die ganze SA-Horde war oben im Saal noch an der Treppe versammelt und hatte sich wahrscheinlich während der ersten Schlägerei ein Vergnügen daraus gemacht, zuzuhören, wie die Gummiknüppel auf einen Menschenleib klatschten. Als sie meiner ansichtig wurden, ging das Heulen aufs neue los und entfachte eine Pogromstimmung: *»Ja, der Kerl lebt noch?!!«* – brüllte einer, ein anderer schrie dazwischen: *»Schlagt'n doch tot!«* Außerdem eine Unzahl Schimpfworte, die nur solchen Bestien eigen sind.

Sie hatten sich spaliermäßig aufgestellt, und ich mußte so eine Art Spießrutenlaufen machen. Als ich bzw. wir so ziemlich in der Mitte des Saales waren und sich das Geschrei immer mehr steigerte, hatte ich nur noch einen Gedanken: »Jetzt werden sie dir wohl von hinten noch eine reinjagen!« Ich war darauf gefaßt; bei jedem Schritt, den ich machte, glaubte ich, es sei mein letzter. Sie taten es doch nicht. Aber einer hatte den »Mut«, mir mit aller Wucht mit der Spitze seiner Henkerstiefel einen *Tritt gegen das Steißbein* zu versetzen. Hätte mich mein »Führer« nicht am linken Arm gefaßt und neben sich hergeschoben, ich wäre am Boden gelegen. Ich kann sagen: die Schmerzen von der Schlägerei und durch den Stoß waren unausstehlich, und doch habe ich erleichtert aufgeatmet, als ich die Tür zum »Weißen Saal« hinter mir zuschlagen hörte. In der Abteilung 6/A wurde ich in ein Zimmer geführt, auf dessen Tür ein Schild mit der Aufschrift: »Vorstand (oder Abteilung) für Schutzhaftfragen« angebracht war.

Kaum hatten wir das Zimmer betreten, und der anwesende »Beamte« mit Hakenkreuz wurde meiner ansichtig, kam er sofort auf mich zu und sagte: *»Ja, Herr Beimler, was fehlt Ihnen denn? Ist Ihnen nicht gut oder was haben Sie denn?«* »Setzen Sie sich nieder«, sagte er, wohl wissend, daß ich gar nicht sitzen konnte. Zu gleicher Zeit stellte die anwesende Stenotypistin einen Stuhl vor mich hin. Da mir nach wie vor der Schweiß von der Stirne triefte und wieder alles schwarz vor den Augen wurde, kauerte ich mich trotz heftiger Schmerzen an die äußerste linke Kante des Stuhles und stützte mich mit dem Unterarm auf den neben mir stehenden Schreibtisch. Nach ungefähr fünf Minuten bedeutete man dem »Führer«, mich abzuführen, ohne noch irgendetwas zu sagen. Ich bin der Ansicht, daß man mich nur deshalb in dieses Zimmer gebracht hat, damit der »Herr Vorstand« sich selbst überzeugen konnte, daß ich die »richtige Lektion« erhalten hatte. Dieses Mal waren wir sehr rasch im *Aufnahmezimmer des Gefängnisses.* Ich mußte dort wieder meine Taschen leeren, und ein Gefängniswachtmeister kontrollierte meine Taschen, ob ich auch alles auf den Tisch gelegt hätte. Während dessen schimpfte und räsonierte ein anderer, ziemlich beleibter Aufseher über die Kommunisten, in denen er Menschenfresser und die bestialische verbrecherische Veranlagung witterte, die von den braunen Mordsoldaten an denselben Kommunisten praktisch ausgeübt wurde. *Es war einer jener Beamten, die in der Zeit der bayrischen Räterepublik ebenso »wütend« auf die Weißgardisten des Generals Epp[14] schimpften,* das heißt sich, je nachdem die Macht in der einen oder der anderen Hand liegt, sofort mit dem neuen Machthaber »gleichschalten«. Ausgerechnet dieser Dickwanst brachte mich in die im 4. Stockwerk gelegene Zelle 44. Es war eine sogenannte Sammel- oder Gemeinschaftszelle, in der bereits vier andere Parteigenossen – von denen ich nur den Genossen Erich Olschewski[15] erkannte, dessen alter Vater schon wochenlang im Gefängnis Landsberg in Schutzhaft gehalten wurde, festgesetzt waren. Da ich, auf der Holzpritsche liegend, mich vor Schmerzen krümmte und nicht in der Lage war, viel zu sprechen, standen die sechs Zellengenossen um mich rum und redeten auf mich ein, ich solle ihnen doch sagen, was mit mir geschehen ist. Ich bat sie, mir beim Ausziehen der Jacke und Weste behilflich zu sein. Nachdem die Hosenträger gelockert und die Hose von einem Genossen heruntergestreift worden war, machten alle einen Aufschrei des Entsetzens, als sie sahen, wie mein Körper zerschunden war.

Die »standesgemäße« Behandlung der Gefangenen

Nach drei Tagen wurden wir in die Zelle 13 verlegt, die bei »normaler« Belegung für 14 Gefangene »Betten« enthält; tatsächlich war sie in der Zeit, da ich dort untergebracht war, mit 18 bis 20, ja sogar 22 vollgestopft. Man möchte glauben, daß in keinem anderen Gefängnis es so dreckig ist und die Zellen so stickig sind, wie im Münchener Polizeigefängnis. Die Gefangenen haben buchstäblich Angst, wenn es Nacht wird und sie sich hinlegen sollen, sie bekommen keine Ruhe, denn es *wimmelt von Ungeziefer.*

Kein Wunder, wenn der Fußboden nur oberflächlich und hastig ausgekehrt und eine so große Zelle nur alle zwei Tage mit einem feuch-

---

14 Siehe Anm. 1.

15 Erich Olschewski (1907-1956), insgesamt 11 Jahre in den Konzentrationslagern Dachau und Buchenwald inhaftiert; sein Vater Willy, geb. 1871, und sein Bruder Willi jun., geb. 1902, wurden 1943 bzw. 1944 im Gefängnis Stadelheim wegen ihres Widerstandes ermordet bzw. hingerichtet.

ten Putzlumpen »gereinigt« beziehungsweise der von den 20 hin und
her geworfenen Strohsäcken abfallende Staub mehr festgeklebt als
beseitigt wird. Neben einer Reihe kommunistischer Genossen waren
auch einige Intellektuelle und sechs Bezirksführer des Reichsbanners
in der Zelle. Einer der Intellektuellen, dessen Name mir leider entfal-
len ist, *wurde deshalb in Schutzhaft genommen, weil er vor einem Jahr einige
Kritiken für die »Frankfurter Zeitung« über die fortschrittliche Bauweise der
Sowjetunion geschrieben hat!* Auch einen Monarchisten hatten wir in unserer Zelle, der in Verbindung mit den »Attentatsplänen« des Grafen
und Eisner-Mörders *Arco-Valley*[16] verhaftet worden war. Nachdem ich
mich wieder einigermaßen aufrichten und gehen konnte, schrieb ich
an den Präsidenten der bayrischen Politischen Polizei und Reichsfüh-
rer der SS einen Brief und beantragte, daß ich Zeitungen bestellen
und Rauchware empfangen könnte. Schon am anderen Morgen wurde mir durch einen Beamten von einem Fetzen Papier die Antwort
des Himmler vorgelesen. Sie hatte folgenden Wortlaut: »Dem Beimler
ist mitzuteilen, daß er Zeitungen bestellen kann, soviel er will – ge-
raucht wird nix!« – In der Zelle entspann sich eine »große« Diskussion
über die Ablehnung, um so mehr, als der »Attentäter« Arco neben uns
in der Zelle 15 nicht nur 50-Pfennig-Zigarren rauchen, Wein und Bier
trinken konnte, sondern auch durch »Damenbedienung« mit Hotel-
kost ein lustiges Gefängnisleben führte. Die sechs Reichsbannerfunktionäre waren sehr überrascht, als ich ihnen sagte, daß einen Stock
höher der Rosenstraß, Auer und einige Redakteure der »Münchener
Post«[17] sitzen und die gleichen Vorzüge wie Graf Arco genießen.

---

16   Anton Graf von Arco auf Valley (1897-1945), Mörder des bayerischen Minis-
      terpräsidenten Kurt Eisner, am 13. März vorübergehend in »Schutzhaft« ge-
      nommen wegen einer Äußerung, dass er auch andere als Eisner erschießen
      könne.

17   Zeitung der Münchner SPD, erstmals 1888 erschienen. Am 9. März wurden
      die Redaktionsräume verwüstet und die Redakteure für mehrere Tage in
      »Schutzhaft« genommen. Erhard Auer (1874-1945), Vorsitzender der baye-
      rischen SPD, Gauvorstand des Reichsbanners und leitender Redakteur der
      »Münchner Post«; am 10.4.1933 für mehrere Tage in der Ettstraße inhaftiert.
      Wilhelm Hoegner, damals Landtags- und Reichstagsabgeordneter der SPD,
      erinnert sich an Auers zu diesem Zeitpunkt noch vorhandene Illusionen: »[…]

»Ich sterbe für den Sowjetstern«

Die Tage bis zu meiner Überführung in das Konzentrationslager Dachau waren sehr »abwechslungsreich« – d. h. Es war ein Kommen und Gehen, denn außer dem alten Genossen Karl Hans[18], von Allach, einem Genossen aus Dachau, den sechs Reichsbannerleuten und mir waren die meisten Häftlinge nur einen oder zwei Tage in unserer Zelle. Entweder wurde der eine oder der andere wieder entlassen oder kam in eine andere Zelle oder in ein anderes Gefängnis (Stadelheim – Neudeck – Kornelius) oder direkt nach Dachau. Neben den eingelieferten Funktionären der KPD, des KJVD[19] und anderer Organisationen waren die meisten Verhafteten – d. h. neu Eingelieferten –, Mitglieder der Kommunistischen Partei und Jugend. Viele Jugendgenossen fielen wegen Verkaufs der »Neuen Zeitung« und wegen Flugblattverteilung den Mordbanditen in die Hände. Diese Genossen waren nicht nur aktiv, solange sie in »Freiheit« waren, sie waren nicht weniger tapfer, als sie *wegen ihrer revolutionären Tätigkeit gefoltert und mit dem Tode bedroht wurden.* Leider ist es nicht möglich, all die Proleten namentlich anzuführen, die nicht nur nicht schwankend wurden, sondern einen wahren Heroismus an den Tag legten. Ein Beispiel hierfür: Von der Ortsgruppe Tutzing bei München wurde eine ganze Anzahl Genossen verhaftet, darunter mehrere Jugendgenossen. Wie die meisten Verhafteten wurden auch sie in die Folterkammer geführt und bekamen vorerst »nur« 10 Schläge mit dem Gummiknüppel auf das Gesäß. Dann wurde der eine gefragt: *»Bist du noch für den Kommunismus?«* Worauf der Jugendgenosse antwortete: *»Ich müßte eine schwache Gesinnung haben, wenn ich*

Auer erschien nach drei Tagen wieder auf der Bildfläche und erzählte uns, wie gut er behandelt worden sei. Man habe ihm sogar erlaubt, ein Federbett in seine Zelle im Polizeigefängnis schaffen zu lassen [...] Seine Hoffnung auf Änderung des politischen Wetters war unerschütterlich.« In: Wilhelm Hoegner: Der schwierige Aussenseiter. Erinnerungen eines bayerischen Sozialdemokraten, München 1975, S. 96. Erhard Auer wurde dann am 9.5.1933 aus dem Münchner Rathaus geprügelt und zwischen Mai und Juli noch zweimal für mehrere Wochen inhaftiert. Zu Rosenstraß liegen keine Angaben vor.

18   Vielleicht Johann Karl, geb. 1893, 1936/37 Häftling im KZ Dachau, anschließend bis 1938 Haftstrafe in Stadelheim.

19   Kommunistischer Jugendverband Deutschlands.

diese wegen der 10 Gummiknüppelschläge verleugnen würde.« Das reizte natürlich die braunen Mörder, und sie schlugen den Genossen fürchterlich. Wieder die Frage: »*Bist' noch für den Kommunismus?*« »*Und wenn ihr
mich totschlagt – ich sterbe für den Sowjetstern!*« war seine Antwort. Darauf
prügelten die Bestien solange auf dem Körper des Genossen herum, *bis
ihm das Fleisch in Fetzen vom Gesäß hing.* Mit einer dicken Watteauflage
wurde der Genosse in die Zelle hineingeschleppt. Als das die anderen
Zelleninsassen sahen, steigerte sich noch der Haß bei den Gefangenen.
Nur ein älterer Genosse ging in eine Ecke und … weinte …

Ein Dutzend solcher Beispiele könnte ich anführen. Das ist eines
der Beispiele des wahren Heldentums der Kommunisten in den Kase-
matten des »Dritten Reiches«.

Ich war 8 Tage im Gefängnis der Polizei, und in dieser Zeit zeigten viele Genossen ihre geschundenen Körper, und jeder glaubte, es
müßte den Henkern doch selbst überdrüssig werden, dutzendmal am
Tage auf den Leibern von Menschen herumzuschlagen! Aber schon
wurde wieder die Zelle 13 aufgerissen, und mit schleifenden Füßen
war der Genosse *Horn*, ein Funktionär des Einheitsverbandes der Bau-
arbeiter, in die Zelle gekommen. Er brauchte kein Wort zu sagen, es
wagte auch keiner zu fragen – es war ja allen klar: *er war in der Kammer
gewesen.* In den *Mundwinkeln Blut, der linke Handrücken dick angeschwollen, wie eine normale Hand ist.* Er fiel auf die Holzpritsche und stöhnte.
Nach einer Weile wurde die Totenstille der Zelle durchbrochen. Horn
hatte sich auf den rechten Arm gestützt und aufgerafft, und dann mu-
sterte er die anwesenden Insassen. Als er mich sah, dachte er wohl im
Augenblick gar nicht mehr an seine eigenen Schmerzen – er war voller Freude, daß ich noch am Leben war, was die Parteigenossen und
die Arbeiter – wie auch er vorher – bezweifelten. Er bat uns, ihm die
Jacke auszuziehen, denn er selbst war dazu nicht in der Lage. »Langsam – langsam« – sagte er, denn die Schmerzen waren sichtlich groß.
Nun löste er die Hosenträger, ließ die Hose herunter, und das Hemd
war hochgestreift – es war zum Aufschreien – *der ganze Körper vom
Fußgelenk bis zum Nacken eine blutige Masse.* Diese neuen Spuren faschi-
stischer Folterungen zeigten den Genossen, daß ich Recht hatte, als
ich sagte: »*Wir müssen noch auf viel schlimmere Dinge gefaßt sein* – denkt

an Bulgarien, an Ungarn, an Polen und Italien«. Trotz alledem war die Stimmung unter den Gefangenen – mit wenig Ausnahmen – eine gute – sie wurde nur immer wieder durch neue Scheußlichkeiten der braunen Armee getrübt.

Inzwischen waren zehn Tage vergangen, und mir fiel es auf, daß ich wie einige andere Genossen so lange im Polizeigefängnis verblieb, während doch der größte Teil immer nach einigen Tagen wegkam. Nun war es schließlich gleich, in welchem faschistischen Loch man gefoltert wird. Verschiedene Versuche, mit der Außenwelt in Verbindung zu kommen, blieben ziemlich lange ergebnislos. – Wir mußten uns darauf beschränken, durch neu hinzukommende Freunde zu erfahren, was draußen vorging. So war ich einigermaßen überrascht, als mir am 22. April ein etwas älterer SS-Mann, offensichtlich ein Prolet, während der Offenhaltung der Zellentür bei der »Reinigung« der Zelle mitteilte, daß es der Bande nicht genügte, daß sie mich in ihre bluttriefenden Hände bekommen hat, sondern daß sie auch noch meine Frau[20] ins Gefängnis geworfen haben, wie sie ja auch *alle* anderen Frauen der führenden Funktionäre verhafteten. *Nur solche Frauen konnten damit rechnen, wieder freigelassen zu werden, deren Männer, wie Dressel, Hausmann u. a., ermordet waren. Während sich die ebenfalls verhaftete Frau des Genossen Knödler[21] aus Pasing im Gefängnis Stadelheim erhängte, sitzen alle übrigen Frauen, einschließlich meiner Frau, bis auf den heutigen Tag, und wer weiß, wie lange sie noch sitzen werden.*

---

20   Centa Herker (1909-2000), am 21.4.1933 verhaftet; siehe biographische
      Skizze.

21   Viele der Frauen von KPD-Funktionären wurden in »Sippenhaft« genom-
      men und zunächst meist im Gefängnis Stadelheim inhaftiert, darunter Doro-
      thea Dressel (1897-1993), Ehefrau von Beimlers Freund Fritz Dressel (1896-
      1933); sie wurde am 30.3.1933 verhaftet und am 8.5.1933 nach dem Tod
      ihres Mannes entlassen; Wilhelmine Hausmann wurde ebenfalls erst nach
      dem Tod ihres Mannes Leonhard (geb. 1902) im KZ Dachau am 17.5.1933
      aus der »Schutzhaft« zur Vorbereitung des Begräbnisses entlassen; Magdale-
      na Knödler (1897-24.4.1933, Selbstmord im Gefängnis Stadelheim), Ehefrau
      des Pasinger Stadtrats Gottlieb Knödler (1891-1966); vgl. dazu auch Christia-
      ne Schneider: Frauen hinter Gefängnismauern, in: DKP München (Hg.): Die
      wiedergefundene Liste, München 1998, S. 76-78, u. Renate Hennecke: Dem
      Krieg den Garaus machen. Fritz Dressel, in: ebenda, S. 12 ff.

Ein neues »Attentat auf Hitler« ist fällig

Es gehört zum Terrorprogramm der Hitlerregierung, daß von Zeit zu
Zeit ein »Attentatsplan aufgedeckt« wird. Einmal waren es »drei russische Bolschewisten, die beobachtet wurden, als sie drei Handgranaten
an einem Denkmal niederlegten und dann mit einem Auto davonfuh-
ren.« Dieses Mal – am 23. April – war es der aus Italien gekommene
Neffe des indischen Dichters und Nobelpreisträgers *Tagore*.[22] Er war im
Auto des Barons von *Vegesack* in Kufstein über die Grenze gekommen,
verhaftet und nach München ins Polizeigefängnis eingeliefert worden.
Man hatte diesen »gefährlichen Burschen« in der Nacht zum 24. April
in unsere Zelle geworfen. Auf unsere Frage, warum er denn als Auslän-
der verhaftet wurde, konnte er nur sagen, daß er das ebensowenig wisse
wie wir. Als wir Insassen der Zelle 13 am 24. April vormittags eine Vier-
telstunde auf dem Korridor einen »Spaziergang« machen durften, ge-
sellte sich zu dem uns beaufsichtigenden Schutzmann (Polizeibeamter)
ein außerordentlich wohlbeleibter und im Gesicht vor Fett glänzender
Sturmführer der SS und unterhielt sich mit dem Schutzmann auffäl-
lig laut. Als er nun des »Attentäters« ansichtig wurde, deutete er auf
diesen und sagte zu dem Polizisten wörtlich: *»Da ist ja das Bürschchen,
das auf Hitler ein Attentat geplant hat, aber von Italien rechtzeitig signalisiert
wurde. Jetzt wird gerade das beschlagnahmte Auto vollständig zerlegt, und
wenn nur das Geringste gefunden wird, wird er sofort erschossen.«*

Nun wußten wir und auch Tagore, warum er verhaftet wurde.
Wir sahen den Ernst der Lage, in der Tagore sich befand, und daß die
Gesellschaft zu allem fähig ist, wußten wir auch. Ein Mord mehr oder
weniger – danach fragten sie nicht viel. Tagore selbst erwiderte uns nur
lachend: »Das ist großer Unsinn!« Wir aber bangten trotzdem um ihn
und waren alle froh, als wir hörten, er mußte nach kurzer Zeit freigelassen werden. Inzwischen hat er sich ja auch schon im Auslande durch
einen ausführlichen Bericht in der Presse über seine Erlebnisse im faschistischen Deutschland für die Opfer der faschistischen Machthaber
eingesetzt. Er hatte ja auch unsere zerschundenen Körper gesehen.

---

22   Vermutlich der Maler und Schriftsteller Abanindrenath Tagore (1881-1951)
      und der Schriftsteller Siegfried von Vegesack (1888-1974).

70 cm lange Ochsenziemer

Nachdem seit meiner Verhaftung bereits 14 Tage vergangen waren, dachte ich schon nicht mehr daran, daß ich auch einmal dabei sein könnte, wenn der Gefängnisaufseher unter der Zellentür stand und die Namen derjenigen Gefangenen aufrief, welche abtransportiert wurden. So war ich ganz überrascht, als am 25. April vormittags u. a. auch mein Name mit der Bemerkung: *»Handtuch abgeben, alles mitnehmen«*, aufgerufen wurde. Unten im Aufnahmeraum des Gefängnisses wurden uns die bei der Einlieferung abgenommenen Sachen – mit Ausnahme von Messer oder Stock – wieder ausgehändigt, und wir mußten dann hinter einen aus dicken Rundeisen bestehenden Käfig treten.

Nachdem alle abgefertigt waren – es mögen 10 oder 12 Genossen gewesen sein – erschien ein sogenannter Kriminalbeamter mit einem großen Hakenkreuzplatschari am Aufschlag des Jacketts. Nach nochmaligem Namensaufruf erklärte er: *»Sie kommen jetzt nach Dachau und mache Sie darauf aufmerksam, daß auch nur beim geringsten Fluchtversuch rücksichtslos geschossen wird. Außerdem ist auch im Wagen das Rauchen und das Sprechen mit anderen Gefangenen verboten.«*

Inzwischen hatten sich eine ganze Anzahl SS-Leute – mit Karabinern bewaffnet – aufgestellt, durch deren Reihen wir dann zum Auto geführt wurden. Im Wagen saßen bereits eine Anzahl Schutzhäftlinge, die schon längere Zeit im Gefängnis Stadelheim verbracht hatten, darunter eine Anzahl kommunistischer Funktionäre. Außerdem waren da der *Major Hunglinger* und – wie sich in Dachau dann herausstellte – noch sechs »zweifelhafte« Gestalten, von denen jeder ein anderes Stück der braunen Banditenuniform getragen hat. Nach 20 bis 25 Minuten Fahrzeit hatten wir das Lager erreicht, auf das wir schon von weitem durch ein Labyrinth von Stacheldrahtverhau aufmerksam wurden. Vor dem Verwaltungsgebäude stand schon eine ganze Horde SA- und SS-Männer, *die zum größten Teil nicht nur ihre Langlaufpistolen, sondern auch, wie der Kommandant des Lagers, 60 bis 70 cm lange Ochsenziemer in ihren mit Arbeiterblut befleckten Händen hielten.* Noch nicht die Hälfte hatte das Auto verlassen, da erhob sich schon ein Gebrüll, weil die Leute noch nicht in »Front zu zwei Gliedern« vor den braunen Söldnern angetreten waren.

Ich stand im zweiten Glied in der sechsten Reihe, was dem ebenfalls und nur meinetwegen mitgekommenen SS-»Helden«, der mir im
Polizeipräsidium den Kopf unter seinen Arm geklemmt hatte, als ich
in der Folterkammer geprügelt wurde, nicht paßte. Er forderte mich
auf, mich als rechter Flügelmann aufzustellen. Während dieses Platz-
wechsels hatte schon der Namensaufruf begonnen. Der Aufruf erfolgte durch den »Leiter der Abteilung: Arbeitsverteilung« von einer
Liste, die dem Transportleiter von der politischen Polizei mitgegeben
war und neben den Namen auch eine »Charakterisierung« des Betref-
fenden, der aufgerufen wurde, enthielt. Jeder Aufgerufene mußte mit
»hier« antworten, wobei er eine »militärische Haltung« einzunehmen
hatte. *Den Namen Beimler hat der Kerl mindestens 8-10mal aufgerufen,* weil
ich nicht laut genug »hier« geantwortet habe. Nebenbei machten andere höhnische Bemerkungen: *»Dem bringen wir's schon noch bei!«* – *»Der
bezahlte Agent Moskaus wird's noch lernen«* u. a. m. Nach Verlesung aller
25 Namen mußten sich außer mir auch noch der Major Hunglinger
und die erwähnten sechs »zweifelhaften Gestalten« in einem Abstand
von den übrigen Gefangenen – meistens Kommunisten – aufstellen.

   *»Sind auch Juden dabei? Ebenfalls rechts raus! Auch Juden, die nachträg-
lich getauft sind!«* schrie ein noch ganz jugendlicher »Held« und mu-
sterte die linksstehende Gruppe. Zwei jüngere Leute – anscheinend
Studenten oder Kaufleute – meldeten sich und schlossen sich unserer
Gruppe an.

»Herzlich Willkommen in Dachau«

Während der Fahrt fiel mir schon auf, daß die »Lebendige Zange«, die
mir im Polizeipräsidium den Kopf einklemmte, während die anderen
auf mich einschlugen, eine Rolle in der Hand hatte, auf welche er die
im Transportwagen sitzenden drei Schupobeamten[23] mehrmals aufmerksam machte und die er auch noch in der Hand hatte, als er mich
aufforderte, mich an den rechten Flügel zu stellen. Nun sollte ich auch
erfahren, was für eine Bewandtnis es mit dieser Rolle hatte, als er diese aufrollte und mir mit dem schon angebrachten Band an die Brust

---

23   Abkürzung für Schutzpolizei-Beamte

hing. Es war ein Plakat mit der Aufschrift *»Herzlich willkommen«*.[24]
Dann nahm der Kommandant des Lagers (seinen Namen konnte ich
leider nicht in Erfahrung bringen)[25] – ein typischer Fememörder von
der Sorte der Liebknecht- und Luxemburg-Mörder – das Wort und
erklärte, auf die am rechten Flügel stehende Gruppe zeigend: *»Diese
Schweinehunde kommen gleich zum Verschub (gemeint ist Verprügeln) – das
sind die bezahlten Säue und Verräter – außerdem in »drei« (womit die Stufe
3 gemeint ist), – das da sind – glaube ich – lauter Proleten, die sind von dem
da – (auf mich zeigend) – verführt worden, die tun wir in Stufe 2 – außerdem
kann jeder von ihnen von seinem mitgebrachten Geld fünf Mark behalten.
Diese anderen Schweine bekommen keinen Pfennig.«*

»Links rum!« war das nächste Kommando, und wir marschierten
in zwei Gliedern durch das Lager an den Gefangenen vorbei, von
denen ein großer Teil mit Straßenbau beschäftigt war. Andere standen
auf den Dächern und bestrichen diese mit Teer. Etwa 25 Mann, von
denen ich die meisten als ehemalige Funktionäre erkannte, mußten
die schwere Straßenwalze ziehen, die in der »Münchener Illustrierten
Zeitung« Nr. 28 vom 16. Juli 1933 abgebildet und von der gekauften
Journaille als »Wahrheit über Dachau«, als »Gegenbeweis« für den
in der Hölle von Dachau verübten Mordterror abgebildet war.[26] Der

---

24 Zynische Anspielung auf den Ausspruch »In Dachau sehen wir uns wieder«, den Hans Beimler in der letzten öffentlichen KPD-Versammlung in
München am 12.2.1933 gebraucht hatte; Beimler selbst spielte damit auf
die erfolgreiche Abwehr gegenrevolutionärer Militärs durch revolutionäre
Soldaten – darunter auch Beimler – im April 1919 nahe Dachau an und
wollte ausdrücken, dass die bayerische Arbeiterschaft auch für die Auseinandersetzung mit den Nazis gerüstet sei.

25 Gemeint ist der erste Lagerkommandant, SS-Sturmhauptführer Hilmar
Wäckerle (1899-1941), eingesetzt mit der Einrichtung des Lagers am
22.3.1933. Weil die unkontrollierten Gewaltexzesse und Morde der ersten
Monate zu viel Aufsehen erregten, wurde er im Juni 1933 abgelöst. Er starb
als SS-Standartenführer an der Ostfront. Der Nachfolger Theodor Eicke
(1892-1943) führte den Terror durch eine neue Lagerordnung auf eine »systematische« Grundlage, die Vorbild für alle weiteren Konzentrationslager
wurde.

26 Unter dem Titel »Die Wahrheit über Dachau« erschien in der Zeitschrift
»Münchner Illustrierte Presse« eine beschönigende Fotoreportage.

frühere niederbayrische Reichstagsabgeordnete Michl *Höllertseder*[27]
war mit der Ausmauerung eines Abwasserkanals beschäftigt. Er war
sichtlich erschrocken, als er mich mit dem umgehängten Plakat sah.
Er hat wohl geahnt, daß man mit mir nichts Gutes vorhatte.

In einer größeren Halle, in der ein paar Regale und einige Tische
standen, mußten wir unsere Sachen aus den Taschen nehmen und
auf den Tisch legen. Wieder hatte ich dem anwesenden SS-Banditen
Steinbrenner[28], von dem ich immer sagte, daß auf ihn der Name Mordbrenner besser zutreffen würde – denn er ist der Mörder und Peiniger
aller in Dachau ermordeten Gefangenen – nicht schnell genug meine
Sachen auf den Tisch gelegt. Bei Durchsuchung der Taschen hat er
dann noch in einer kleinen Seitentasche des Jacketts einen kleinen
Bleistift gefunden, und schon fing er zu schreien an:

»Herr Kommandant! Herr Kommandant! Der Kerl da hat den Befehl, alles auf den Tisch zu legen, nicht ausgeführt; er wollte schmug-
geln.« Und zeigte dabei den kleinen bei mir gefundenen Bleistift. *»14
Tage strengen Arrest!«* war die prompte Antwort des Kommandanten.
Das war natürlich der billige Vorwand, denn schon nach einigen
Minuten händigte man mir nicht nur diesen Bleistift, sondern auch
Federhalter, Briefpapier, Notizblock usw. wieder aus. Man brauchte
einen Vorwand, und mochte er an den Haaren herbeigezogen sein,
um mich von vornherein von den anderen Genossen im Lager zu iso-
lieren. Das Urteil über mich war schon gefällt, als ich noch gar nicht
in Dachau, sondern noch in Polizeihaft war. Für die braunen Henker
war schon klar, daß ich, wie sie selbst in den folgenden Tagen dutzendmal ganz offen zu mir sagten, *das Lager nicht mehr lebendig verlassen
werde.* Der Polizeimajor Hunglinger und ich wurden sofort abgeführt.
Schon auf dem Wege zur Arrestbaracke schlug mich der Steinbrenner
mit dem Ochsenfiesel vor den Augen einiger hundert in der Nähe an

---

27   Michael Höllerzeder (1898-1938), 1932 – wie auch 1933 – zusammen mit
      Beimler auf der Liste Oberbayern-Schwaben in den Reichstag gewählt; bis
      1934 im KZ Dachau.

28   Hans Steinbrenner (1905-1964), als Untersturmführer Mitglied der SS-
      Wachmannschaften. Internierung seit 1945, 1952 zu lebenslanger Haft ver-
      urteilt, 1962 entlassen.

einer Gartenanlage arbeitender Gefangener mehrmals über Kopf und Ohren. Dann rief er den Genossen zu: »Da schaut her, euren Beimler haben wir, der euch verführt und verhetzt hat«, und schlug mich wieder über den Kopf.

Da die Eingangstür, auf der mit Kreide das Wort »Wache« geschrieben war, abgesperrt und der Verwalter, der die Schlüssel verwahrte, mit den anderen eingelieferten Gefangenen beschäftigt war, mußten wir noch vor der Baracke warten. Diese Gelegenheit benützte der »Kopfhalter«, der dauernd hinter dem Mordbrenner lief und auf ihn einredete – von wegen »dem Hetzer Beimler« – und den der Gedanke nicht ruhen ließ, daß ich daran festhielt, als Reichstagsabgeordneter gewählt zu sein, um mich wieder zu fragen, ob ich mir immer noch »einbilde«, Mitglied des Reichstags zu sein. Ich antwortete ihm, daß Einbildung ein bürgerlicher Begriff ist und für uns Kommunisten nicht existiert. Dann wandte er sich an den neben ihm stehenden Hunglinger: »Und du, Verräter? Du Sau, du Lump, jetzt sind wir dir drauf gekommen, daß du uns bespitzelt hast und von der Polizei dafür bezahlt worden bist. Und wie hast du unsere SA-Männer in der Führerschule geschliffen und schikaniert.« Er redete sich dabei in Wut und versetzte dem Hunglinger ein paar Schläge ins Gesicht. In der Zwischenzeit war der Verwalter mit den Schlüsseln gekommen und sperrte die Tür zur »Wache« auf. In wenigen Sekunden war ich in der sogenannten Arrestzelle Nummer 3, Hunglinger in Nummer 1.

Kaum hatte ich die Zelle betreten, da mußte ich feststellen, daß ich nicht etwa in einer Gefängniszelle, sondern in einem ehemaligen Abort eingesperrt war. Die beiden offenstehenden Abflußrohre und die noch vorhandenen Wasserleitungsrohre für die Spülung (es war ein Doppelabort) bestätigten das. Später konnte ich mich davon überzeugen, daß sich in der Baracke in einer Front acht solche Zellen aneinander reihten, die während des Krieges, als die Pulverfabrik und jetziges Konzentrationslager Hochkonjunktur hatte, von den dort beschäftigten Arbeitern und Angestellten als Aborte und Waschräume benutzt wurden. Der aus den offenen Abflußrohren aufsteigende Dunst lenkte mein Augenmerk auf Lüftungsmöglichkeiten, über die ich mir sofort im klaren war, als ich das kleine und wie in einer Gefängniszelle sehr

hochliegende, von außen mit Rundeisenstäben vergitterte »Fenster«
sah. 45 cm im Quadrat wird die richtige Schätzung der Fenstergröße
sein.

»Der Strick steht Ihnen zur Verfügung«

14 Tage strengen Arrest, dachte ich mir, das kann ja »recht« werden.
Während ich so auf der Kante der primitiv gebildeten und das einzige
Inventar) bildenden Holzpritsche sitzend über mein weiteres Schicksal nachdachte, wurde die Tür meiner Zelle aufgestoßen und drei SS
mit den Händen auf den Rücken, an der Spitze Steinbrenner, traten
ein mit den Worten: »Jetzt haben wir dich, Hetzer, du Landesverräter,
du Arbeiterverräter, du Bolschewistensau, du Bonze«.

Steinbrenner schlägt mich dabei einige Male über den Kopf und
die Schultern. Nachdem er sich mit dieser »Prozedur« genügend in
Wut geredet hatte, brüllt er mich an: »Zieh deine Jacke aus – laß die
Hose runter« und auf die Holzpritsche zeigend – »leg dich nüber.«

Da ich der Aufforderung nicht gleich nachkam, packte er mich mit
der rechten Hand am Nacken und warf mich über die Kante der Prit-
sche. Währenddessen hatten sich die anderen beiden auf der rechten
Seite aufgestellt, und nun schlugen die Hunde wieder solange auf mir
herum, bis ich mich nicht mehr rührte. »Wir helfen dir schon für deine
Hetzereien, steh auf!« Kaum war ich aufgestanden, schlug er mich mit
seinem Ochsenfiesel, von dem schon ganze Fetzen weghingen, noch
ein paarmal über die Schulter. Dann stieß er mich in die Ecke und
fragte mich: »Willst du jetzt zugeben, daß du die Arbeiter verraten
hast?« Ich antwortete ihm: *»Wenn ich jetzt vielleicht aus Angst vor weiteren
Schlägen zugeben würde, daß ich die Arbeiter verraten habe, dann wär ich nur
wert, auf der Stelle erschlagen zu werden.«*

Ich glaubte, nun wird eine neue Prügelei losgehen, doch sie ließen von mir ab. In wenigen Minuten hörte ich schon das Schlagen
und Schreien in einer anderen Zelle. Es war Hunglinger, auf den sie
scheinbar eine besondere Wut hatten. Er war, wie er selbst sagte, seit
1920 Mitglied der NSDAP und spielte auf der Führerschule der Nazis in München eine große Rolle. Er hatte sozusagen das »Vertrauen
des Führers«. Als die Nazis am 10. März die Polizeiakten nach der

Machtübernahme in Bayern in ihre Hände bekamen, soll sich angeblich herausgestellt haben, daß Hunginger während seiner Tätigkeit in der Hitlerpartei der politischen Polizei Berichte lieferte. War er doch selber Polizeimajor. Jedenfalls haben sie ihn fürchterlich geschlagen, denn noch lange, nachdem die »Helden« den Raum verlassen hatten, hörte ich das Stöhnen.

Eine halbe Stunde mag vergangen sein, und schon wieder geht die Türe auf. Der Verwalter Vogel, der »Verantwortliche« für das, was in der Baracke, in der die Zellen sind, vorgeht, steht vor mir. »Haben Sie eine Bitte – einen Wunsch oder eine Beschwerde?«, war seine an mich gerichtete Frage. Mein Haß und mein Abscheu vor der Mörderbande war zu groß, als daß ich mich dazu erniedrigt hätte, eine Bitte oder einen Wunsch zu äußern. Eine Beschwerde? Ich hatte keine Lust, mich verhöhnen zu lassen. »Keines von den dreien« – war meine Antwort. Nun überreichte er mir einen zwei Meter langen Kälberstrick von der Stärke eines Fingers und forderte mich auf, denselben am kleinen Wasserleitungshahn aufzuhängen.

Nach kurzer Überlegung nahm ich den Strick in die Hand und – überlegte wieder. »Ja, ja«, sagte er, »steigen Sie nur auf das Bett und hängen Sie den Strick an den Hahn …«

Ich stieg auf die Holzpritsche und hängte den Strick mit der am dickeren Ende eingeflochtenen Öse an den Hahn. Nachdem ich wieder heruntergestiegen war, gab er mir folgende Weisung: »Wenn in Zukunft wieder jemand die Zelle betritt, haben Sie eine militärische Haltung einzunehmen und zu sagen: »Der Schutzhaftgefangene Beimler meldet sich zur Stelle, und« – auf den Strick zeigend – »sollten Sie irgendwelche Zweifel bekommen, dann steht er Ihnen zur Verfügung.«

»Ich will Dir behilflich sein«

Schon während meiner Polizeihaft hatte ich erfahren, daß sich der Genosse Götz Sepp (langjähriger Parteisekretär)[29] schon seit mehreren

---

29 Joseph Götz hatte eine ähnliche Biographie wie Beimler: ebenfalls 1895 in München geboren, Schlosser, nach dem Krieg als Marinesoldat an den

Wochen im Konzentrationslager befindet und über ihn vor mehreren Tagen *»wegen Aufwiegelung des Lagers unbeschränkter strenger Arrest«* verhängt worden war. Da ich annahm, daß er sich dann auch in einem solchen Dreckloch, wie ich, befinden wird, klopfte ich einige Male an die Wand. Als ich darauf keine Antwort bekam, versuchte ich zu rufen. Als er mir dann tatsächlich auf mein Rufen Antwort gab, konnte ich feststellen, daß er neben mir in Zelle 2 lag. Auf mein Fragen, wie es ihm gehe, antwortete er: »Weißt du, hier ist es schlimm.« »Hast es gehört« – fragte ich ihn – »wie sie mich geschlagen haben?«, worauf er mir antwortete: »Ja, ja, das war aber noch nicht das Schlimmste. Mach' dich nur auf die Nacht gefaßt.«

Ich gestehe, daß ich bei dieser Verheißung erschrak. Was soll denn da noch Schlimmeres kommen, als das, was ich bis jetzt schon zu verspüren bekommen habe? Nachdem er mir noch bestätigt hatte, daß die Zeit der Arrestdauer für ihn nicht begrenzt ist, unterbrachen wir unsere Unterhaltung. Hunglinger hatte an die Tür seiner Zelle geklopft (Glocke gab es nicht). Ich hörte, wie H. bat, austreten zu dürfen. Als er vom Austreten zurückkam, hörte ich, wie er zum Verwalter Vogel sagte, nachdem letzterer gefragt hatte, was ihm fehlte: »Geben Sie mir doch einen Revolver, ich will mich erschießen, ich kann ja die Prügelei nicht aushalten.« »Revolver gibt es bei uns nicht«, antwortete ihm Vogel, »außerdem bist du keine Kugel wert; du hättest früher daran denken müssen, daß du eine Familie hast, und uns nicht verraten sollen. Trotzdem aber will ich dir behilflich sein« – und brachte ihm ebenfalls einen Strick.

Aushalten – Mag kommen, was will!

Was wird die Nacht wohl bringen, dachte ich und konnte fürs erste nicht glauben, daß es noch schlimmer werden kann. Das Schlimmere kann im äußersten Falle nur der Mord sein, dem ich ins Auge sehen will, und so warte ich nun der Dinge, die da kommen sollen.

Kämpfen im April/Mai 1919 in München beteiligt, langjähriges Mitglied der Bezirksleitung Südbayern der KPD, Landtagsabgeordneter. Götz wurde im März 1933 verhaftet, ins KZ Dachau eingeliefert und dort am 9. Mai 1933, einen Tag nach Beimlers Flucht, ermordet.

Auf jeden Fall hatte ich mir in den Kopf gesetzt, daß der Strick für mich nicht in Frage kommt. Ich kannte die Stimmung der Arbeiter und noch besser die meiner Parteigenossen. »Freiwillig« Hand anlegen, das bedeutet in den Augen der Arbeiter ein Zurückweichen vor den unvermeidlichen Konsequenzen, die sich aus der Tätigkeit eines Revolutionärs ergeben. *Es heißt also: Aushalten, mag kommen was will!*

Die Nacht kam langsam heran, und als es gegen neun Uhr geworden war, da wurde es in der Baracke vor den Zellen statt ruhiger immer lebendiger, lauter und unruhiger. »Mach dich gefaßt!« dachte ich, als ich die Schlüssel klirren hörte und den hohlen, gräßlichen Ton der Schritte mit den Langschäftern.[30] Sie waren vorbeigegangen, und nach wenigen Minuten hörte ich den Major Hunglinger fürchterlich schreien. An der Zahl der Schläge, wie sie immer zugleich verabfolgt wurden, war mir schon bewußt, daß sich dieses Mal mehr als drei an der Folter beteiligten. Ja, hören denn die nicht mehr auf, dachte ich, und sie hörten und hörten nicht auf. Einige Mal wurde die Schlägerei unterbrochen und es waren nur ganz dumpfe Stöße zu hören. Wie ich ja dann selbst erfahren konnte, kamen sie daher, weil die Peiniger die Ochsenziemer umkehrten und mit den dicken Knorpeln dreinschlugen. Die Schreie wurden immer schlimmer und waren zuletzt nur noch ein Röcheln. Die Schlägerei hatte aufgehört, und schon wurde die Zelle des Genossen Götz aufgesperrt, – und wieder das Gleiche. Sie scheinen immer noch mehr »Mut« bekommen zu haben. Sie schlugen und schlugen.

Wie mir in der Nacht der Genosse Götz sagte, war er schon den sechsten Tag in der Zelle, und hatte jeden Tag die gleiche Tortur durchgemacht. Nun kam die Reihe an mich. Die Zelle wurde aufgerissen und sechs Banditen, an der Spitze der Mörder Steinbrenner, drängten sich in meine Zelle. Ihre schwarzen französischen Käppis hatten sie bis in den Nacken zurückgeschoben und die nassen ins Gesicht – besser gesagt – Fratze hängenden Haare bewiesen mir, daß sie sich »warm« geprügelt hatten.

---

30 Langschaft-Lederstiefel der SS-Männer.

»Leg Dich nüber los«

war die Aufforderung des Steinbrenner. »Komm, komm!« schrie er
schon gleich im Anschluß, und nun sollte ich bestätigt bekommen,
was Götz am Tage zu mir sagte. Es war wirklich schlimmer, ja dreifach
schlimmer als das, was ich bis zu dieser Schlägerei am eigenen Leib
verspürt habe.

Während zwei von der linken und zwei von der rechten Seite her
auf mich einschlugen, sekundierten die anderen »Unbeschäftigten«
mit einer Reihe von Zwischenrufen, wie »Rot Front!« – »Heil Moskau!« – »Hoch Thälmann!«[31] – »Hoch die Weltrevolution!« und anderes mehr. Wenn ich mich vor Schmerzen krümmte und auf die Seite
wälzte, schlugen sie solange auf Arme und Beine, bis ich mich wieder
auf den Bauch wälzte. Es ist nicht übertrieben, wenn ich sage, daß jede
von den Bestien mindestens 40 bis 50 Schläge geführt hat.

Das war ihnen nicht genug. Nun mußte ich erst die linke und dann
die rechte Hand wie ein Schüler dem Lehrer hinhalten, damit sie mir
mit dem Ochsenziemer auf jede Hand je zehnmal auf die Fingerspit-
zen schlagen konnten. Darauf ebenso oft auf den Handrücken.

Die Finger und Handrücken waren so aufgeschwollen, daß ich ta-
gelang kaum etwas anfassen konnte. Als sie endlich die Zelle verließen, und ich glaubte, daß nun Ruhe eintreten würde, konnte ich mich
bald überzeugen, daß ich mich wieder getäuscht hatte.

Sie hatten sich inzwischen eine Anzahl Juden[32] aus dem Lager geholt und verprügelten einen nach dem anderen in der »leeren« Zelle
neben mir. Als so um zehn Uhr nachts endlich »Ruhe« eingetreten war,
versuchte ich mich hinzulegen. Von Schlafen war keine Rede, denn ich
wußte ja nicht, wohin ich meinen zerschlagenen Körper legen sollte.

---

31 Ernst Thälmann, geb. 1886, KPD-Vorsitzender, seit März 1933 inhaftiert,
    1944 im KZ Buchenwald ermordet.

32 Juden wurden zunächst nicht allein aus sog. »rassischen« Gründen inhaf-
    tiert; dies beginnt in größerem Ausmaß dann mit der Eingliederung Ös-
    terreichs und der Reichspogromnacht 1938. Unter den politischen, v. a.
    den kommunistischen Häftlingen der Anfangszeit befanden sich aber auch
    jüdische Bürger, die – entsprechend dem Doppelfeindbild der Nazis – be-
    sonders gequält wurden und besonders gefährdet waren.

»Der Strick immer noch unbenützt?«

Der andere Tag begann mit Stoßen und Beschimpfen. Steinbrenner, der Mörder, hatte erst seine Genugtuung, wenn er mindestens ein paar Schimpfworte in die Zelle schreien konnte, meistens gingen ein paar Schläge voraus. Am Tage der Einlieferung brachten sie mir schon eine Schüssel mit Löffel und Messer, aber weder Wasser noch Brot. Man gab mir Seife und Handtuch, aber kein Wasser zum Waschen. Gegen 11 Uhr wurde es wieder lebendig vor der Tür, und man mußte wieder auf Prügel gefaßt sein. Doch sie kamen nicht zu mir, sondern zu Hunglinger. Aufs neue eine wüste Schlägerei. Es war einfach entsetzlich, jeden Schlag mitanzuhören. »Der reicht« – sagte einer, als sie sich vor den Zellen unterhielten und lachten. Ich war auch überzeugt, daß »es gereicht« hat.

Schon am Nachmittag kam die »Kommission«, bestehend aus dem Bezirksarzt, einem Gerichtsschreiber und den zwei Gendarmen von Dachau, um die Todesursache des Majors Hunglinger festzustellen, denn – *er hatte sich erhängt*. Scheinbar hatte die Kommission sogar den Mut zu fragen, woher denn H. den Strick hatte, denn schon kurz nach Weggang der Kommission kam Steinbrenner, der Mörder, in meine Zelle, und ich mußte »meinen« Strick von dem Wasserleitungsrohr herunternehmen und am Gitter des Fensters festmachen, die Holzpritsche aufstellen und mit dem anderen Ende des Strickes festbinden, damit, wie er ironisch bemerkte, »die Bettstelle nicht umfällt«.

Ich bin überzeugt, daß man der Kommission gesagt hat, daß der von Hunglinger benützte Strick dem gleichen Zweck dienen sollte. Andererseits sollte natürlich der Strick auch in meiner Zelle bleiben, im Falle ich doch »irgendwelche Zweifel« bekommen sollte.

Jetzt waren nur noch ich und Götz Sepp im Arrest, um so mehr hatten wir auszuhalten. Frühmorgens schon ging es los. Hatte ich bei der Meldung nicht ganz genau »die Finger lang« genommen, dann wurde mir das durch Schlagen auf die Finger beigebracht. Zehn-, fünfzehnmal wurde die Zelle am Tage aufgerissen.

»Der Strick ist immer noch unbenützt?« – *»Bin nur neugierig, wie lange du dich noch zur Stelle meldest«* – *»Du bist doch eine ganz feige Sau; wenn du einen Charakter hättest, dann hättest du auch den Mut, Schluß zu machen«.*

Diese und eine Fülle anderer Gemeinheiten hatte ich jeden Tag ein paarmal zu hören. So vergingen vier Tage, jeden Tag das gleiche.

Am Abend des vierten Tages kam, wie auch die vorhergegangenen Tage, der »Sturmführer« und fragte mich im Tone, den man gewöhnt ist, wenn sich Freunde gegenseitig erkundigen, wie es geht: *»Na, Beimler, wie geht's? Hast eine Beschwerde oder einen Wunsch?«* Beschwerde beim Führer der Foltergruppe hieße den Teufel bei seiner Großmutter verklagen. »Einen Wunsch hätte ich«, gab ich ihm zur Antwort. »Ja, was wünschst du?« – »Ich bin nun schon vier Tage da und habe bis zur Stunde weder Wasser noch Brot bekommen. Ich weiß nicht, ob hier mit der Durchführung der Anordnung »strenger Arrest« auch vollkommener Kostentzug verbunden ist. Außerdem habe ich noch keine Möglichkeit gehabt, mich zu waschen.«

»Jaa!! Bekommt denn der nichts zu essen«, fragte er den Mörder Steinbrenner. »Ja, heute bekam er etwas«, war dessen Antwort. Kurz darauf bekam ich eine Scheibe Schwarzwurst und ein Stück Brot und eine Schüssel warmen Tee. Auch dem Genossen Götz gab man gnädigerweise dasselbe. Ich nehme vorweg: *Der Tee war das erste und das letzte warme Essen, was ich in den 14 Tagen in Dachau bekommen habe.*

Meine Erkrankung

Am fünften Tag beziehungsweise schon in der vorausgegangenen Nacht hatte ich heftige Bauchschmerzen bekommen und überlegte, ob ich mich krank melden solle. Ich dachte, es hat ja doch keinen Zweck, die Bande hat höchstens Freude daran, wenn ich sage, daß ich krank bin. Als dann die Tür aufgemacht wurde und statt der Bestie Steinbrenner »sein Kollege« namens … Marx[33] (!) vor mir stand, – die Wut packte mich immer, wenn ich an seinen Namen dachte, als ob das eine Ergänzung zur Folter wäre! –, fragte ich ihn, ob es im Lager auch einen Arzt gibt. Nachdem er das bejahte, wünschte ich, diesem vorgestellt zu werden. »Ja, ist gut«, sagte er, und nachdem ich mich sogar, und zwar zum erstenmal, waschen konnte, verschwand er wieder.

---

33   Vollständiger Name und Daten des SS-Wachmanns unbekannt.

Die Schmerzen wurden immer heftiger, aber von einem Arzt war nichts zu sehen und nichts zu hören. Erst gegen 11 Uhr vormittags kam Steinbrenner und ein anderer Gefangener. Ich mußte mich ausziehen, auf die Holzpritsche legen, worauf der mitgekommene Gefangene mich untersuchte.

Ich wurde in das am anderen Ende der gleichen Baracke gelegene Krankenrevier geführt. Nach nochmaliger Untersuchung meinte der Gefangene, von dem ich annahm, daß er irgendeine Hilfskraft des Arztes sei und der letztere erst noch kommen wird, das Fieber sei im Ansteigen und es bestehe die Gefahr einer Blinddarmentzündung. Auf Grund dieser Diagnose wurde die Sanitätskolonne angerufen und ein Auto bestellt. Jetzt erst erfuhr ich dann von einem Genossen, der im Revier war, daß der Gefangene, der mich untersucht hat, niemand anders war als *Genosse Dr. Katz*[34] *aus Nürnberg,* der, weil er Jude ist, in Schutzhaft genommen wurde, und nun seine »Praxis« im Lager ausübt. Im Revier selbst lagerte eine Anzahl Gefangener, von denen die meisten so schwer gefoltert worden waren, daß sie in die Krankenabteilung aufgenommen werden mußten, darunter der Landtagsabgeordnete Genosse Fritz Scharper[35] aus Nürnberg und ein junger jüdischer Kaufmann, der sich in der Zelle an den Strick gehängt hatte, den ihm ebenfalls der Verwalter Vogel überreicht hat, »falls er Zweifel bekommen sollte«. Die Bande hat den Jungen vorher fürchterlich geschlagen und dann beobachtet, was er macht. Tatsächlich hatte er sich aufgehängt und wurde noch rechtzeitig »entdeckt«. Damit wollten sie die Öffentlichkeit täuschen, als ob sie gar kein Interesse hätten, daß im Lager ein Gefangener Selbstmord begeht.

Gegen 12 Uhr mittags waren die Sanitäter mit dem Auto gekommen, und man brachte mich in Begleitung eines Sanitäters der Schupo nach München in das Krankenhaus links der Isar. Ich hatte wenig Hoffnung, daß ich dort eine richtige Behandlung erfahren werde, als

---

34 Delwin Katz, geb. 1887, in Nürnberg verhaftet, seit 13. April im KZ Dachau inhaftiert, am 17. oder 18.10.1933 ermordet.

35 Fritz Schaper (1890-1966), Mitglied der Bezirksleitung Nordbayern der KPD, seit 1928 Abgeordneter des Landtags, am 22.4.1933 in Nürnberg verhaftet

ich sah, daß jeder der vier Ärzte, die mich untersuchten, das Symbol
des Arbeitermordes[36] am Aufschlag seines weißen Mantels trug. Es
wurde angeordnet, mich zur Beobachtung in ein »Separatzimmer« zu
bringen, vor dessen Fenster von außen ein schweres Eisengitter angebracht war. Schon nach wenigen Minuten erschienen zwei von der politischen Abteilung abkommandierte SS-»Männer«, die sich im Zimmer vor mein Bett setzten und die Aufgabe hatten, mich zu bewachen.

Die Anweisung des Arztes, »Heißluft-Umschläge, Einläufe, Ri-
zinusöl« und Einhaltung der angeordneten Diät wurden von einem
Krankenpfleger besorgt.

Am 1. Mai, nachmittags ein Uhr, erschienen plötzlich zwei junge
Leute in Zivil, das Hakenkreuz angesteckt, und gingen sichtlich ner-
vös ein paarmal im Zimmer auf und ab, ohne etwas zu sagen. Die
beiden SS-Leute waren auffälligerweise hinausgegangen. Während
ich mir diesen sonderbaren Besuch betrachtete und überlegte, was da
los ist, fing der eine von den beiden an: »Also Beimler, stehen Sie auf
und ziehen Sie sich an. Sie kommen jetzt wieder nach Stadelheim in
die Krankenabteilung.«

Ich erwiderte, daß ich mich erstens gar nicht anziehen kann, weil
ich ja gar keine Kleider habe und zweitens auch nicht gehen kann,
worauf er meinte: »Ihre Kleider werden gleich gebracht, und gehen
brauchen Sie ja nur bis zum Auto, wir haben einen Personenwagen
und bringen Sie damit bis nach Stadelheim.«

Unwillkürlich schreckte ich zusammen, als er mir das Vorstehende
darlegte. Gefangenentransport mit Personenauto, das kann nichts Gutes sein, und ich dachte dabei an Karl Liebknecht und Rosa Luxemburg, die beiden hat man auch mit Personenwagen vom Edenhotel
»abgeholt« ...[37]

---

36   Gemeint ist das Hakenkreuz des Parteiabzeichens der NSDAP.

37   Karl Liebknecht (1871-1919) und Rosa Luxemburg (1871-1919), Mitbegrün-
     der der KPD, wurden am 15.1.1919 aus dem »Hotel Eden« in Berlin, wo
     sie festgehalten und misshandelt wurden, in Personenautos verfrachtet.
     Während Rosa Luxemburg bereits beim Verlassen des Hotels zusammen-
     geschlagen und dann im Wagen erschossen wurde, hatte man Karl Lieb-
     knecht zunächst weggefahren und dann beim befohlenen Ausstieg aus dem

»Nein, ich kann nicht gehen«, antwortete ich ihm und dachte mir, du läßt es schon darauf ankommen. Währenddessen kam der Krankenwärter, um das Thermometer von mir wegzunehmen. »Kann der nicht gehen?«, fragte der eine den Krankenwärter. »Nein, der kann nicht gehen«, war seine Antwort. Ihm hatte ich doch alles erzählt und auch gezeigt, wie sie meinen Körper zugerichtet hatten. Er wußte, daß mich bei der Einlieferung in die Polizei ein Bandit mit der Stiefelspitze gegen das Steißbein gestoßen hatte und selbst die sadistischen Ärzte vorhatten, mich am gleichen Tage zu durchleuchten, weil ich nach wie vor große Schmerzen hatte. Teils wütend und teils enttäuscht erwiderte dann der Faschist: »Dann muß er halt wieder durch die Sanitäter transportiert werden.«

Beide verließen dann das Zimmer, und schon nach kurzer Zeit kamen tatsächlich zwei Sanitäter, legten mich auf die Tragbahre und brachten mich hinunter zum Sanitätswagen. Wie ich hörte, hatten die Sanitäter die Anweisung, mich vorher zum Polizeipräsidium zu bringen. Das Auto hielt dann auch in der »Löwengrube«, vor dem Einfahrtstor zum Polizeigebäude. Während der eine Sanitäter in das Gebäude ging, blieb der andere bei mir sitzen. Es dauerte eine ganze Zeit, bis er wieder zurückkam und – zu meiner Überraschung – zwei andere Kriminalbeamte. Die anderen beiden habe ich nach dem Krankenhausweg nicht mehr gesehen.

In Stadelheim brachte man mich nicht etwa in die Krankenabteilung – ja nicht einmal in die Abteilung der Schutzhaftgefangenen –, sondern warf mich in der Abteilung für Kriminelle in eine Zelle. Meine eigenen Kleider nahmen sie weg und brachten mir eine schwarze Zuchthauskleidung. Nicht einmal mein eigenes Taschentuch durfte ich behalten.[38]

Auto erschossen. Angesichts der besonderen Umstände sind Beimlers Gedanken und die Angst, möglicherweise ebenfalls auf ähnliche Art ermordet zu werden, naheliegend.

38   Einem Bericht vom 1.5.1933 zufolge hatte die Bayerische Politische Polizei die Unterbringung in einer »Sicherheits-Einzelzelle« veranlasst, weil »die Krankenabteilung nicht sicher genug erschien, den gefährlichen Burschen dort unterzubringen, während in der Einzelzelle eine Flucht oder eine Be-

Mein Verlangen, in die Krankenabteilung gebracht zu werden, wurde vom *Sanitäter* (!!) mit der zynischen Bemerkung abgetan: »Ach, hier ist es ja auch nicht schlecht.« Am ersten Tage schon rief so ein Kerl durch den sogenannten »Spion« (das Guckloch) in die Zelle: *»Schlagt doch den Hund tot!«*

Ich habe auch die feste Überzeugung, daß die anderen beiden Gestalten die Aufgabe übernommen hatten – wenn es gelungen wäre, mich mit dem Personenwagen wegzubringen, *auf dem Transport zu ermorden.*

Die Regie hat nicht gut geklappt. Nach drei Tagen brachten sie mich wieder zum Polizeigefängnis. Kaum hatte ich mich hingesetzt, um an meine Kinder und Schwiegereltern einen Brief zu schreiben, mußte ich schon wieder abbrechen, es ging *wieder nach Dachau.*

»Vergesst nur den Rahm nicht!«

Zu meiner größten Bestürzung wurden mit dem gleichen Transport die Genossen Fritz *Dressel*, Landtagsabgeordneter, Max *Holy*, Bezirkssekretär der Roten Hilfe, und Josef *Hirsch*[39], Stadtrat von München, nach Dachau gebracht. Bestürzt war ich deshalb, weil ich ja schon wußte, daß die Mordgesellen von Dachau nicht nur ein Freudengeschrei anstimmen werden, wenn mit einem Schlag vier bekannte Funktionäre in ihre Mörderhände kommen, sondern auch Anlaß nehmen werden, ihre schrecklichen Quälereien aufs neue fortzuführen.

Soweit es überhaupt möglich war, miteinander zu sprechen, verständigten wir uns kurz. Max Holy erzählte mir, daß er bereits in Salzburg gewesen sei, aber dort verhaftet und von der Polizei an die Grenze gebracht und der SA bzw. SS in die Hand gespielt wurde. In München wurde er ins Gewerkschaftshaus geschleppt und fürchterlich geschlagen.

---

freiung durch Genossen ausgeschlossen ist«; Archiv der KZ-Gedenkstätte Dachau, Bestand Beimler, Nr. 17.270

39   Zu Dressel siehe Anm. 21; Max Holy (1894-1959), fast 6 Jahre in Gefängnissen und Konzentrationslagern inhaftiert; Stadtrat Josef Hirsch (1893-1960) wurde zusammen mit Fritz Dressel am 3. Mai in München verhaftet.

Fritz *Dressel* und *Hirsch* wurden zusammen verhaftet und ebenfalls im Gewerkschaftshaus an der Pestalozzistraße mit dem Gummiknüppel auf den nackten Körper geschlagen. Wieder waren es etwa 25 Gefangene, die nach Dachau gebracht wurden.[40] Ich wußte, was es bedeutete, als schon in der Polizei eine unglaubliche Hetze unter den SS-Leuten von einem sogenannten Sturmführer gegen uns entfaltet wurde.

»Gebt nur auf den Beimler obacht«, brüllte er in den Wagen. »Haut ihm nur gleich auf die Schnauze, wenn er sich rührt, der Judenknecht hat in der Zelle die Internationale gesungen.« – »Wo ist denn der *Dressel*? Der Lump, der hat mir ins Gesicht gespuckt.« – »Vergeßt nur den *Rahm*[41] nicht, der Lausbub hat einen SS-Mann geschlagen«, geiferte er weiter. »Deswegen fahren wir ja mit!«, riefen gleich drei im Wagen sitzende Verbrechergestalten in den Mörderuniformen. Das ist nur ein kleiner Ausschnitt aus den bei der Wiederankunft in Dachau zu gebenden/hörenden Stichworten, um die Schlägerkolonne aufzupeitschen.

Das Transportauto hatte in Dachau kaum gehalten, da rissen die drei mitgefahrenen Bestien den zwanzig Jahre alten Jugendgenossen Rahm aus dem Wagen, schlugen auf ihn ein, bis sie ihn buchstäblich in den Dreck traten und mit den Stiefeln auf dem aus Mund und Nase blutenden Genossen herumtrampelten. Der Kommandant stand mit seinem »Stab« daneben und ließ sich seine Zigarette schmecken. Holy meinte: »Geht's da immer so zu?« – »Ja, Max«, sagte ich, »hier sind wir ausgeliefert«. Da es an diesem Tage, wie schon die vorhergegangenen, sehr heftig regnete, mußten wir uns in einer Halle aufstellen. Die Stichworte waren schon gegeben, so ordnete der Kommandant gleich an: »*Beimler, mein Freund, 14 Tage strengen Arrest. Dressel, damit er keinen SS-Mann mehr anspuckt, 5 Tage, Hirsch, damit er Zeit bekommt, über seine*

---

40   Insgesamt sind laut Liste der Bayerischen Politischen Polizei mit diesem Transport am 4.5.1933 insgesamt 29 Häftlinge ins KZ Dachau eingeliefert worden; Archiv der KZ-Gedenkstätte Dachau, Bestand Beimler, Nr. 17.270.

41   Vermutlich Josef Ram, geb. 1912, bis September 1933 in Dachau; auch dessen beide Brüder Georg, geb. 1910, und Anton, geb. 1909, waren mehrere Jahre im KZ Dachau inhaftiert.

Hetzereien im Stadtrat gegen die nationalsozialistische Fraktion nachzuden-
ken, 3 Tage, Rahm 5 Tage.«

Sofort wurden wir vier abgeführt und nach Durchsuchung in die
Folterbaracke gebracht. Mehrere Tage hatte es stark geregnet; so hatten die Henker eine besondere Freude daran, uns vier durch die größten Dreck- und Wasserlöcher zu jagen, das Wasser stand uns manchmal bis an die Knöchel. Dressel und mich warfen sie in die »alte«
Zelle 3, in der ich schon früher war, bevor ich ins Krankenhaus kam.
Götz lag noch immer in Nummer 2, Hirsch in der Zelle 1, in der sich
Hunglinger erhängt hatte, und Rahm in Nummer 4. Nach ungefähr
einer halben Stunde erschien schon die Schlägerkolonne mit Steinbrenner, dem Mörder, an der Spitze, die Ochsenfiesel schwingend.

Mit den Worten: »Was, du Sauhund hast einen SS-Mann angespuckt«,
wandte sich Steinbrenner an Dressel und schlug ihn ein paarmal über den
Kopf. Als er sich genügend in Wut geschimpft hatte – und auch seine Gehilfen
Eifer bekamen –, mußte sich Dressel vollkommen ausziehen, wurde über die
Holzpritsche geworfen und dann in bestialischer Weise auf den nackten Körper
– von der Fußsohle bis zum Scheitel, kann man sagen – geschlagen. Ich mußte
zusehen, und sie hörten und hörten nicht auf. Jeder Schlag, den sie führten,
schmerzte mich mehr, als wenn ich an Dressels Stelle gewesen wäre. Endlich
hören sie auf, dachte ich mir, wohl wissend, daß ich jetzt an die Reihe
kommen werde.

»Und du, feige Sau, kommst jetzt dran, – wir werden dir schon
dein Simulantentum austreiben.« – »Ausziehen!«

Dasselbe wie bei Dressel. Von uns gingen sie weg, und schon nach
wenigen Minuten hörten wir den Mörder schreien: »Was, du Rotzlöf-
fel, du Lausbub – du hast einen SS-Mann geschlagen!« – und wieder
das unmenschliche Foltern. Es war einfach nicht zum Anhören. Das
Platschen der langen Ochsenziemer auf den nackten Körper. Fritz
Dressel hielt sich die Ohren zu – ihm gings ebenso. Nun kam Hirsch
an die Reihe – ich kann nur sagen: dasselbe, immer dasselbe.

Als die Verbrecher ihr Werk getan hatten, kam der Verwalter Vogel und machte Visite. Von uns ging er zu Rahm.

»Warum ist der junge Kerl da?« fragte er, und Steinbrenner antwortete prompt: »Der hat einen SS-Mann geschlagen.« Daraufhin

fragte Vogel den Genossen Rahm, warum er den SS-Mann geschlagen habe. Wir hörten das alles sehr gut. Der Genosse erzählte, daß er gestern von der SS in der Polizei geschlagen worden wäre und er mit den Füßen gestoßen und dabei einen SS-Mann gestreift habe. Darauf sagte Vogel wörtlich: »Ja, das glaub' ich schon eher, als daß dieser junge Kerl einen SS-Mann geschlagen hätte. Von Schlagen kann doch da keine Rede sein, – ich würde mich genauso wehren, wenn ich geschlagen würde.«

Jetzt, da die Bestien den jungen Genossen so bestialisch gefoltert und seinen Körper so gräßlich zugerichtet hatten, jetzt konnte Rahm zu den Gefangenen ins Lager gehen. Durch die »Amnestierung« Rahms wurde die Zelle frei. Dressel kam hinein.

»Die besonderen Exemplare der bolschwistischen Schweine«

Wer im Glauben war, daß die Mörderbande für diesen Tag genug Quälereien vollbracht habe, – die Raubtiere suchten ihre Opfer wieder auf. Bei Hirsch fing es an – von Hirsch raus – zu Götz rein; von Götz raus – zu mir rein; – Fritz Dressel als letzter. Immer die gleiche Folter.

Am anderen Tag »Visiten durch den Kommandanten«. Ohne ihn zu sehen, wußte ich, daß er es war. Da hörte ich, nachdem er bei Hirsch gewesen war, vor der Tür des Genossen Götz: »Da drin ist der Autwiegler Götz, ein Verbrecher ersten Ranges.«

Vor meiner Tür: »Da drin haben wir ein besonderes Exemplar der bolschewistischen Schweine.« Die Tür wird aufgesperrt, vor der Zelle steht außer dem Kommandanten ein ganzer Schwarm der sogenannten »Führer«-Auslese. Nach einer Anzahl Bemerkungen und sichtlicher Freude wurde Dressel »besucht«. Solche Besuche kamen natürlich jeden Tag. Wenn so eine Leuchte der braunen Mörder- und Brandstifterarmee »zufällig« nach Dachau kam, dann wurden wir immer vorgestellt. Wir waren in dieser Hölle die Hau- und Schauobjekte.

Am nächsten Nachmittag hörte ich auf einmal, wie draußen einer brüllt: »Wo ist denn der Dressel?« Schon klirrte der Schlüsselbund, und die Schlägerei setzte ein. Ich hörte immer wieder dazwischen schreien: »Spuckst du mich nochmal an?« Daraus konnte ich entnehmen, daß es der SS-Mann war, der angeblich von Dressel angespuckt worden war. Als er genug hatte, hörte ich, wie die Schlägerkolonne dauernd auf ihn einredete: »Zum Beimler gehst auch rein«. »Ich will die Sau gar nicht sehen«, gab er zur Antwort, aber sie ließen nicht locker, bis er sich doch »überreden« ließ.

»Aufgehängt wirst Du ...«

Die Tür ging auf, und der dickbäuchige Schreier trat ein, der beim Abtransport von der Polizei nach Dachau in den Wagen gerufen hatte: »Haut dem Beimler auf die Schnauze, wenn er sich rührt.« Ich ahnte nicht, daß der Bandit die »Gelegenheit« benützen würde, als ich mich in sogenannter »militärischer« Haltung »zur Stelle« melde, um mir von der Tür aus mit aller Wucht gegen den Bauch zu springen. Zum soundsovielten Male lag ich in einer Ecke der Zelle. Da die Holzpritsche aufgerichtet war, veranlaßte er einen SS-Mann, daß er sich bückte. Ich mußte mich dann quer über ihn legen, damit der andere Bandit besser auf mich einschlagen konnte. Kaum daß der sadistische Dickwanst noch Luft bekam, als er zu prügeln aufhörte. *Das genügte ihm aber noch nicht. Wieder drückte er mich in die Ecke. Dann ging er zurück bis zur Tür, zog seinen Revolver und legte, den Lauf auf den linken Arm gestützt, auf mich an. Er glaubte wohl, ich werde jetzt zusammenklappen. Doch ich sah ruhig und gefaßt in den Lauf. »Dreh dich um« – ich stand ebenso gefaßt mit dem Gesicht gegen die Wand.* Sein Schießeisen wieder einsteckend ging er auf mich zu und sagte: *»Du Sau, du bist gar keine Kugel wert.«* Dann klopfte er auf den oberen Fuß der aufgestellten Holzpritsche und sagte: *»Aber aufgehängt wirst du morgen früh um 7 doch; kannst noch beten und einen Brief schreiben.«*

Am Abend, wie täglich, die Quälerei. Als sie von Fritz Dressel rauskamen, sagte der Mörder Steinbrenner: »Der hat fünf Tage und muß jeden Tag 25 bekommen.« Am 5. Mai wurde ich in eine andere Zelle gesperrt, weshalb, wußte ich nicht. Mag sein, weil ich ab und zu auf die Holzpritsche gestiegen bin und zum Fenster hinaussah. Am Tage vorher hatte man schon begonnen, die Fenster von außen mit Brettern zuzunageln. *Wir hatten also eine neue Qual: Strengen Arrest – bei Wasser und Brot – dunkle Zelle ohne Luftzufuhr, und in der Hauptsache: Prügel – Beschimpfungen – Stöße. So verging ein Tag wie der andere.*

Der Mord an Genossen Dressel

Am Sonntag, dem 7. Mai nachmittags, hörte ich auf einmal rufen: »Ja, wie kommt denn der zu dem Messer?« Es war klar, daß etwas passiert ist. Um zu sehen oder zu erfahren, was geschehen ist, klopfte ich an die Tür und verlangte, austreten zu dürfen. Da ich mehrmals an die Tür pochen mußte, ahnte ich schon, daß sie mich nicht rauslassen wollen. Endlich kam ich heraus, wieder ein Entsetzen. Ich zitterte an allen Gliedern. Vor der Tür des Genossen Dressel stand ein Verbandskasten. Als ich wieder aus dem Klosett kam, war der SS-Mann, der mir die Zelle aufgesperrt hatte, verschwunden. Diese Gelegenheit benützte ich und öffnete vorsichtig die nicht verschlossene Tür der Zelle 4. *Es war leider wahr, was ich geahnt hatte: auf dem Steinboden eine große Blutlache. In der Zelle war schon ein Nürnberger Genosse damit beschäftigt, das Blut aufzuwischen.* »Was ist da los?« – fragte ich den Genossen. Er antwortete: »Der Fritz hat sich aufgeschnitten.« – »Wo ist er?« – »Im Revier«, war die Antwort, »er lebt noch.« Da ich immer noch allein war, verständigte ich die Genossen Götz und Hirsch durch den »Spion« (Guckloch).

»Das wird ja immer schlimmer« – meinte ich. Sepp Götz erwiderte: »Nein, das glaub ich nicht. Wirst sehen, es wird jetzt besser, – das ist ja schon der dritte, und so können sie doch nicht weitermachen.« – »Ich glaub nicht daran, sie machen uns alle kaputt, sie haben dir wie mir gesagt, daß wir da nicht mehr lebendig herauskommen« – konnte ich noch sagen. Dann kam der SS-Mann wieder, der gar nicht mehr wußte, daß er mich rausgelassen hatte, und schloß mich in die Zelle.

Ich war noch gar nicht lange in der Zelle, da hörte ich, daß sie *Dressel auf Befehl des Kommandanten vom Revier entfernten und . . . wieder in seine Zelle trugen.*

Der Totentanz

Der Sonntag (7. Mai) nachmittag war sehr aufregend. Ich selbst merkte, daß mein Körper und meine Nerven in der Widerstandsfähigkeit nachließen. Inzwischen ist es wieder Nacht geworden. Eine sonderbare Ruhe war in der ganzen Baracke. Sie wirkte einerseits sehr wohltuend, andererseits aber dachte ich dauernd an Fritz Dressel. Was passiert nun? Wird er doch am Leben bleiben? Ich konnte es nicht glauben, daß er selbst Hand an sich gelegt hat.

Die Ruhe sollte bald unterbrochen werden, denn die »*Wache Steinbrenner*« war nicht nur vollzählig in ihrem Zimmer, sie hatten auch noch Besuch, wie ich durch die von mir mit dem Messer ausgekratzte Spalte zwischen zwei Brettern meines vernagelten Fensters feststellen konnte.

Es waren zwei SA-»Sanitäter«. Ihre Aufgabe war, den Genossen Dressel zu »pflegen«. Den Genossen Dr. Katz, der am Nachmittag dem Genossen den ersten Verband angelegt hatte, ließ die Mörderbande nicht mehr zu Dressel in die Zelle.

Während ich so, auf der Kante der Holzpritsche sitzend, über das, was da noch alles kommen wird, nachdachte, zuckte ich plötzlich mit dem Körper, als hätte mir jemand einen Stich in den Rücken versetzt: ich sprang auf – die *Bestien begannen in ihrem Zimmer zu musizieren. Aus dem Ton unterschied ich eine Zither, eine Gitarre und eine Harmonika.*

Es war ein wahnsinniges Schreien, ein wildes Johlen. Sogenannte »Schnadahüpferl«-Lieder wurden gesungen, mit Musik begleitet. Daß sie auch dabei gesoffen haben, hat mich nicht mehr gewundert. Das gehört ja zum geselligen Beisammensein einer solchen Gesellschaft. Mein Gedanke war bloß: was wird Fritz machen? Wie muß ihm das weh tun, wenn er in seinem Zustand als »Abwechslung« statt durch Schläge durch Musikinstrumente gefoltert wird.

Ich klopfe an die Wand. Rufe den Götz an: »Sepp, hörst sie?«

»Ja, ja, das ist der Totentanz« – gab er mir zurück.

»Wie lange willst Du Dich noch zur Stelle melden?«

Während die Gefangenen des Lagers um neun Uhr abends in ihren Baracken sein müssen und Ruhe herrschen muß – tobten sich die Mörder in ihrem Zimmer wie wild aus. Gegen 12 Uhr – da auch für die braunen Banditen der Zeitpunkt zum »Einpassieren« gesetzt ist, trat in der Mord- und Folterbaracke Stille ein.

Die Aufregung und die Angst um den *Genossen Dressel* war zu groß, als daß es möglich gewesen wäre, zu schlafen – wie ich mich ja keiner Nacht entsinnen kann, in der ich hätte schlafen können, was mein zerschundener Körper und die Nerven so notwendig gebraucht hätten. So habe ich in dieser Nacht vom Sonntag auf Montag auf den harten Brettern der Holzpritsche nur gedöst. Am Morgen, als der Mörder Steinbrenner meine Zelle öffnete, war sein erstes: *»Bin neugierig, wie lange du dich noch zur Stelle meldest«* – und versetzte mir zum soundsovielten Male mit Anlauf mit der Faust einen Stoß gegen die Brust, wie immer in die gleiche Stelle – in die Herzgegend. Meine Brust war an dieser Stelle schon sehr stark angeschwollen und ich hatte beim Atmen heftiges Stechen. Nachdem ich schon am vorhergehenden Tag Vorbereitungen zu meiner Flucht getroffen hatte, dachte ich mir nur: *»Warte nur, du Bestie – vielleicht melde ich mich morgen nicht mehr zur Stelle.«*

Um zehn Uhr kommt Steinbrenner wieder in die Zelle und erklärt mir: »Ich habe dich jetzt zu einer Vernehmung zu führen und mach dich im Beisein eines Zeugen (Walleitner) darauf aufmerksam, daß ich dich sofort niederschießen werde, wenn du auch nur im geringsten den Versuch unternimmst, mit irgendeinem Gefangenen durch Deuten, Grüßen oder gar Reden oder sonstwie in Verbindung zu treten.«

»Ich habe gar keine Veranlassung«, erwiderte ich ihm. Als er sagte: »Nimm deinen Hut mit«, dachte ich, jetzt wird wohl der bekannte »Fluchtversuch« arrangiert werden. Wozu denn einen Hut, wenn die Vernehmung doch innerhalb des Lagers im Verwaltungsgebäude ist? Jedenfalls war ich darauf gefaßt und bin sehr vorsichtig gegangen. Steinbrenner ging zehn Schritt hinter mir. Im Korridor des Verwaltungsgebäudes standen schon fünf Gefangene, die ebenfalls vernommen werden sollten, darunter der Genosse Ewald *Thunig*[42], ein Redakteur der »Neuen Zeitung«, und der Genosse *Gräf*[43], Geschäftsführer

---

42   Ewald Thunig (1897-1991), 1928/29 in der Bezirksleitung, 1932-1933 Chefredakteur der Bayerischen KPD-Zeitung »Neue Zeitung«, 1933-1938 Häftling im KZ Dachau.

43   Joseph Gräf, geb. 1900, außer der Einlieferung in Dachau am 4.5.1933 und nochmals am 27.9.1933 keine weiteren Daten bekannt. Geschäftsführer der KP-Druckerei Bajuwaren-Druck München und des »Freien Verlags« München-Augsburg, in dem die Neue Zeitung herausgegeben wurde.

des »Freien Verlags«. Mich führte der Henker gleich in das Zimmer
der politischen Polizei, die im Lager eine »Filiale« aufgemacht hatte.
Vernommen sollte ich werden im Auftrage des Oberreichsanwalts wegen »Vorbereitung zum Hochverrat«.[44]

Während der »Vernehmung« mischte sich der schwachsinnige
Mörder Steinbrenner dauernd ein, wenn ich auf diese oder jene Frage
des vernehmenden Beamten die Antwort gab, die ich für angebracht
hielt. »Du Saukerl lügst doch, wenn du das Maul aufmachst« – diese
und ähnliche »Zwischenrufe« kennzeichnen sein Wesen ebenso stark
wie seine Bestialitäten an den Gefangenen.

Die »Vernehmung« war beendet. Man brachte mich wieder in die
Zelle zurück. Da ich doch schon eine Reihe Vorbereitungen zu meiner Flucht getroffen hatte, – schon in der vorausgegangenen Nacht
hatte ich eines der Bretter, die zur Verdunkelung der Zelle von außen
vor das Fenster genagelt waren, losgemacht – hatte ich Angst, daß sie
während meiner Vernehmung die Zelle durchsuchen und auf mein
Vorhaben aufmerksam werden könnten. Offen gestanden – ich atme-
te wieder leichter auf, als der Steinbrenner die Tür wieder verschloß.
Nichts haben sie bemerkt. Sie hatten eben nur soviel Gehirn, um die
größten Brutalitäten und Grausamkeiten an den Gefangenen auszu-
denken, dann war Schluß.

»Das Messer hast Du nicht zum Brotschneiden bekommen«

Nachmittags gegen 2 Uhr machte der Kommandant, natürlich in
Begleitung des Mörders Steinbrenner, wieder »Visite«. Während
Steinbrenner in die Zelle kam, blieb der Kommandant vor der Zellentür stehen, – beide Arme in die Hüften und die rechte Schulter
gegen den Türrahmen gestützt. In der linken Hand hielt er eine nach
rückwärts stehende Hundepeitsche. Dann fing er an, das zu wieder-
holen, was er mir schon öfters mit anderen Worten gesagt hatte: *»Na
– Beimler – wie lange gedenkst du denn die Menschheit mit deinem Dasein
zu belästigen? Ich habe dir schon einmal gesagt, daß du dir darüber klar
sein mußt, daß du in der heutigen Gesellschaft, im nationalsozialistischen*

---

44   Das Verfahren wurde nach Beimlers Tod eingestellt.

Deutschland, ein überflüssiges Subjekt bist. Lange sehe ich jetzt nicht mehr zu.«

Dann stieß er mit den Fingern gegen das auf der kleinen Bank liegende Tafelmesser und sagte: *»Das Messer hast du nicht etwa zum Brotschneiden bekommen – das gehört zu etwas anderem.«*

Darauf erwiderte ich ihm: *»Herr Kommandant! Ich bin seit 14 Jahren Mitglied der Kommunistischen Partei – und habe um mein und der Arbeiterklasse Leben gekämpft und bin auch jetzt nicht gewillt, freiwillig auf mein Leben zu verzichten. Wenn Sie der Meinung sind, daß ich überflüssig geworden bin, dann geben Sie den Befehl, daß ich erschossen werde – dann wird es gemacht werden. Ob sich dann an der weiteren Entwicklung etwas ändern wird, ist eine andere Frage.«*

Er stellte sich dann vor mich und sagte: *»Schau nur her – frech wird das Schwein auch noch!«–* *»Dich erschießen – nein, du Sau bist keine Kugel wert, dich lassen wir daherin verhungern.«*

Worauf ich ihm erwiderte: *»Herr Kommandant! Ich bin jetzt schon vier Wochen in Haft und bin schon zu dreiviertel verhungert, dann werde ich das andere Viertel auch noch überstehen.«*

Diese meine Antworten gingen dem Mörder Steinbrenner sehr stark auf die Nerven, und ich konnte es ihm aus der Fratze lesen, daß er mich am liebsten gleich erwürgt hätte. So sprang er auf mich zu und stieß mich wieder mit der Faust gegen die Brust an die Mauer. Als ich bei diesem Stoß, der mich ungemein schmerzte, »Au« rief, sagte der Kommandant: *»Ei schau, schreien tut er auch noch«* – und er wandte sich lächelnd zu Steinbrenner mit den Worten: *»Schreien nützt nicht viel – bei uns geht's ganz lautlos und schnell!«*

»Wie man's macht ...«

Sie hatten die Zellentür kaum zwei Minuten zugeschlossen, da wurde schon wieder aufgesperrt. – Der Mordbandit riß mich mit dem Wort: »Raus« aus der Zelle und warf mich in die Zelle 4. Es war der erschütterndste Augenblick meines Lebens. *Vor meinen Füßen auf dem Steinboden lag die zerschundene, mit dicken Beulen bedeckte Leiche meines langjährigen Kampfgenossen Fritz Dressel.* Der linke Arm lag ausgestreckt auf dem Boden, quer über den Vorderarm drei Schnitte, das Brotmesser daneben.

Es war alles aufgeklärt. Der Genosse wurde durch die unerhörte Quälerei *in den Tod getrieben*, wie das an mir und auch an den Genossen Götz und Genossen Hirsch geschah, dazu getrieben, Hand an sich zu legen. Er wurde dabei »unvorsichtigerweise« von einem Sturmführer gefunden, als er noch nicht verblutet war. Ein Gefangener, Dr. Katz, hätte den Genossen am Leben erhalten können. Doch der Wille des Kommandanten war, daß Dressel wieder vom Revier in die Zelle geworfen und dem Doktor untersagt wurde, den verwundeten Freund weiter zu behandeln. Man holte, um eine Behandlung vorzutäuschen, zwei SA-»Sanitäter«, am Abend des 7. Mai riß die Mörderbande den Verband von der Wunde, und der Genosse verblutete dann endgültig. Als Abschluß machten sie den Musikabend – den »Totentanz« – und besoffen sich zur eigenen Betäubung.

Sollte ich vielleicht solange bei meinem toten Genossen in der Zelle gelassen werden – bis ich es ihm gleichtat? – Wenn sie mich auch nach wenigen Minuten wieder aus der Zelle holten und in »meine« zurückbrachten, – so sollte ich doch gleich erfahren, warum sie mich in die Totenzelle geworfen haben.

»So!« – sagte der Verbrecher, im Lager als Kommandant bezeichnet – »so, jetzt hast du es wohl gesehen, wie man es macht. Du mußt nicht glauben, daß du deshalb zu deinem Freund hineingekommen bist, um ihn nochmals zu sehen und von ihm Abschied zu nehmen. Du sollst bloß sehen, wie man es macht, und daß er nicht so feig war. Er hatte mehr Charakter als du feige Sau.« Von mir gingen sie fort und wiederholten mit dem Genossen Götz dasselbe, wie er mir durch Zuruf bestätigte.

»Die Frist ... 5 Uhr«

Nach wenigen Minuten erschienen sie wieder bei mir. Der Kommandant: »Also, hast du dir's schon überlegt?« – worauf ich ihm erwiderte, daß sich meine Ansicht noch nicht geändert hat. Darauf sagte er zu mir: *»Ich will dir was sagen! Ich gebe dir bis 5 Uhr Zeit – jetzt ist es 3 Uhr, und wenn du es bis 5 Uhr nicht erledigt hast, dann wird's von uns erledigt!«* – Von mir raus, zu Götz rein. Um vier Uhr erschien wieder der Mörder Steinbrenner. *»Ich habe gehört, du willst dich auf-*

hängen?« – »Mir ist es gleich, was du machst, wenn du tatsächlich zu feige bist, das Messer zu benutzen.«– »Weißt du, wie man das macht?« – Mit den Worten: *»Ich glaube, du bist nicht nur feige, sondern auch dumm«*, ging er auf die Holzpritsche zu und nahm eine der beiden Wolldecken in die Hände. Die Wolldecke nach der breiten Seite betrachtend, meinte er: »Das wird zu kurz« – drehte die Decke so, daß sie der Länge nach unten hing, und mit der linken Hand die Decke von außen in einer Breite von ungefähr zehn Zentimetern festhaltend, fügte er hinzu: »Schau genau her, daß du das siehst, wie es gemacht wird!« Bei diesen Worten fing er an, mit der rechten Hand einen Streifen in der Breite von zehn Zentimetern abzureißen.

»Siehst du« – sagte er – so wird's gemacht, wenn sich einer aufhängen will!« – Nachdem er den Streifen in der ganzen Länge der Decke heruntergerissen hatte, machte er in das eine Ende einen Knoten, dann eine Schleife, und sagte: *»So! Jetzt habe ich dir alles getan, was ich tun konnte, mehr kann ich dir nicht helfen. Also, du brauchst jetzt bloß mehr den Kopf hineinzustecken, das andere Ende in das Fenster hinhängen und alles ist fertig. In zwei Minuten ist alles erledigt. – Es ist doch nichts dabei – außerdem kommst du ja doch nicht mehr lebend aus der Zelle raus. Der Befehl des Herrn Kommandanten muß ausgeführt werden.«*

So redete er auf mich ein – in einem Ton, als ob irgendjemand einen Freund zu etwas überreden will, was für den Freund eine Wohltat wäre. -

Der »Geburtstag«

Die Situation war also für mich keine gute. Ich mußte erkennen, daß die Mörderbande daran festhielt, mich entweder doch noch so weit zu bringen, daß ich selbst Hand an mich legte, oder aber ich in kürzester Zeit ermordet werde. Da ich nun unter allen Umständen Zeit gewinnen wollte und mußte, um in der Nacht den Fluchtversuch zu wagen – hielt ich es nicht für zweckmäßig, aufs neue zu erklären, daß ich nicht zum Mörder am eigenen Leibe werden will. So erklärte ich dem Mörder Steinbrenner, als er mich nochmal fragte, nachdem er mir die Schlinge über die Schulter gelegt hatte – »ob's nun gemacht wird«, »Heute möchte ich das nicht machen!« – »*Warum nicht?*« fauchte er mich an. Ich erwiderte:»Heute hat mein Sohn seinen 12. Geburtstag und wird vielleicht zu Hause bei seinen Großeltern eine kleine Freude haben; sie wird nicht so groß sein, da Vater und Mutter im Gefängnis sitzen. Ich möchte nicht haben, daß mein Junge jedesmal an seinem Geburtstag daran erinnert werden soll, daß sein Vater an diesem Tag Selbstmord begangen hat.«[45]

»Das ist eigentlich ein plausibler Grund!« erwiderte darauf mein Peiniger. »Ich will das dem Kommandanten sagen, damit er dir bis morgen Gnadenfrist gibt, aber du mußt mir dein Ehrenwort geben, daß du das dann bis morgen früh um 7 Uhr erledigt hast.«

Als er mir bei diesen Worten seine Henkershand reichte, damit ich ihm sozusagen mein Ehrenwort in die Hand gäbe, konnte ich mich trotz gebotener Vorsicht, um mein Ziel zu erreichen, nicht zurückhalten, ihm darauf zu antworten:»Herr Verwalter! Ich bin jetzt vier Wochen verhaftet und vom ersten Tage an war ich in Ihren Augen ein Lump, ein Landesverräter, ein Arbeiterverräter – einfach ein Verräter. Ich würde von einem Menschen, von dem ich die Überzeugung habe, daß er ein Verräter ist, kein Ehrenwort verlangen.« – »Ja – ja, dann – dann gibst mir halt dein Wort!«

Ich war ganz bestimmt in einer Lage, in die sich jeder, der das alles liest, was ich erlebt und ertragen habe, hineindenken kann. Trotzdem hatte ich eine innerliche Freude, als ich sah, ich habe den Mörder richtig getroffen. Gar nicht mehr mein Wort abwartend, verließ er die Zelle, um ungefähr nach zehn Minuten wiederzukommen.

»Also« – sagte er – »ich habe das dem Kommandanten gesagt, und er gibt dir – deinem Sohn zuliebe – weil er Geburtstag hat, bis morgen früh Zeit. Aber ich sage dir gleich: Melde dich morgen früh, wenn ich aufsperre, nicht mehr zur Stelle.«

---

45 Beimlers Sohn Hans wurde am 28.4.1921 geboren. Vermutlich war der nur kurz zurückliegende Geburtstag für Beimler in dieser Situation besonders präsent und als »Ausrede« für den zeitlichen »Aufschub« am besten geeignet. In den wenigen Stunden bis zur Flucht wäre es für die SS auch schwierig gewesen, das Geburtsdatum nachzuprüfen.

Nicht zur »Stelle«

So wie Fritz Dressel wollte ich nicht sterben! Als die Mörder mich in die Zelle »4« geworfen und ich vor mir den toten Freund und Revolutionär nackt und den linken Arm mit den drei Schnitten am Handgelenk überquert – das Brotmesser daneben – auf dem Betonboden liegen sah, stand mir für den Augenblick der Verstand still – eben unfähig, überhaupt darüber im Augenblick zu erkennen, was das zu bedeuten hat. Mit den Händen vor den Augen wollte ich nicht wahr haben, daß Dressel tot ist, ich faßte mich jedoch sehr schnell. Als dann der Schlüssel zum Öffnen der Totenzelle angesetzt wurde und ich mit meinem endgültigen Schluß in der gleichen Zelle rechnen mußte, da hatte ich auch schon wieder Kraft genug, um allem, was da kommen mag, ins Auge zu sehen. Die Tatsache, daß ich mit allergrößter Wahrscheinlichkeit das Lager nicht mehr lebendig verlassen werde – ließ mir auch *nur die Wahl, wie ich sterben wollte.*

Der Genosse Götz hatte nicht ganz unrecht, wenn er mich warnte, als ich am Tage vorher schon sagte, daß ich in der Nacht »abhauen« will. »Hans, mach das nicht« – meinte er –, du gehst dabei drauf.«

Für mich stand aber unumstößlich fest, daß ich erstens auf keinen Fall selbst Hand an mich lege, und daß ich mich zweitens nicht grausam in dem finsteren Dreckloch erwürgen und eventuell aufhängen lassen werde, so daß ich mich entschied, auf jeden Fall in der Nacht auszubrechen, und wenn die Bande mich dabei erwischt – lieber unter ihren Kugeln sterben will. Ich wollte den Mördern auf jeden Fall die Möglichkeit nehmen, mich zu erwürgen und aufzuhängen und dazu in ihrer Hurenpresse lakonisch zu sagen: »Der bekannte Kommunistenführer Beimler hat sich in seiner Zelle erhängt.«

Da ich wußte, wie eine solche Nachricht auf die Arbeiter wirken würde, so wollte ich – wenn schon kein Entrinnen mehr möglich ist – daß die Außenwelt dann durch die Mörder selbst erfahren muß, daß *»Der Kommunist Beimler auf der Flucht erschossen wurde.«* So bereitete ich mich darauf vor.

Ohne Erregung verließ ich in der Nacht vom 8. auf den 9. Mai die Zelle, um jeden Augenblick die Kugel zu erwarten. Da ich eine Reihe günstiger Umstände ausnützen konnte, – gelang es mir unter höchster Todesgefahr, auf die ich mehr vorbereitet war als auf die gelungene Flucht, nicht nur den dreifachen Drahtverhau (der mittlere ist elektrisch geladen) zu durchbrechen, sondern auch die über zwei Meter hohe Mauer zu überwinden.

Als ich mich, für eine Sekunde auf der Mauer stehend, vergewisserte, ob mich nicht einer der drei SS-Posten bemerkt hatte, und ich das Gegenteil feststellen konnte, – war mein einziger Gedanke: ob wohl der Mörder Steinbrenner und die ganze Mörderbande von Dachau ihre Genugtuung hatten – als ich am Morgen des 9. Mai weder erhängt – noch auch *»Zur Stelle«* war?

So will ich abschließen. Das hier Niedergeschriebene ist nicht nur Wahrheit, sondern nur ein Bruchteil der Wahrheit, ein Bruchteil von dem, was heute in Deutschland die 60 000 »Schutz«-haftgefangenen ertragen und heldenhaft erdulden.

Doch es geht nicht nur darum zu wissen, wie die Gefangenen all die Leiden, die Folter, die Grausamkeiten, die Bestialitäten und schließlich den Mord der braunen Armee des im Todeskampf liegenden kapitalistischen Ausbeuter-, Hunger- und Mordsystems auf sich nehmen. Es gilt die Werktätigen und Ausgebeuteten der ganzen Welt, es gilt vor allem, das deutsche werktätige Volk selbst gegen dieses Mordsystem aufzurufen, es gilt in erster Linie, die ganze Arbeiterklasse Deutschlands zum entschlossenen und mutigen Kampf gegen den Mordfaschismus und für die Freilassung aller politischen Gefangenen zu mobilisieren.

Anhang: »50 Todesfälle in Dachau«

So haben die »Münchener Zeitungen«, die selbstverständlich nur das schreiben dürfen, was ihnen die faschistische Regierung Epp – Wagner – Esser[46] gestattet, beziehungsweise was sie vorgedruckt im »Völkischen Beobachter«[47] finden, über »41 Todesfälle in Dachau« berichtet (inzwischen sind es 50).

---

46   Ministerpräsident Franz Ritter von Epp (1868-1946), Innenminister Adolf
       Wagner (1890-1944), Staatsminister und Leiter der Staatskanzlei Hermann
       Esser (1900-1981).

47   Seit 1920 Parteiorgan der NSDAP

Bis zu meiner Flucht hatten die Gefangenen elf Särge gemacht.
Von den 50 ersten »Todesfällen« seien folgende aufgeführt:[48]

»Auf der Flucht erschossen«
Arthur Kahn[49], Provisionsreisender – Nürnberg
Erwin Kahn, Kaufmann – München
Goldmann, Reisevertreter – Nürnberg
Dr. Alfred Benario (ein Neffe des bekannten Münchener Rechtsanwalts
und Justizrats Benario).
Diese vier wurden zusammen mit einem Maschinengewehr nieder-
geknallt, drei waren auf der Stelle tot, der vierte starb nach wenigen
Tagen im Krankenhaus.

Hunglinger, Polizeimajor, München. »Selbstmord«.[50]
Sebastian Nefzger, SA-Mann, München. »Selbstmord«.[51]
Hunglinger war seit 1920 Mitglied der NSDAP; Nefzger ebenfalls lange Jahre bei der SA. Beide wurden nach Dachau gebracht, weil sie
spitzelverdächtig waren.

---

48 Genaue Zahlen bis August 1933, dem Zeitpunkt des Erscheinens von Beim-
    lers »Mörderlager«, können nicht angegeben werden, da die Dunkelziffer
    sehr hoch ist. »Todesfälle« durch Exekutionen, bei Transporten in andere
    Gefängnisse oder in Krankenhäuser, wurden häufig nicht in Dachau re-
    gistriert. Gesichert sind lediglich für 1933 aufgrund der Einträge in den
    Standesämtern Prittlbach und Dachau sowie ergänzender Quellen mindes-
    tens 22 Tote; vgl. Konzentrationslager Dachau 1933-1945. Katalog der Aus-
    stellung, München 2005, S. 110. Die – wahrscheinlich zu hoch gegriffene
    – Zahl von 50 Todesfällen, die Beimler in der Überschrift angibt, beruht
    vermutlich auf Erhebungen der illegalen KPD, in die wohl auch Fälle von
    Häftlingen einbezogen sind, von denen Angehörige keine Nachricht mehr
    erhielten. Unter dem Titel »50 Ermordete in Dachau« erschien später am
    4.1.1934 in der Wiener »Arbeiter-Zeitung« ein Artikel, der sich auf den
    »Manchester Guardian« bezieht.
49 Arthur Kahn (geb. 1911), Erwin Kahn (geb. 1900), Ernst Jakob Goldmann
    (geb, 1908), Rudolf (!) Benario (geb. 1908) wurden am 12.4.1933 ermordet,
    der schwerverletzte Erwin Kahn verstarb am 16.4.1933.
50 Herbert Hunglinger, geb. 1880, »Selbstmord« am 26.4.1933; siehe Beimlers
    Bericht.
51 Sebastian Nefzger, geb. 1900, ermordet am 25.5.1933.

Michael Sigmann[52], SPD-Mitglied und Vorstand der Ortskrankenkasse Pasing (bei München). Er wurde aus Rache denunziert und ans Messer geliefert. – »Auf der Flucht erschossen«.

Johann Wiesmann[53], 22 Jahre alt. – »Auf der Flucht erschossen«.

Karl Lehrburger[54], Funktionär der KPD Nürnberg, »auf der Flucht erschossen«. Das »Dachauer Tageblatt« vom 27. Mai d. J. berichtet, daß »Lehrburger mit dem Taschenmesser (!) auf seinen Wärter (Steinbrenner) losgegangen ist und von diesem erschossen wurde«.

Anton Hausladen, RGO-Sekretär, zu Tode gefoltert.[55]

Fritz Dressel, bayerischer Landtagsabgeordneter der KPD, München (siehe Broschüre). Dressel wurde zuerst auf dem nahe beim Lager liegenden Friedhof *Prittelbach* beerdigt, nach sechs Wochen ausgegraben und verbrannt, damit alle Spuren der Mörder verdeckt sind.[56]

Sepp Götz[57], langjähriger Parteisekretär der KPD, München. Während das Radio am 11. Mai berichtet, »der bekannte Kommunist Götz wurde von einem Wärter (Steinbrenner) erschossen – weil er diesen angegriffen hat«, berichteten die Zeitungen über diesen Mord nichts.

---

52   Michael Siegmann (!), geb. 1895, Vorstand der Allgemeinen Ortskrankenkasse München-Land, erkrankte im KZ Dachau und verstarb im Krankenhaus Rechts der Isar am 14.4.1933. Da Mithäftlinge oftmals nur das »Verschwinden« aus dem Lager mitbekamen und keinerlei weitere Informationen hatten, ist die eventuelle Weitergabe der Information »auf der Flucht erschossen« verständlich.

53   Johann Wiesmann, am 1.6.1933 im KZ Dachau als verstorben registriert, weitere Daten unbekannt.

54   Karl Lehrburger, geb. 1904, ermordet am 25.5.1933.

55   Irrtum Beimlers: Anton Hausladen (geb. 1894), wurde zwar am 20.4.1933 verhaftet, überlebte aber über 10 Jahre Haft in Konzentrationslagern und Gefängnis; er verstarb 1949 an den Haftfolgen.

56   Irrtum Beimlers: Dressel wurde in Prittlbach bestattet, 1947 exhumiert und im Friedhof seiner Heimatgemeinde Feldmoching beerdigt.

57   Joseph Götz, geb. 1895, wurde im KZ Dachau am 9. Mai 1933, einen Tag nach Beimlers Flucht, ermordet.

Hausmann, Leonhard[58], Parteisekretär und Stadtrat in Augsburg. Die Zeitungen meldeten: »Der Kommunist Hausmann aus Augsburg wurde im Konzentrationslager Dachau erschossen.«

Dr. Alfred Strauß[59], 30 Jahre alt, Rechtsanwalt, München. »Auf der Flucht erschossen«. Die Eltern mußten sich verpflichten, über die Ursachen des Todes ihres Sohnes zu schweigen.

Wilhelm Aron, 22 Jahre alt, Referendar, Funktionär der »Eisernen Front«, Sohn des bekannten Justizrats Aron. Bestialisch ermordet. Die Leiche wurde im verlöteten Zinksarg den Eltern übergeben und in seinem Heimatort Baumberg beerdigt.[60]

Nachtrag

Berlin, 8. August 1933 – Heute wurde Felix *Fechenbach*, der frühere Redakteur des Detmolder sozialdemokratischen »Volksblatt« und ehemaliger Privatsekretär des im Jahre 1919 in München ermordeten bayerischen Ministerpräsidenten Eisner »bei einem Fluchtversuch« erschossen.[61]

---

58 Leonhard Hausmann, geb. 1902, Nachfolger Beimlers 1932 als Unterbe-zirksleiter und Stadtrat in Augsburg, am 17.5.1933 ermordet.

59 Alfred Strauß, geb. 1902, am 24.5.1933 ermordet.

60 Wilhelm Aron, geb. 1907, am 19.5.1933 ermordet; um die Folterspuren nicht sichtbar werden zu lassen, wurde den Eltern das Öffnen des Sargs untersagt. Die »Eiserne Front« ist ein Ende 1931 vom Reichsbanner Schwarz-Rot-Gold, der SPD, den Gewerkschaften und Arbeitersportorga-nisationen gegründetes Bündnis zur Verteidigung der Republik v. a. gegen den Nationalsozialismus.

61 Felix Fechenbach, geb. 1894, Redakteur der SPD-Zeitung »Vorwärts«, dann von 1929 bis 1933 des »Volksblatts«, wurde am 11.3.1933 in »Schutz-haft« genommen und am 7. August 1933 zu Beginn seines Transportes ins KZ Dachau nahe Detmold ermordet.

Friedbert Mühldorfer

Hans Beimler – Eine biographische Skizze

»Geboren wurde ich auch einmal, und zwar am 2. Juli 1895 in München. Da meine Mutter eine ledige Köchin war, wurde ich mit drei Wochen meinen Großeltern, einer Schlosserfamilie in Waldthurn, einem kleinen Marktflecken in der Oberpfalz, übergeben. In diesem Winkel, wo die Bevölkerung so gut katholisch wie die Not groß war, lebte ich bis zu meinem 16. Jahr. Selbstverständlich durfte ich kein Konditor werden, wenn alle meine männlichen Verwandten bis zum Urgroßvater Schlosser waren. Ich wurde also auch Schlosser.«[1]

So beginnt Hans Beimler in späteren Jahren einen kurzen Lebenslauf und zeigt bereits in diesen wenigen Zeilen seine karge, aber auch ironisch-distanzierte Art, mit allen Widrigkeiten umzugehen. Aber die Zeilen lassen dennoch die Härte dieser Kindheit erahnen.

Der Maurer Michael Beimler hatte Anfang des 19. Jahrhunderts im Schlossgraben 19 in Waldthurn in der nördlichen Oberpfalz ein kleines Haus gebaut und betrieb auch etwas Landwirtschaft. Enkel Johann Georg (1833-1900), Hans Beimlers Großvater, begründete dann zusammen mit seiner Frau Anna (geb. Hillburger, 1842-1918) im Haus eine kleine Schlosserei, die im Jahre 1903 der Sohn Josef Beimler (1872-1920) übernahm. Um der Not zu entgehen, blieb den Geschwistern in solch kargen Verhältnissen oft nur die Möglichkeit, sich in den nächstgelegen Städten wie Regensburg oder Nürnberg

---

1   Zit. n. Annedore Leber (Hg.): Das Gewissen entscheidet, Berlin, Frankfurt/M. 1957, S. 123.

nach Arbeit umzusehen; die Frauen verdingten sich meist als Dienst-botinnen.

Rosina Beimler (1869-1947), eines der fünf Geschwister, zog nach Bayreuth als Haushälterin, lernte den dort als Soldat stationierten Metzgergehilfen Xaver Sagerer aus Hartmannreuth bei Passau kennen und übersiedelte 1895 − bereits schwanger − allein nach München. Hier brachte sie am 2. Juli 1895 nachts um halb zwölf An der Kreppe 7 im Münchener Stadtteil Haidhausen einen Sohn zur Welt, der den Namen Johann Evangelist Beimler erhielt.

Innere und äußere Not müssen drückend gewesen sein für die unverheiratete, in streng katholischen Verhältnissen aufgewachsene und nun nach München »geflüchtete« Rosina Beimler; so drückend, dass sie ihren Vater als Vormund des Säuglings bestimmte und diesen mit drei Wochen in die Obhut ihrer Eltern nach Waldthurn brachte. Die Angst vor der Schande, vor dem Elternhaus und den Verwandten war dabei so groß, dass sie sich von München mit der Bahn nur zum etwas abseits gelegenen Bahnhof von Waldthurn zu fahren getraute und dort einem ihrer Brüder das Kind in einer kleinen »Holzkiste« übergab. Im Dorf hieß der kleine »Hansel« folglich »Kistenbübl«.

Vier Wochen nach der Geburt, am 5. August, bekannte sich im Amtsgericht Bayreuth Xaver Sagerer als Vater und verpflichtete sich, bis zum zurückgelegten 14. Lebensjahr zur Begleichung der Alimente; weitere Spuren im Leben Hans Beimlers hinterließ er nicht mehr.

Hans Beimler wuchs nun in Waldthurn unter der Obhut seiner Großmutter Anna auf, besuchte die Volksschule und galt allgemein als recht lebhaft, abenteuerlustig und draufgängerisch. Kam er etwa zu spät nach Hause, wenn die Haustüre bereits abgesperrt war, kletterte er über den Baum in sein Zimmer. Und tobte irgendwo eine Gruppe von Kindern herum, war der kleine Hans immer mittendrin und führte − so die Erinnerungen von Mitschülern − dabei auch häufig das Wort.[2]

---

2   Gespräche des Verfassers mit Theresia Buff, Obertresenfeld, und Rosa Vitz-thum, Lennersried, 22.7.2009.

Er begann eine Schlosserlehre bei seinem Onkel, der den kleinen Betrieb übernommen hatte. Ob er die Lehre dort beendete, ist unklar. Mit 16 Jahren jedenfalls kehrte er den sicher schwierigen Verhältnissen im Haus seines Onkels und damit Waldthurn den Rücken und zog nach München. Ein einschneidendes Erlebnis war wohl der Versuch, mit seiner Mutter Kontakt aufzunehmen. Sie hatte inzwischen eine Stelle als Köchin und Haushälterin bei einem Oberstleutnant in der Münchner Widenmayerstraße, wo sie seit 1908 auch wohnte. Beimler erinnert sich, dass er in dem vornehmen Haus bereits im Lift einem Offizier in voller Uniform begegnete, der mit ihm im gleichen Stockwerk ausstieg und an der gleichen Türe läutete. Die Frau, die öffnete, war seine Mutter. Sie schien ihn nicht zu erkennen, nahm aber dem Offizier den Mantel ab. Als er ihr erklärte, dass er »der Hansel« sei, erschrak sie und bat leise, sofort zu gehen, da sie sonst ihre Stelle verlieren könne. Beimler verstand ihr Verhalten nicht, wollte ihr vielmehr sein Gesellenstück – ein Schloss – zeigen und hoffte, dass sie sich darüber freuen würde. Der Offizier trat dazwischen, packte ihn an der Schulter und forderte ihn auf, das Haus zu verlassen, da er sonst die Polizei holen würde. Schweigend sei die Mutter dabei gestanden und habe zugelassen, dass ihr Sohn des Hauses verwiesen wurde. Das sei die letzte Begegnung mit seiner Mutter gewesen.[3] Diese Verleugnung durch seine Mutter war wohl der Grund, dass Beimler auch in München noch keine Wurzeln schlagen konnte und nun für einige Zeit auf Wanderschaft ging. Sie führte den jungen, völlig auf sich gestellten Beimler u. a. in Betriebe nach Roding in der Oberpfalz, nach Vilsbiburg, Neumarkt und Landshut in Niederbayern; sicher eine armselige Zeit für ihn, wurde er doch dabei auch einmal wegen Bettelei auf der

---

3 Beimlers Erinnerung ist aufgezeichnet in Antonia Stern: Hans Beimler. Dachau-Madrid, (Mskr.), o. O., o. J., S. 108. A Stern, die Beimler 1936 in Zürich kennengelernt hatte, berichtet davon, dass ihr Beimler diese Geschichte erzählt habe, die authentisch sein dürfte, da die Straßen- und Personenangaben stimmen. Unklar ist jedoch der genaue Zeitpunkt des Besuchs. Bei Stern steht er im Zusammenhang mit der angeblichen Beendigung der Lehrzeit in Augsburg, was nicht gesichert ist. Beimlers Mutter starb am 24.05.1947 in München und wohnte zuletzt im Altersheim am Dom-Pedro-Platz 6.

Wanderschaft von der Polizei für drei Tage eingesperrt.[4] Er kehrte 1913 schließlich nach München zurück. Hier fand er in Zeiten des Rüstungsbooms in den Artilleriewerkstätten an der Dachauer Straße als Schlosser Arbeit und trat im gleichen Jahr als 18jähriger in den Metallarbeiterverband ein. Bei der Musterung wurde er bereits für die Kriegsmarine »reserviert« und ging dann 1914 nach Hamburg, wo er auf der großen Schiffswerft von Blohm und Voss arbeitete.[5]

Abb. 1: Hans Beimler mit 18 Jahren

Im zweiten Kriegsjahr wurde er von dieser Arbeitsstelle aus am 9. Oktober 1915 zur I. Matrosendivision auf das Schiff »König Albert« eingezogen und war dann Maat auf einem Minensuchboot. Infolge einer Lungenentzündung im Februar 1916 wurde er zeitweise dienstunfähig und auf ein Lazarettschiff verbracht. Nach seiner Genesung war er wieder auf einem Minensuchboot und Ende 1917 an der Einnahme der Insel Oesel (Estland) beteiligt. Dafür wurde ihm laut Militärpass am 4. Dezember 1917 das Eiserne Kreuz II. Klasse verliehen, schließlich erfolgte am 1.8.1918 auch noch die Beförderung zum Obermatrosen.[6]

Als Marinesoldat stand er dann bald inmitten der revolutionären Ereignissen der Hafenstädte. Beschreibungen, wonach Beimler die russische Oktoberrevolution näher miterlebt und bereits 1917 ein »revolutionäre[r] Matrose«[7] gewesen sei, sind nicht belegt und wohl

---

4   Aussage Beimlers bei polizeilicher Vernehmung am 4.4.1921, StAM, Staatsanwaltschaft München 2330.

5   Angaben laut Selbstbiographie Beimlers in A. Stern: Hans Beimler, S. 50.

6   Angaben laut Militärpass Beimlers, StAM, Staatsanwaltschaft München 2330.

7   So in Max Stoll: Hans Beimler. Unser Vorbild, unser Freund, Berlin/DDR 1969, S. 5.

späterer Glorifizierung geschuldet. Seine Erfahrungen in der Kindheit und Jugend, der Zwang zum frühen Selbständigwerden legen aber ein besonderes Gespür für soziale und gesellschaftliche Ausgrenzung nahe. Sein früher Eintritt in die Gewerkschaft, politische Diskussionen in Großbetrieben wie den Münchner Artilleriewerkstätten und Blohm und Voss, schließlich die häufig traumatischen Kriegserlebnisse als Marinesoldat bewirkten wohl eine baldige eigene politische Radikalisierung und ein entschiedenes Eintreten für die revolutionären Forderungen nach sofortigem Kriegsende und völliger gesellschaftlicher Neuordnung.

Nach eigener Darstellung war Beimler bereits an der Revolution im November 1918 in Cuxhaven, wo er als Minensucher stationiert war, aktiv beteiligt und unterstützte auch die Kämpfe um die Bremer Räterepublik Anfang Februar 1919. Eine führende Tätigkeit kann für diese Zeit jedoch nicht belegt werden.[8]

---

8 Im Stadtarchiv Cuxhaven finden sich zumindest keine entsprechenden Quellen. Beimler berichtet selbst, dass er in Cuxhaven am 5. November eine Demonstration von Matrosen »organisiert und geführt« und am nächsten Tag auch die Ortsgruppe Cuxhaven des Spartakusbundes mitgegründet habe, in deren Leitung er gewählt worden sei. Weiter heißt es in Beimlers Erinnerung: »Im Februar 1919 Aufstand in Bremen. Ich selber organisierte die Hilfe der Cuxhavner Marine und schon nach wenigen Tagen fuhren sechs Minensuchboote mit 100 Matrosen zusätzlicher Besatzung nach Bremen. Dort bekamen wir vom revolutionären Rat des Aufstandes die Aufgabe zugeteilt, das Elektrizitätswerk am Weserwehr zu besetzen, um von dieser Seite die Stadt vor den anrückenden Gerstenbergern [Reichswehreinheiten und Freikorps unter Führung von Oberst Wilhelm Gerstenberg, F. M.] zu verteidigen. Ein Teil blieb bei den Booten, um notfalls die Artillerie einzusetzen.- Nach entscheidenden Tagen mussten wir weichen und zogen uns wieder zurück nach Cuxhaven.«; vgl. Antonia Stern: Beimler, S. 50f. Laut A. Stern hatte Beimler diese kurze Selbstbiographie am 15.5.1936 in Zürich auf Anfrage von Mitgliedern der Roten Hilfe in Paris geschrieben. Revolutionäre Matrosen aus Cuxhaven unterstützten tatsächlich mit Booten die Räterepublik in Bremen bis zur Kapitulation am 4.2.1919; vgl. Peter Kuckuk: Bremen in der Deutschen Revolution 1918-1919. Revolution, Räterepublik, Restauration, Bremen 1986, S. 258 ff.

Rückkehr nach München – zwischen Revolution und Familie

Gesichert ist, dass Hans Beimler aus der Marine am 27. Februar 1919 von Cuxhaven aus mit 50 Mark Entlassungsgeld (aber ohne »Entlassungsanzug«) nach München geschickt worden ist. Von der Verteilungsstelle am Münchner Hauptbahnhof erhielt er dann noch Lebensmittelkarten bis Ende März 1919.[9]

Auch in München bildeten die aus dem Krieg zurückgekehrten, durchaus nicht nur aus München stammenden und häufig vor Arbeitslosigkeit stehenden Matrosen den Kern der revolutionären Soldaten.

Beimler traf auf eine politisch sehr verworrene und zugespitzte Situation: Nach Ausrufung der Republik, nach Wahlen und dem Mord am Ministerpräsidenten Kurt Eisner von der USPD im Februar 1919 tobte ein Machtkampf zwischen Anhängern einer Räteherrschaft, gestützt auf Arbeiter-, Soldaten- und Bauernräte, und Anhängern eines parlamentarischen Systems. Die vom Landtag im März gewählte Regierung unter dem sozialdemokratischen Ministerpräsidenten Johannes Hoffmann hatte keine wirkliche Machtbasis in München, floh Anfang April nach Bamberg und organisierte von dort aus die militärische Niederschlagung der Räteherrschaft. Die zahlenmäßig kleine Münchner KPD beteiligte sich zunächst nicht an der ersten Phase dieser Räterepublik, übernahm aber dann Mitte April unter Eugen Leviné und Max Levien die Führung bei der zweiten, »kommunistischen« Räterepublik.

Hans Beimler stellte sich schnell in den Dienst der revolutionären Bewegung und wurde als Soldat Mitglied der Beschlagnahmekommission der Räterepublik, die im Wittelsbacher Palais angesiedelt war, dem damaligen Sitz des Aktionsausschusses der Räterepublik. Laut eigenen Angaben führte er auch einige Beschlagnahmungen durch.[10]

Als im Zuge der von der Bayerischen Regierung aus angeordneten Zerschlagung der Räterepublik gegenrevolutionäre Freikorpseinheiten gegen München vorrückten, war Hans Beimler als Mitglied der

---

9   Militärpass Beimlers, StAM, Staatsanwaltschaft München 2330.

10   Aussage Beimlers am 4.4.1921, StAM, Staatsanwaltschaft München 2330.

bayerischen »Roten Armee« bei den Abwehrkämpfen am 16. April nahe Dachau beteiligt, wo den revolutionären Soldaten der einzige größere Sieg gelang. Die Eroberung Münchens durch die Regierungstruppen konnte dadurch aber nicht verhindert werden.

Dem Massenterror von Freikorps und Reichswehrteilen in den ersten Maitagen nach Einnahme der Stadt konnte Beimler entkommen. Nach eigener Angabe wurde er zwar festgenommen und für sieben Wochen in Untersuchungshaft gehalten, wegen fehlender Beweise für eine Teilnahme an den Kämpfen aber dann freigelassen.[11]

Hans Beimler aber war nicht allein in diesen Tagen. Auch Magdalena Müller war nach München gekommen; er hatte die am 28.2.1898 in Werben bei Magdeburg geborene Tochter einer Hamburger Kohlenhändlersfrau im Sommer 1918 in Hamburg kennen gelernt und sich mit ihr am 16.9.1918 bereits verlobt.[12] Es war nicht leicht, sie zum Umzug in den Süden zu bewegen, aber schließlich konnte er sie überreden, nach München mitzugehen. Ende Mai 1919 bezogen sie beide eine Wohnung im dritten Stock in der Döllingerstraße 5 in München-Neuhausen, nachdem vorher Beimler im Erdgeschoss bereits als Untermieter dort gewohnt hatte. Am 1. Juli heirateten sie und am 28. September 1919 wurde die Tochter Rosamaria geboren. Hans Beimler war bis Anfang 1920 arbeitslos, fand dann aber Arbeit in kleinen Werkstätten.

Eintritt in die KPD

Hans Beimler ist vermutlich im Laufe des Jahres 1919 in die Münchner KPD eingetreten; so lauten zumindest seine eigenen Angaben.[13]

---

11 Angaben laut Selbstbiographie Beimlers in A. Stern: Hans Beimler, S. 50. Belege für diese Untersuchungshaft konnten nicht gefunden werden.

12 Stadtarchiv München, Meldekartei Johann Beimler, und Aussage Beimlers vor Bezirksparteikommission, 27.3.1928, BA/SAPMO, RY1/I2/6/3, Bl. 128.

13 So in einer Vernehmung v. 25.5.1924, StA M, Staatsanwaltschaft München 231/385/1, Bl. 66a. Ein Beleg für den Hinweis, dass er 1919 kurzzeitig in der USPD gewesen sei, konnte nicht gefunden werden; vgl. BA/SAPMO, DY 55/V278/6/84, S. 2.

Da Mitglieder der KPD im März und April 1919 noch nicht systematisch erfasst worden sind und nach Niederschlagung der Räterepublik und nachfolgendem Ausnahmezustand in Bayern erst recht keine festen Organisationsstrukturen aufgebaut werden konnten, ist der Nachweis schwierig.[14]

Die KPD war in Bayern nach dem 1. Mai 1919 verboten; erst Anfang 1920 wurde sie wieder erlaubt. Der Ortsgruppe München dieser »neuen« Kommunistischen Partei Deutschlands/Spartakusbund trat auch Hans Beimler am 13. Februar 1920 bei und wurde auch gleich »1. Obmann« der Sektion München-Neuhausen, was für eine bereits vorher bestehende Mitgliedschaft in KPD oder USPD spricht.[15]

Der Parteiaufbau war in München und in Bayern insgesamt besonders schwer. Es fehlte nicht nur die allgemeine Basis starker Industrialisierung, es waren vor allem die Folgen der Niederschlagung der Räterepublik, die sich hemmend auswirkten. Die massive Verfolgung seit dem 1. Mai 1919, dem Tag, an dem die gegenrevolutionären Truppen München einnahmen, mit willkürlichen Erschießungen, Hinrichtungen und vielen Verfahren mit hohen Zuchthaus- und Gefängnisstrafen hemmten nicht nur personell die Partei in besonderem Maße, sondern wirkten auch abschreckend auf die gesamte Arbeiterschaft. Die massenhaften und drakonischen Strafen gegen tatsächliche und vermeintliche Revolutionäre und die gleichzeitige Nicht-Verfolgung der Terrormaßnahmen der Regierungstruppen und Freikorps waren ein Kennzeichen der damaligen bayerischen Justiz und begründeten deren zweifelhaften Ruf bis zum Ende der Republik. Damit verbunden war staatlicherseits auch die starke Förderung nationalistischer und völkisch-rassistischer Bewegungen bis hin zur NSDAP. Bayern und gerade München wurden somit auch

---

14   Die Münchner KPD hatte damals knapp 2 900 Mitglieder, vgl. Hartmut Mehringer: Die KPD in Bayern 1919-1933. Vorgeschichte, Verfolgung und Widerstand, in: Martin Broszat u. a. (Hg.): Bayern in der NS-Zeit, Bd. 5, München 1983, S. 6.

15   Siehe Mitgliedsausweis Hans Beimlers, StAM, Staatsanwaltschaft München 2330.

zum Zufluchtsort für Rechtsextreme, wenn diese in anderen Gebie-
ten Deutschlands mit Schwierigkeiten rechnen mussten. Schließlich
hatte der Versuch rechtsgerichteter Militärs, mit dem Kapp-Putsch
im März 1920 die Republik zu beseitigen, letztlich nur in Bayern
halbwegs Erfolg, indem hier der oberbayerische Regierungspräsident von Kahr als neuer Regierungschef bestimmt wurde, bis September 1921 im Amt blieb und Bayern zur »Ordnungszelle« aus-
baute.

Diese Erfahrungen und die systematische eigene Ausgrenzung bestätigten auch die KPD in ihrer politischen Linie, wonach letztlich nur
eine Beseitigung der kapitalistischen, bürgerlichen Herrschaft durch
eine Revolution nach sowjetischem Vorbild das Los der arbeitenden
Bevölkerung grundsätzlich verändern könne. Die Weimarer Republik
wurde weitgehend abgelehnt, weil ihr Parlamentarismus die Herrschaft der alten Eliten in Wirtschaft, Militär und Gesellschaft nur verschleiere und die Arbeiterschaft täusche und weil sie die Entstehung
rechtsextremer Bewegungen fördere. Abgelehnt wurden damit auch
die auf Reformen innerhalb der bürgerlichen Republik beschränkte
Politik der SPD und des Allgemeinen Deutschen Gewerkschaftsbundes, deren Zusammenarbeit mit den alten Eliten im Gefolge der Novemberrevolution die Schuld an der Niederlage der Rätebewegung
gegeben wurde. Trotz dieser Niederlage waren KPD und größere
Teile der USPD der Auffassung, dass in Deutschland nach wie vor
eine revolutionäre Situation bestünde. Diese Einschätzung bestimmte zunächst zunehmend die Politik der KPD und führte schließlich
bei einem Teil ihrer Führung zum Versuch, im März 1921 in Mittel-
deutschland durch Generalstreik und bewaffnete Aktionen ein revolu-
tionäres Zeichen zu setzen und möglicherweise einen Umsturz herbei-
zuführen.

In München und Bayern sah die KPD zu diesem Zeitpunkt keine
wirkliche Basis für eigenständige Aufstandsversuche oder einen Generalstreik. Im Vordergrund standen hier die Bemühungen, sich auch
organisatorisch und militärisch auf befürchtete neuerliche Putschversuche von Seiten der immer militanter auftretenden Einwohnerwehren vorzubereiten.

Festungshaft 1921

Immerhin war die KPD durch den Beitritt vieler revolutionär orientierter Mitglieder der USPD nach der Spaltung dieser Partei Ende 1920 gleichsam über Nacht zu einer wahrnehmbaren Größe in Nordbayern und − in geringerem Maße wegen der hier schwächeren USPD − auch in München geworden. Weil im Zusammenhang mit den mitteldeutschen Aufständen im März 1921 zu befürchten war, dass bayerische Truppen und rechtsradikale Einwohnerwehren zu deren Niederschlagung entsandt werden sollten, bereitete sich die Münchner KPD darauf vor, gegebenenfalls durch einen Generalstreik die Aufständischen zu unterstützen und laut Polizeiberichten angeblich sogar durch die Sprengung von Bahngleisen Truppentransporte zu verhindern. In einem Extrablatt der kommunistischen »Neuen Zeitung« wurden die Arbeiter Bayerns aufgerufen, »dafür zu sorgen, daß die bayerischen Truppen unseren kämpfenden Brüdern nicht in den Rücken fallen. Transportiert keine Truppen, keine Munition«[16] Aber zu Aktionen kam es nicht, die bayerische Polizei, die mit großer Intensität jede Aktivität der KPD überwachte, verhaftete Anfang April 1921 in München 18 Kommunisten und stellte sie nach längerer Untersuchungshaft vor Gericht. Unter ihnen war auch der damals knapp 26-jährige Hans Beimler, Vorsitzender der Nymphenburger Gruppe. Die Anklage lautete auf »Vorbereitung zum Hochverrat«. Obwohl die »Beweise« recht dünn waren, obwohl Spitzelberichte der Bayerischen Politischen Polizei vermerkten, dass »Beimler […] eine erfolgreiche Aktion der KPD hauptsächlich in Bayern des öfteren als aussichtslos geschildert« habe und folglich Unterstützung »nicht mit Kampfmitteln, also Waffen, sondern nur mit Streiks« erfolgen könne[17], fielen die Urteile drastisch aus: Beimler wurde, wie die meisten anderen auch, vom Volksgericht München am 9.7.1921 »wegen eines Verbrechens der Beihilfe zu einem Verbrechen des Hochverrats in Tateinheit mit einem fortgesetzten Verbrechen der Beihilfe zu einem Verbrechen wider das Sprengstoffgesetz« verurteilt. Er erhielt 2 Jahre und 3 Monate

---

16 StAM, Staatsanwaltschaft München 2330/1, Bl. 10.
17 Ebenda, Bl. 312.

Festungshaft. Im Sinne der Verteidigung wurde ihm attestiert: »Allein auch Beimler ist jahrein, jahraus unter dem vergiftenden Trommelfeuer der kommunistischen Presse gestanden, aufgehetzt und aufgepeitscht worden. Er hat roh, gewalttätig und brutal gehandelt. Ehrlose Gesinnung aber ist ihm nicht nachzuweisen.«[18]

Die Verteidigung hatte u. a. der Münchner Rechtsanwalt Max Hirschberg übernommen, der über die Angeklagten schrieb: »Unter ihnen befand sich ein glühender überzeugter Kommunist, der nicht um Gnade winselte, wie einige andere, sondern sich zu seinem Glauben bekannte. Er hieß Hans Beimler. Er war später ein Führer im Freiheitskampf der Spanier gegen die faschistischen Mordbanden des Generals Franco und starb dort für seine Überzeugung.«[19]

Fünf Tage nach dem Urteilsspruch trat Beimler seine Haft in der Festung Niederschönenfeld am Lech um 11.15 Uhr an und verbüßte, die Untersuchungshaft eingerechnet, seine Strafe vollständig – fast vollständig, denn er wurde am 9. April 1923 bereits um 9.45 entlassen, also 23 Minuten früher als geplant, wie das Haftbuch vermerkt.[20] Damit hatte Beimler – wie seine Genossen – doppelt so lang in Haft gesessen wie wenige Jahre später Hitler für seinen Putschversuch, der mit vier toten Polizisten endete.

Für die Familie Beimler war diese drakonische Strafe eine Katastrophe. Hans Beimler hatte erst kurz vor seiner Verhaftung wieder eine Arbeit als Schlosser bei der Fa. Böhm in der Aiblingerstraße gefunden, was dringend notwendig war, um die Familie mit der kleinen Tochter Rosi zu ernähren. Und außerdem stand Lena Beimler vor der Entbindung des zweiten Kindes, als ihr Mann in Untersuchungshaft im Gefängnis Stadelheim war. Am 28.4.1921 wurde Johann Beimler jun. geboren. Nur mit Hilfe von Parteifreunden, die sich um die kleine

18   Urteil in: StAM, Staatsanwaltschaft München 2330/10.

19   Max Hirschberg: Jude und Demokrat. Erinnerungen eines Münchner Rechtsanwalts 1883-1939, München 1998, S. 139 f. Max Hirschberg (1883-1964) verteidigte viele Mandanten aus der Münchner Arbeiterschaft und wurde von den Nazis verfolgt und ins Exil getrieben.

20   StA Augsburg, Gefangenenbuch Festungsgefangene, JVA Niederschönenfeld (12.12.1919-1925).

Rosi kümmerten, konnte Lena diese Zeit bewältigen. Und auch finanziell musste die Familie unterstützt werden; dies galt genauso für die Familien der meisten anderen Häftlinge, die ohne Spendensammlungen von Parteifreunden den Alltag kaum hätten bewältigen können. In einem Brief noch aus der Untersuchungshaft in Stadelheim an einen Arbeitskollegen schrieb Beimler:

»Wo wir, das heißt, wo ich bin, das wißt ihr ja alle, Hermann, meine Frau ist an der Entbindung, sie hat keinen Pfennig Geld, möchtest du ihr

Abb. 2: Polizeifoto bei der Festnahme 1921

nicht ein bißchen aushelfen? Wenn ich wieder rauskomme, werde ich alles wieder gut machen, gell, mit dem Geld, was sie von der Armenkasse bekommt, kann sie nicht leben. Vielleicht geben die anderen Kollegen auch etwas her!? – die Zeit ist mir furchtbar lang, mir kommt es vor, als wäre ich schon ein ½ Jahr herinnen, alles andere wird dir schon meine Frau erzählen. Es grüßt dich und euch alle herzlichst Hans Beimler. Gruß an alle Bekannte.«[21]

Beimler selbst arbeitete dann täglich in der Festungshaft, um wenigstens ein bisschen zu verdienen und nach Hause schicken zu können. In einem späteren Bericht führte er dazu aus: »Ich habe diese Zeit für meine Frau und meine Kinder […] benutzt. Während andere Genossen lernten und sich bildeten, verbrachte ich meine Tage mit Holz sägen und später Fußmatten flechten. Den ganzen Wochenverdienst habe ich nachweislich ohne jeden Abzug für mich an meine Frau schicken lassen. Außerdem habe ich meiner Frau wöchentlich

---

21   StAM, Staatsanwaltschaft München 2330/2.

meine Ration Zucker und 3 Laib Brot geschickt, weil ich wußte, daß
sie hart für sich und die Kinder zu kämpfen hatte und ohne weitere
Angehörige oder Freunde in München bei den Kindern war.«[22]

Tatsächlich verhielt sich Beimler in der Haftanstalt eher ruhig
und trat kaum mit Protesten hervor. In Niederschönenfeld waren zu
diesem Zeitpunkt noch über 60 verurteilte »Räterepublikaner« eingesperrt, u. a. Erich Mühsam, Ernst Toller oder Wilhelm Olschewsky.[23]
Die Haftbedingungen waren sehr schlecht, wie der sozialdemokratische »Vorwärts« vom 10.11.1921 unter der Überschrift »Schreckens-
herrschaft Niederschönenfeld« berichtete:

»Vor einiger Zeit hatten wir Veranlassung, uns mit den auf der
bayerischen Festung Niederschönenfeld herrschenden Zuständen zu
beschäftigen. Konnte man damals noch annehmen, dass die Verantwortung für das schamlose Treiben der Vollstreckungsbehörden das
Regiment Kahr-Pöhner-Roth[24] zu tragen habe, so muß man heute
mit Bedauern feststellen, dass sich an den skandalösen Zuständen
unter der Ära Lerchenfeld[25] nichts geändert hat. Noch immer ist der
deutschnationale Oberstaatsanwalt Kraus aus Augsburg, der überein-
stimmend als ein Mensch von nahezu sadistischer Brutalität geschildert wird, Herr über die Festung und damit über das Schicksal von
Dutzenden von Gefangenen«.

Diese Bedingungen führten zu einer Vielzahl von Beschwerden,

---

22   Erklärung Beimlers vor Bezirksparteikommission, 27.3.1928, BA/SAPMO,
     RY1/I2/6/3, Bl. 128 f. Damit widerspricht Beimler manchen der geglätte-
     ten Biographien, nach denen er die Haftzeit zum »Studium der marxistisch-
     leninistischen Literatur« genutzt habe.

23   Teilnehmer der Räterepublik: Erich Mühsam (1878-1934; ermordet im KZ
     Oranienburg), 1919 zu 15 Jahren verurteilt, Ernst Toller (1893-1939), zu 5
     Jahren Haft, Willy Olschewsky sen. (1871-1943; ermordet im Gefängnis
     München-Stadelheim) zu 7 Jahren Haft; alle 1924 aufgrund einer Amnestie
     entlassen.

24   Damals (1921) führende Politiker der »Ordnungszelle Bayern«: Gustav Rit-
     ter von Kahr als Bayerischer Ministerpräsident und Innenminister, Rudolf
     Pöhner als Polizeipräsident, Christian Roth als Justizminister.

25   Hugo von und zu Graf Lerchenfeld, Bayerischer Ministerpräsident und Jus-
     tizminister seit 1921.

Protesten und Briefen der Gefangenen, an denen sich Beimler aber kaum beteiligte. Wahrscheinlich hoffte er durch »gute Führung« auf Verkürzung seiner Haft; dies war aber vergeblich. Amnestien für »politische Häftlinge«, wie sie in anderen deutschen Staaten für verurteilte »Räterepublikaner« oder »Märzkämpfer« von 1921 gewährt wurden, erfolgten in Bayern für »Linksradikale« so gut wie nie. Alle diesbezüglichen Bemühungen der Häftlinge, vor allem von Mühsam und Toller, ihre Hinweise auf die vergleichsweise komfortable Unterbringung des Eisner-Mörders Graf Arco in Landsberg, aber auch Initiativen der Landtagsopposition von SPD und KPD blieben erfolglos.

Beimler musste die gesamte Strafe absitzen. Ein kleiner »Trost« mag vielleicht die Verabschiedung durch seine zurückbleibenden Genossen gewesen sein, die der Regierungsrat der Anstalt dienstbeflissen dem Bayerischen Justizministerium mitteilte:

»Als Beimler auf dem Wege zur Abgangsstube im mittleren Stockwerke war, stellten sich die ›Aufrechten‹ Sauber, Schlaffer, Schiff, Olschewski und Egensperger, ferner Luttner, Tanzmeier, Zäuner und Sandtner[26] im Gang des oberen Stockwerks vor ihren Stuben halbkreisförmig auf und sangen die »Internationale« an den von einem Aufsichtsbeamten begleiteten Beimler hin. Trotz Aufforderung des Beamten, das Singen einzustellen, sang man erst noch die Strophe zu Ende und brachte unter Führung Saubers auch noch Hochrufe auf die Weltrevolution aus. Dieser Sachverhalt wurde auf Befragen zugegeben [...].«

Die Sänger bekamen daraufhin »wegen ihres Ordnung und Ruhe im Haus störenden Verhaltens und zur Aufrechterhaltung eines geordneten Strafvollzuges« bis auf Weiteres Haftverschärfung.[27]

---

26 Ludwig Egensberger, Ferdinand Luttner, August Sandtner, Friedrich Sauber, Hans Gustav Schiff, Josef Schlaffer, Johann Tanzmeier, Josef Zäuner: Kommunistische Häftlinge, die häufig durch Beschwerden und »Protestaktionen« von sich reden machten, deshalb die Bezeichnung »Aufrechte«.

27 StA Augsburg, Oberstaatsanwalt OLG Augsburg, Berichte Niederschönenfeld 1919-1925.

Haftentlassung und Arbeit als Schlosser

Hans Beimler wurde dennoch an diesem 9. April 1923 entlassen und
konnte endlich zu seiner Familie zurückkehren, die inzwischen um den
nun knapp zweijährigen Hans jun. angewachsen war. Arbeit fand er
als Schlosser bei der Zweigstelle der Lokomotivfabrik Krauß & Co.
in der Münchner Lindwurmstraße 92 mit einem Wochenlohn von 25
Mark.[28]

Politisch traf Beimler auf eine Situation, die gerade in München
äußerst zugespitzt war. »Vaterländische« und nationalsozialistische
Verbände suchten nach Gelegenheiten für einen Putsch gegen die
verhasste Weimarer Republik, terrorisierten die Arbeiterparteien als
»Arbeitergesindel« und »Vaterlandsverräter«, demonstrierten beispielsweise am 1. Mai 1923 ihre Macht mit dem Versuch, die Mai-
kundgebung der Arbeiterschaft mit Waffengewalt zu verhindern, und
wetteiferten bis zum »Hitler-Putsch« am 9. November um die Vorherr-
schaft beim Sturm auf die Republik.

Die Münchner KPD nahm entgegen des landes- und reichsweiten
Mitgliederrückgangs in Folge der »Märzaktionen« und des anschließenden Verbots der KPD in Bayern bis Oktober 1921 langsam zu[29];
sie blieb aber – wie auch die KPD in Bayern insgesamt – während der
folgenden Jahre in einer im Vergleich zum Reich sehr schwachen Position. Das Bemühen, die Mitglieder stärker zu aktivieren und vor allem
die unzulängliche Arbeit in Betrieben und Gewerkschaften zu verbes-
sern, stand weiter im Vordergrund. Erfolgreicher war die Münchner
Partei bei den Landtags- und Reichstagswahlen etwa 1924, als sie zwischen 11 % und 16 % der Stimmen erreichen konnte.

Die Parteiarbeit wurde wesentlich beeinträchtigt durch die ständige polizeiliche Überwachung, durch Versammlungs- und Publikations-
verbote, durch Haussuchungen und Verhaftungen. Das Verbot der
Partei im Reich nach den Aufstandsversuchen der Hamburger KPD
im Oktober 1923 wurde überdies in Bayern nicht wie auf Reichsebene
im März 1924, sondern erst im Februar 1925 aufgehoben. Gerade in

---

28   StA München, Polizeidirektion München, 231/3085/1, Bl.66.
29   Vgl. H. Mehringer: Die KPD in Bayern, S. 16.

dieser Zeit kam es auch in München immer wieder zu Verhaftungen, wenn sich Kommunisten illegal trafen; auch Hans Beimler war mehrmals davon betroffen und wurde zu Geld- oder kürzeren Haftstrafen verurteilt. So war er auch unter den 63 Festgenommenen, die sich am 25. Mai 1924 zu einem »Parteitag« in der Germaniabrauerei in München versammelt hatten. Bezeichnend für Beimlers solidarisches Verhalten ist seine Aussage im polizeilichen Vernehmungsprotokoll des nächsten Tages: »Die in meinem Besitz gefundene »Flugschrift der KPD Nr. 2« habe ich ebenfalls im Vorraum von einem anderen unbekannten Genossen um 15 Pfennig gekauft. Weiteren Aufschluß vermag ich nicht zu geben, weil ich meine anderen Genossen nicht belasten will.«[30]

Seit 1924 wurde Hans Beimler aufgrund seiner Arbeit im Betrieb auch in der KPD bekannter und war zunehmend auf Konferenzen und Veranstaltungen der südbayerischen KPD anzutreffen. Im Mai 1925 wurde er Verantwortlicher für Betriebsarbeit im Bezirk Südbayern, damit ehrenamtliches Mitglied der Bezirksleitung und nahm im Folgemonat auch am kommunistischen Gewerkschaftskongress in Berlin als Delegierter teil. Hintergrund war seine aktive Arbeit als Gewerkschafter bei der Firma Krauß, bei der es vor allem darum ging, den verstärkten Versuchen der Unternehmer gerade der Metallindustrie, die Arbeits- und Lohnbedingungen im Zuge der Rationalisierung zu verschlechtern, entgegenzutreten. Beimler setzte sich in seinem Betrieb gegen Arbeitszeitverlängerung, weitere Lohnsenkungen, die Reduzierung der Altersversorgung und gegen Entlassungen zur Wehr.[31] Dabei wirkte sich seine Fähigkeit aus, sich klar und glaubhaft auszudrücken und als hemdsärmeliger, kämpferischer Arbeiter aufzutreten, der zudem recht bescheiden lebte: Er wurde bei den Betriebsratswahlen im März 1924 als Kandidat auf einer oppositionellen Liste zum Vorsitzenden des Betriebsrats gewählt.

Persönlich hatte sein öffentliches Engagement in der Partei, vor

---

30   StA München, Polizeidirektion 231/3085/1, Bl.66.

31   Vgl. die biographische Skizze »Hans Beimler!«, Mskr., o.O., o.J., BA/ SAPMO, DY 55/V278/6/84, S.4.

Abb. 3: Lena und Hans Beimler und
Sohn Hans jun., um 1925

allem aber sein Einsatz für bessere Arbeits- und Lohnbedingungen und die offenen Auseinandersetzungen, die er darum führte, eine harte Konsequenz: Nach der Verlagerung des Betriebs nach München-Allach verlor er seinen Arbeitsplatz bei Krauß & Co. und damit auch seine Funktion als Betriebsrat.

Kurzzeitig war er dann bei der Firma Rathgeber in München-Moosach beschäftigt, die den »Unruhestifter« aber auch nicht behalten wollte. Er fand anschließend bei der Firma Marla und Köbner noch eine Anstellung.[32]

Mit der Arbeiterdelegation in die Sowjetunion

Eine Vollversammlung Münchner Betriebsräte wählte ihn schließlich zusammen mit drei anderen Delegierten aus München am 26.6.1925 als Teilnehmer der ersten deutschen Arbeiterdelegation nach Russland, die von der KPD in Berlin organisiert wurde.[33]

Die Propagierung der Sowjetunion als sozialistisches Gegenmodell gegenüber dem kapitalistischen Deutschland nahm in der Öffentlichkeitsarbeit der KPD auch in München einen gewichtigen Platz ein. Nach wie vor stießen in weiten Teilen der Arbeiterschaft, nicht nur in der KPD, die nachrevolutionären Verhältnisse in der Sowjetunion auf großes Interesse. Die SPD bemühte sich sehr, durch Hinweis auf Menschenrechtsverletzungen und auf die Inhaftierung von

---

32   Ebenda, S. 5.

33   Ebenda; vgl. auch A. Stern: Hans Beimler, S. 52.

Abb. 4: Mit der Arbeiterdelegation in der Sowjetunion 1925; links der Delegationsleiter Xaver Freiberger, Hans Beimler in der 2. Reihe rechts

politischen Gegnern in der UdSSR dieser Sympathie etwas entgegenzusetzen.[34] In vielen Veranstaltungen versuchte die KPD, über die Lebens- und Arbeitsbedingungen in der UdSSR zu informieren und damit »antisowjetischen« Darstellungen entgegenzutreten. Auch vor dem Hintergrund der damaligen »Einheitsfront«-Bestrebungen sollte bewusst die gesamte Arbeiterschaft angesprochen werden, und so waren auch die Hälfte der Teilnehmer dieser ersten deutschen Arbeiterdelegation Mitglieder der SPD, die übrigen gehörten der KPD an oder waren parteilos. Leiter dieser ersten Delegation von 58 Arbeitern war der Münchner Sozialdemokrat Xaver Freiberger.[35] Ziel dieser Reise, die vor allem Betriebsbesichtigungen und Aussprachen

---

34 Vgl. dazu Jürgen Zarusky: Die deutschen Sozialdemokraten und das sowjetische Modell 1917-1933. Ideologische Auseinandersetzung und außenpolitische Konzeptionen, München 1992, S. 212 ff.

35 Xaver Freiberger (geb. 1878), Vorsitzender des Zentralrats der Betriebsräte Münchens, 1926 aus der SPD ausgeschlossen, Übertritt zur KPD, 1933-1935 im KZ Dachau inhaftiert; vgl. Matthias Heeke: Reisen zu den Sowjets: Der ausländische Tourismus in Russland 1921-1941, Münster 2003, S. 84 f., und: Was sahen 58 deutsche Arbeiter in Russland?, Berlin 1925, S. 8 f.

beinhaltete und vom 14. Juli bis 28. August 1925 dauerte, war natürlich, nach der Rückkehr auf Veranstaltungen von den Eindrücken
zu berichten.

Die Münchner KPD wollte auf einer Versammlung im Mathäser-
Bräu die vier Münchner Rückkehrer noch am Tag ihrer Ankunft berichten lassen. Weil jedoch die Polizei die Veranstaltung ganz kurzfristig verboten hatte, wurde schnell eine Spontankundgebung direkt
an den Gleisen im Bahnhof organisiert, bei der auch Hans Beimler
sprach. Die damals 16-jährige Centa Dengler, später die zweite Ehefrau Beimlers, erinnert sich: »Der Platz war wirklich voll von Menschen. Und damit man den Beimler besser sehen und verstehen konnte, wurde schnell ein Bierfassl herangerollt, auf das er sich gestellt hat.
Er war wirklich ein guter Redner, bei ihm war nichts gekünstelt, das
war alles echt, das kam wirklich von innen heraus.«[36]

Zwei für den 11. September angekündigte Versammlungen im
»Bürgerbräukeller« und im »Schwabingerbräu« mit Xaver Freiberger,
Hans Beimler und den beiden anderen Delegierten wurden ebenfalls
kurzfristig verboten, weil die KPD mit den Veranstaltungen »Aufklärung im Sinne des Parteiprogramms« zugunsten eines »gewaltsa-
men Umsturzes« betreibe. Schließlich habe Beimler, so die Polizei,
öffentlich erklärt, »dass die deutschen Arbeiter, um in den Genuß der
Freiheit der russischen Arbeiter zu kommen, die Reaktion bekämpfen
müssen«; daher bildeten die Versammlungen laut Polizei »eine schwere Gefahr für die öffentliche Ruhe und Ordnung.« Eine geschlossene
Mitgliederversammlung, in der Hans Beimler dann über die Reise
berichtete, konnte erst am 2. Oktober stattfinden, »deren Geschlossenheit polizeilich kontrolliert wurde«.[37]

Beimler berichtete in der Folgezeit trotzdem auf verschiedenen
Veranstaltungen auch in Südbayern – von der Polizei immer genau
beobachtet – von seiner Reise.

---

36   Centa Herker-Beimler: Erinnerungen einer Münchner Antifaschistin, hg. v.
     der VVN-BdA München, München 2002, S. 7.

37   Vgl. Brief der Polizeidirektion München an Freiberger v. 8.9.1925, StA
     München, Polizeidirektion 6893.

Als Funktionär in der Bezirksleitung

Da im Zuge der seit 1925 stärker realpolitisch orientierten KPD die Gewerkschaftsarbeit insgesamt reichsweit verstärkt werden sollte, konnten die Bezirke ab November 1925 einen eigenen Gewerkschaftssekretär einstellen. Ende des Jahres 1925 wurde daraufhin Hans Beimler aufgrund seiner Erfahrungen in der Betriebsarbeit und seiner Verankerung unter den Kollegen bei der Bezirksleitung der KPD Südbayern angestellt und leitete nun deren Gewerkschaftsabteilung.[38]

Nun war die Politik vollends zum Beruf für Beimler geworden. Sitzungen der verschiedensten Gremien, Gespräche mit Betriebsgruppen der Partei und vor allem deren Aktivierung, Vorträge und Wahlveranstaltungen führten Beimler in viele Orte Oberbayerns − immer wieder bedroht von Versammlungsverboten oder Durchsuchungen von Wohnungen oder Büros.

Die leichte wirtschaftliche und politische »Stabilisierung« Mitte der 1920er Jahre, die weitgehende gesellschaftliche Ausgrenzung der KPD und auch die für viele Mitglieder kaum nachvollziehbaren Richtungskämpfe innerhalb der KPD hatten auch in München ihre Auswirkungen, wobei die innerparteilichen Differenzen etwa zwischen »Rechten« und »Linken« hier eine vergleichsweise geringe Rolle spielten. Vor allem der Mangel an Mitgliedern, die für Funktionen verfügbar waren, behinderte die Arbeit sehr.[39]

Von Hans Beimler sind keine Äußerungen bekannt, die ihn als Anhänger einer bestimmten »Strömung« oder gar »Fraktion« ausweisen würde; dazu waren ihm die Einheit und Geschlossenheit der Partei im Sinne des Zentralismus zu wichtig für die Wirksamkeit nach außen. Dennoch war er kein Duckmäuser, sondern bezog durchaus Stellung, wenn er es für richtig fand. So kritisierte er in einer Leitungssitzung im Dezember 1926 vehement das Zentralkomitee der KPD und auch die sowjetische Partei, weil oppositionellen Strömungen in der Par-

---

38 Katja Haferkorn: »Wir haben das Recht, stolz zu sein auf einen solchen Kämpfer ...«. Hans Beimler, in: Beiträge zur Geschichte der Arbeiterbewegung, 23. Jg. 1981, H. 1, S. 84-93.

39 Vgl. Sitzungen der Bezirksleitung der KPD Südbayern 1927, BA /SAPMO, RY 1/I 3/28,6

teipresse kein Raum gegeben worden sei.[40] Kurz vorher war er für
das führende KPdSU-Mitglied und den Lenin-Mitarbeiter Sinowjew
eingetreten, den Beimler als Opfer eines Machtkampfes innerhalb
der sowjetischen Partei sah, was er scharf kritisierte.[41] Zusammen mit
seinem Freund und Genossen der Bezirksleitung Fritz Dressel hatte
er in einer Resolution im August 1926 Stellung gegen die Ausschaltung Sinowjews und damit auch gegen die KPD-Führung genommen;
sein Antrag wurde auch von der südbayerischen Bezirksleitung ab-
gestimmt und unterstützt. Beimler akzeptierte aber dann schließlich
die Intervention des KPD-Politbüros und zog die Resolution zurück.[42]

Auch wenn sich Beimler als Mitglied der Bezirksleitung natürlich
auch mit einer Reihe »theoretischer« Probleme auseinanderzusetzen
hatte und etwa über über den Charakter der Staatswirtschaft in der
Sowjetunion referierte[43], so stand für ihn die praktische Parteiarbeit im
Vordergrund. Hier war sein wesentliches Betätigungsfeld, schließlich
zeigte sich auch in München organisatorisch ein großer Widerspruch
zwischen den Erfordernissen einer revolutionären Partei, die noch
immer auf die Massenmobilisierung für die Revolution setzte, und
der Wirklichkeit in den Betriebs-, Orts- und Wohngebietsgruppen. Es
war vor allem diese Kleinarbeit zur Aktivierung der Mitglieder, die
Beimlers politische Arbeit bestimmte. Als »Parteiarbeiter«, der keinen
Unterschied machte zwischen Arbeit und Freizeit, wollte Beimler mit

---

40 So im Zusammenhang mit dem veränderten Kurs der KPD 1925/1926; vgl.
    Sitzung vom 7.12.1926, in: ebenda, Fiche 3, Bl. 103 f.

41 Grigori J. Sinowjew (1883 - 1936), Vorsitzender der Kommunistischen Inter-
    nationale und neben Stalin, Trotzki und Kamenew führender Funktionär
    der KPdSU nach Lenins Tod 1924; 1926 seiner Funktionen enthoben und
    1936 hingerichtet.

42 Vgl. Bericht zur Sitzung der Bezirksleitung v. 23.8.1926 in BA/SAPMO,
    RY 1/I 3/28,6. Bei der Formulierung der Resolution wurde Beimler von
    seinem Freund Franz Feuchtwanger (1908-1991) laut dessen eigener Erin-
    nerung wesentlich unterstützt; siehe Franz Feuchtwanger: Der Militärpoli-
    tische Apparat der KPD in den Jahren 1928-1935. Erinnerungen, in: Inter-
    nationale wissenschaftliche Korrespondenz zur Geschichte der deutschen
    Arbeiterbewegung, 17. Jg. 1981, S. 488.

43 Sitzung der Bezirksleitung der KPD Südbayern v. 23.8.1926, BA/SAPMO,
    RY 1/I 3/28,6.

aller Kraft die Stärkung der kommunistischen Partei und damit eine Veränderung der gesellschaftlichen Verhältnisse erreichen; statt den ihm zustehenden Urlaub zu machen, hielt er lieber Schulungskurse in auswärtigen Ortsgruppen ab.

Beimlers Referate und Diskussionsbeiträge zu sozialen und gewerkschaftlichen Problemen auf Bezirksparteitagen und den Leitungssitzungen bis 1928 weisen ihn als engagierten Politiker aus, der sich für die Erhöhung der untersten Lohnstufen, für den 8-Stunden Tag und die 43-Stunden-Woche, für Zulagen und Erleichterungen für Fließbandarbeiter einsetzte. Seine wie auch Fritz Dressels Berichte deckten dabei recht deutlich und kritisch die großen Probleme auf, welche die KPD in Bayern mit der organisatorischen Umsetzung der zentralen Anforderungen hatte. Wesentliche Grundlage für diese Herangehensweise waren sicher Beimlers genaue Kenntnisse der Stimmung in den Betrieben sowie seine direkte, unverblümte Art des Redens; Selbstbeweihräucherung war ihm eher fremd.[44]

Diese realistische Haltung und genaue Kenntnis der Situation in den Betrieben bewahrten Beimler dann jedoch auch nicht davor, ab 1928 den »Linksschwenk« der KPD nachzuvollziehen und vehement die Politik der »Revolutionären Gewerkschaftsopposition« zu vertreten und die wirtschaftsfriedliche Politik des Allgemeinen Deutschen Gewerkschaftsbundes zu bekämpfen. Die RGO-Politik war, wie er auch später immer wieder erkennen musste, trotz anfänglicher »Erfolge« kein Weg zu der von ihm so stark geforderten Massenverankerung der KPD in den Betrieben.

Selbstmord seiner Frau Lena

Einen tragischen Einschnitt in Beimlers Leben bedeutete der Selbstmord seiner Frau Lena, die sich am 16. März 1928 in der Wohnung erschoss. Nicht nur der konservative »Bayerische Kurier« und die sozialdemokratische »Münchner Post« vermerkten hämisch diesen Vorfall, er sorgte auch für große Diskussionen in der Münchner Par-

---

44 Siehe dazu etwa die Berichte zu den Jahren 1926 und 1927, BA/SAPMO, RY1/I 3/192.

tei und in anderen Ortsgruppen; sogar Hans Beimlers Ausschluss aus
der KPD wegen parteischädigenden Verhaltens wurde gefordert. Für
manche außenstehende Genossen schien vor allem problematisch,
dass Hans Beimler ein knappes Jahr vorher eine Beziehung zu der
18-jährigen Parteiangestellten Centa (eigentlich Kreszenz) Dengler begonnen hatte. In der von der Bezirksleitung recht verantwortungsvoll
durchgeführten Untersuchung wurde dann deutlich, dass die Ehe der
Beimlers seit längerer Zeit zerrüttet und es wiederholt zu größeren
Auseinandersetzungen gekommen war. Ursache dafür war laut Kommission vor allem die zunehmende Schwierigkeit Lena Beimlers, mit
dem für ihre Ansprüche zu kargen Lohn ihres Mannes und seinem
fast völligen Aufgehen in der Partei fertig zu werden, während sie
selbst der Politik eher fern stand und erst ein Jahr zuvor auf Drängen
ihres Mannes Parteimitglied geworden war. Sie war vom 12. bis 20.
Lebensjahr in einer Erziehungsanstalt untergebracht gewesen, wollte
nun nach Aussagen von Freundinnen und Nachbarn wenigstens etwas
Leben und Freiheit genießen und war vor allem auch mit der Erziehung der eigenen Kinder überfordert, zu der Beimler wohl auch keinen großen Beitrag leistete. Die Eifersucht auf die junge Centa spielte
dabei für Lena Beimler eine eher untergeordnete Rolle. In welcher
Lage sich Hans Beimler selbst sah und welche Bedeutung die Partei für ihn hatte, wird in einer Erklärung vor der Parteikommission
deutlich. »Nur die Pflicht der Partei gegenüber« habe ihn gehindert,
»diesem Leben ein Ende zu machen«. Weiter erklärte er: »Ich bitte die
Genossen, die heute über mich urteilen sollen, sich einmal in mein
Seelenleben zu vertiefen und mein Eheleben nicht nur oberflächlich
zu betrachten.

Seit meinem 14. Lebensjahr habe ich allein für meinen Unterhalt
sorgen müssen. Ich habe mich dadurch zum selbständig handelnden
und denkenden Menschen entwickelt. Meine Nerven sind völlig zerrüttet, die Konflikte mit meiner Frau hätten mich beinah zum Selbstmord getrieben. Ich habe Monate in dem schweren Konflikt gelebt,
meine Arbeit in der Partei aufzugeben, weil ich es kommen sah, dass
die Zwistigkeiten mit meiner Frau dazu führen mussten, dass allmählich die Arbeit in der Partei zu leiden anfing.

Ich bin fast 10 Jahre Mitglied der Kommunistischen Partei und die Genossen werden verstehen, was es für mich bedeutet, heute mich vor diesem Forum verteidigen zu müssen. Ich kann meiner Frau den schweren Vorwurf nicht ersparen, dass sie mich systematisch zu dem getrieben hat, was mir heute zum Vorwurf gemacht wird. Ich habe für die Partei gelebt und bin bereit für sie zu sterben. Wenn ihr mich verurteilt, ist für mich alles aus. Wer weiß, welche Nervenkraft ich in diesen Jahren verbraucht habe, wird begreifen, dass es so weit kommen konnte. Von diesem unglücklichen Ausgang bin ich am meisten getroffen: wenn ich nach Hause komme in die Wohnung, die ich mir schwer genug angeschafft habe, finde ich weder meine Frau noch meine Kinder [die Kinder waren bei Freunden untergebracht, F.M.] vor, meine Familie ist völlig zerschlagen.«[45]

Ergebnis der Untersuchung war, Hans Beimler nicht auszuschließen, ins Parteibuch aber eine »verschärfte Rüge« einzutragen; um die Debatten über den »Fall Beimler« in der Münchner Partei zu beruhigen, wurde seine zeitweilige Versetzung nach Augsburg beschlossen. Einige Monate waren vorgesehen.[46] Dass es fast vier Jahre wurden, hing sicher mit Beimlers insgesamt erfolgreicher Tätigkeit und auch mit seiner privaten Verankerung in Augsburg zusammen.

Beimlers Platz auf der Liste für die anstehend Landtagswahl und seine Funktion als Gewerkschaftssekretär in der Bezirksleitung übernahm der Rosenheimer Ewald Thunig.[47]

Stadtrat in Augsburg

Augsburg, eine der wenigen bayerischen »Industriestädte« mit traditioneller Arbeiterbewegung und Großbetrieben in der Metall- und Textilindustrie, war bezüglich der Stärke der KPD hinter den Erwartungen der Partei weit zurückgeblieben; dies galt gleichermaßen für

---

45   BA/SAPMO, RY/I2/6/3, Bl. 134 f.

46   Siehe Brief Beimlers an das ZK v. 29.8.1928, ebenda Bl. 152.

47   Ewald Thunig (1897-1991), 1928/29 in der Bezirksleitung, 1932-1933 Chefredakteur der Bayerischen KPD-Zeitung »Neue Zeitung«, Häftling im KZ Dachau, nach 1945 DGB-Vorsitzender in Rosenheim, 1957 Übertritt in die SPD.

den übrigen schwäbischen Raum. Als Politischer Leiter des Unterbezirks Augsburg sollte Beimler nun die Partei dort »vorwärts« bringen
und sie im Sinne des Zentralismus schlagkräftiger und straffer organisieren. Es war keine leichte Aufgabe, schließlich kam der Dreiund-
dreißigjährige im »Parteiauftrag« »von außen«, hatte zum ersten Mal
allein die politische Verantwortung und war auch nicht so gut vertraut
mit den Gepflogenheiten der KPD in Augsburg, die überdies auch
von größeren innerparteilichen Auseinandersetzungen geprägt war.
Aber Beimler war gewillt, sich besonders zu »bewähren« und die von
der Parteiführung vorgegebene politische und organisatorische Linie
auch gegen innerparteiliche Widersacher vehement durchzusetzen.[48]

Er verlangte sich selbst viel ab und forderte auch von den anderen
vollen Einsatz; und tatsächlich gelang es ihm zusammen mit seinen
Augsburger Genossen, in den Folgejahren die Parteiarbeit wesentlich
effektiver und straffer zu gestalten. Grundlage für diesen Aufschwung
war sicherlich die zunehmende Wirtschaftskrise, die auch in Augsburgs Arbeiterschaft und dabei vor allem bei den Arbeitslosen und
Jugendlichen die radikalen Positionen der KPD attraktiver machte.

Er legte ab Sommer 1928 mit großem Tempo los, vorerst als
»Pendler«, denn er blieb im ersten Jahr noch in seiner Wohnung in
München. Es wurden neue Betriebsgruppen und Betriebszeitungen
in den wichtigen Metall- und Textilfabriken gegründet; regelmäßig
berichtete nun die Zeitung »Roter Zwirn« von den schlechten Arbeitsbedingungen in der Nähfadenfabrik Göggingen und warb für revolutionäre Betriebsräte. Für die öffentlichen Auftritte wurden eine Schal-

---

48 So hatte die Augsburger Unterbezirksleitung vor Beimlers Zeit die KPD-
    Mitglieder Reichenzeller und Hausmann ausgeschlossen, was von der
    Bezirksbeschwerdekommission aber wieder aufgehoben wurde, vgl. BA/
    SAPMO, RY 1/I 3/28,6. Unter Beimler kam es dann zu schweren Aus-
    einandersetzung mit seiner Fraktionskollegin Therese Dasch, die Beimler
    massive Bedrohung vorhielt und 1930 aus der Partei ausgeschlossen wurde;
    siehe Stadtarchiv Augsburg, Zusammensetzung des Stadtrates u. a. 1927-
    1932, 42101, sowie Gerhard Hetzer: Die Industriestadt Augsburg. Eine So-
    zialgeschichte der Arbeiteropposition, in: Martin Broszat u. a. (Hg.): Bayern
    in der NS-Zeit, Bd. 3, München/Wien 1981, S. 59 f. Hetzers stark negative
    pauschale Bewertung von Beimler berücksichtigt nicht die Differenzen in
    der Augsburger KPD, die bereits vor dessen Zeit bestanden.

Abb. 5: KPD-Zentrum in der Augsburger Mittelstraße, um 1931

meienkapelle, eine kleine Schauspieltruppe und ein Gesangsverein eingesetzt. Hinzu kamen Neuaufbau oder Aktivierung der zahlreichen kommunistischen Nebenorganisationen wie »Roter Frontkämpferbund« oder »Kommunistischer Jugendverband« oder der ihrem Anspruch nach überparteilichen, aber der KPD nahestehenden »Roten Hilfe«. Außerhalb der Großstadt Augsburg wurde versucht, an Sonntagen »Landagitation« zu betreiben und mit Musikgruppen und Flugblattverteilung auf die Dörfer zu ziehen.[49]

---

49   Siehe Beimlers Bericht in der Bezirksleitungs-Sitzung v. 9.10.1928, BA/ SAPMO, RY 1/I3/28,6.

In der Augsburger Mittelstraße wurde die Gaststätte »Zum Roten Löwen« mit Garten gepachtet und von arbeitslosen Genossen als Gaststätte, Parteibüro und Jugendtreff ausgebaut. Unter dem neuen Namen »Arbeiterheim« wurde sie zum Mittelpunkt der KPD-Aktivitäten und stand dann natürlich auch im Zentrum von Beobachtungen der Politischen Polizei: »Die Schankwirtschaft ›Arbeiterheim‹ ist eine Sammelstätte von Personen linksradikaler Richtung, die dort aus politischen Beweggründen oder zu politischen Zwecken zusammenkommen.«[50] Immerhin konnten Anfang der 1930er Jahre sowohl die Wahlergebnisse wie auch die Zahl der Mitglieder und deren Aktivität wesentlich gesteigert werden.[51] Wahlversammlungen und öffentliche Kundgebungen der KPD zur sozialen Krise, zur Rüstungspolitik der Regierung und zunehmend auch die Auseinandersetzung mit den immer offensiver auftretenden Nazis prägten das politische Leben in den Augsburger Arbeitervierteln wesentlich mit. Aber auch hier in Augsburg, im gesamten Regierungsbezirk und im übrigen Bayern wurden viele Aktivitäten der KPD – durchaus im Unterschied zur NSDAP – von den Behörden verboten, was immer wieder zu Auseinandersetzungen mit der Polizei und Festnahmen führte, von denen auch Beimler mehrmals betroffen war. Insgesamt ist davon auszugehen, dass trotz »legaler« Existenz der KPD zwischen 1925 und 1933 weit über die Hälfte ihrer Versammlungen verboten wurden.[52]

Da die KPD zu den Wahlen zugelassen war, bildeten Wahlkampfveranstaltungen oft die einzige Möglichkeit, einigermaßen ungestört öffentlich aufzutreten. Mit Bedauern wurde das in einem Schreiben des Bayerischen Innenministeriums vom 31.7.1930 vermerkt: »Nach-

---

50 Bericht der Polizeidirektion Augsburg v. 18.12.1931, StadtA Augsburg, Pol 1/223.

51 So zählte die KPD Ende 1932 im Unterbezirk Augsburg 921 Mitglieder nach 337 im Jahr 1926. Bei den Reichstagswahlen im November 1932 erreichte die KPD 14,6% gegenüber 5,7 im Mai 1928; vgl. H. Mehringer: Die KPD in Bayern, S. 28 u. 33ff.

52 In Michael Cramer-Fürtig u. a. (Hg.): »Machtergreifung« in Augsburg. Anfänge der NS-Diktatur 1933-1937, Augsburg 2008, S. 303, finden sich Zahlen über Verbote von Versammlungen und Demonstrationen durch die Stadt Augsburg, z. B. für 1931: SPD=0, KPD=15, NSDAP= 3.

dem die kommunistische Partei leider nicht verboten ist, wird es auch nicht angängig sein, den Kommunisten während der Vorbereitungen der Wahl etwa alle Versammlungen unter freiem Himmel in jedem Fall zu verbieten.«[53]

Bei den Gemeinderatswahlen im Dezember 1929 konnte die Augsburger KPD die Zahl ihrer Sitze von drei (1924) auf vier erhöhen, Hans Beimler wurde Vorsitzender der Fraktion im Augsburger Stadtrat.[54]

Die »Schwäbische Volkszeitung« ahnte am 3. Januar 1930 Schlimmes: »Es besteht kein Zweifel: Der Augsburger Stadtrat wird sehr bald heftige Debatten erleben. Der kommunistische Parteisekretär Beimler lieferte gestern nur das Vorspiel zum 1. Akt. Herr Beimler erklärte gestern, dass die Kommunisten auf das Vertrauen des 1. Bürgermeisters verzichten. Bei seiner Verpflichtung äußerte er: Meine Tätigkeit wird immer die eines Proletariers sein.«

Diesen Stadtrat nutzte Beimler ganz im Sinne der damaligen KPD-Strategie als »Propagandatribüne«, um die Unfähigkeit »bürgerlicher Parlamente« und damit die parlamentarische Demokratie zu entlarven. So schon kurz vor Weihnachten 1929, als er nach Ablehnung seines Antrags das Fenster des Sitzungszimmers öffnete und den vor den Rathaus versammelten Arbeitslosen zurief: »Sie haben das Geld für euch abgelehnt!«; oder in einer anderen Sitzung, in der er dem Bürgermeister Nägel auf den Tisch legte mit den Worten, er solle doch gleich die Türe zum Zuhörerraum zunageln, um die Arbeiter dauerhaft von den Sitzungen auszuschließen.[55]

Bei seinen politischen Gegnern hatte Beimler bald den Ruf des »ungehobelten, knallharten Parteikommunisten«.[56] Dem seit 1929

---

53 StA München, Polizeidirektion München, 6905, Bl.35.

54 Die Wahl am 8.12.1929 brachte vier Sitze für den Stadtrat Augsburgs; neben Beimler als Fraktionsvorsitzender waren noch Josef Wagner, Therese Dachs und Karl Wiedemann vertreten; vgl. Stadtarchiv Augsburg, Zusammensetzung des Stadtrates u. a. 1927-1932, 42101.

55 Zit. nach der biographischen Skizze »Hans Beimler!«, Ms., o. O., o. J., BA/SAPMO, DY 55/V278/6/84, S.7.

56 Gespräch des Verfassers mit Josef Felder (1900-2000) am 9.11.1993; Felder war damals Stadtrat der SPD in Augsburg.

eingeschlagenen Kurs der KPD entsprechend war Beimler auch nicht
verlegen, die Augsburger SPD-Politiker und die Funktionäre der
Freien Gewerkschaften immer wieder des Verrats an den Arbeiter-
interessen zu bezichtigen, um deren Mitglieder und Anhänger für
die KPD zu gewinnen. Dazu gehörte auch die Orientierung auf die
»Revolutionäre Gewerkschaftsopposition« als Abgrenzung zu den
Freien Gewerkschaften, die Beimler auch in Augsburg in der kommunistischen Gewerkschaftsarbeit verstärkte. Er selbst war 1928 aus
dem Deutschen Metallarbeiterverband wegen oppositioneller Arbeit
ausgeschlossen worden. Trotz kurzfristiger »Erfolge« der Augsburger
»RGO« bei Wahlen und Streikmaßnahmen in Textil- und Metallbe-
trieben führte diese Politik nicht zu dauerhafter Massenverankerung
und Kampfbereitschaft, sondern trug letztlich wesentlich mit zur
Spaltung der Arbeiterbewegung bei – trotz gelegentlichen gemeinsamen Handelns von Kommunisten und Sozialdemokraten etwa gegen
Überfälle von Augsburger Nazis.

Beimlers Auftreten verstärkte andererseits aber auch seinen Ruf
in der Arbeiterschaft als kantiger, rauhbeiniger, unerschrockener In-
teressensvertreter, den das Elend der Arbeiter und Arbeitslosen an-
trieb und der fest an die Möglichkeit und Notwendigkeit der baldigen
Revolution angesichts der Krise des Kapitalismus glaubte. So wurden
auch die Stadtratsanträge Beimlers und seiner Genossen für Winter-
beihilfen, Sonderzahlungen, Miet- und Heizungszulagen für Arme
und Arbeitslose nicht bloß als Propaganda gesehen, sondern als ehr-
licher Ausdruck von Mitgefühl und Empörung über die soziale Un-
gerechtigkeit.

Heirat mit Centa

Beimlers Tätigkeit in Augsburg brachte auch privat eine große Veränderung. Kreszenz Dengler, die 1909 in einer Münchener Arbeiter-
familie geboren wurde, war seit 1927 im Büro der Münchner KPD
als Stenotypistin tätig. Obwohl die Beziehung mit Beimler damals
nur kurz gedauert hatte, warb Beimler gerade seit seiner Tätigkeit in
Augsburg verstärkt um sie, die ihm die ideale Partnerin schien: selbst
aktiv im kommunistischen Jugendverband, Mitglied der Partei, politi-

sches Elternhaus, verständnisvoll und mit »gutem Draht« zu den beiden Kindern, bescheiden, bodenständig und attraktiv. Und natürlich
imponierte Beimler der jungen Centa mit seinem Auftreten, seiner
politischen Erfahrung und seinem rauen, aber zupackenden Charme
– auch wenn er nicht der Schönste war (wie sie selber betonte). Besonders lagen ihr auch die Kinder Rosi und Hansi am Herzen, zu
denen sie ein sehr inniges Verhältnis entwickelte. Beimler konnte sie
zunächst dafür gewinnen, sich in München um die Kinder zu kümmern, die in seiner Wohnung blieben und ihren Vater manchmal an
Wochenenden sahen. Beimler aber wollte, dass Centa mit den Kindern nach Augsburg kommen sollte. Schließlich gab Centa seinem
Drängen nach, gegen den Willen ihrer Eltern, denen Beimler einfach
zu alt war für ihre Tochter. Sie bezogen im Sommer 1929 eine Wohnung in der Augsburger Manlichstraße 5, mitten im Arbeiterviertel
Wertachvorstadt. Der Vorschlag Beimlers, auch bald zu heiraten, kam
für Centa dann aber doch zu schnell. Sie wollte mit ihren zwanzig
Jahren nicht künftig nur noch für Haushalt und Familie da sein und

Abb. 6: Centa und Hans Beimler mit dem Augsburger Genossen Innozenz
Rehm, um 1931 (Rehm, geb. 1899, 1937 im Zuchthaus gestorben)

ihrem Mann die Schreibarbeiten erledigen, schließlich war sie von ihrem beengten Zuhause in München noch nie weggekommen; sie wollte Neues erleben und selbst richtig arbeiten, wenigstens ein Jahr frei sein. Notgedrungen willigte Beimler ein und beschaffte über die KPD für Centa eine Arbeit in Hamburg.

Ab Anfang November arbeitete sie dann bei der russischen Handelsvertretung im Hamburger Hafen, lernte Hamburger Genossen und die Stadt kennen und fühlte sich recht wohl.

»Bald aber«, so erinnert sich Centa später, »kamen Briefe vom Hans – immer Eilbriefe. Immer mit dem gleichen Inhalt: ›Komm sofort zurück – Wir können nicht leben ohne dich – die Kinder fragen, wann du zurückkommst – Ich kann nicht leben ohne dich!‹ Mir waren die Briefe eher lästig, und wegen der Kinder waren sie eine Belastung für mich. Denn wir hatten ja eine Verabredung getroffen, und ich wollte, dass der Hans die auch einhält. Das habe ich ihm auch zurückgeschrieben. Er musste halt warten, bis ich wiederkomme.

Deswegen wollte ich auch an Weihnachten nicht nach Hause fahren. Ich hatte schon Päckchen für die Kinder mit kleinen Geschenken abgeschickt und geschrieben, dass ich nicht kommen würde.

Und dann kam plötzlich einen Tag vor dem Heiligen Abend ein Telegramm von einem Augsburger Genossen: ›Komme sofort zurück. Hans ist schwer erkrankt!‹

Da blieb mir natürlich nicht anderes übrig, als zu fahren. Ich wollte nach den Feiertagen gleich wieder zurück, deshalb hab ich auch keinen Koffer mitgenommen. Nachts um 12 Uhr bin ich dann noch mit dem Zug von Hamburg weg. Um 6 Uhr früh bin ich in Treuchtlingen angekommen. Ich schau zufällig zum Fenster raus, um Luft zu schnappen, und seh da einen Mann, der am Zug entlanggeht und die Fenster absucht, leicht hinkend. Als er näher kommt, merk ich plötzlich: ›Um Himmels Willen, das ist ja der Hans!‹ Ja, er war es wirklich. Wie ich ihn so gesehen hab und die erste Überraschung vorbei war, hab ich allmählich eine Stinkwut bekommen. ›Was fehlt dir denn?‹, hab ich ihn gefragt. Und da hat er bloß gelacht: ›Außer dass ich mir neue Schuhe gekauft und mich aufgegangen hab, so dass ich nicht gescheit gehen kann – fehlt mir gar nichts!‹ – ›Und das Telegramm?‹ –

›Das hab ich halt schreiben lassen müssen, denn sonst wärst du ja Weihnachten sicher nicht gekommen!‹ Er hat mir das alles auf der Fahrt zur Wohnung erklärt, aber ich hab es einfach nicht fassen können, dass dieses Mannsbild mich mit diesem Trick zurückgelotst hat. Fast genauso wie über ihn hab ich mich über mich geärgert, dass ich so blöd war und darauf reingefallen bin. Na ja, er hat mir dauernd gesagt, wie sehr er mich braucht und dass es mit den Kindern ohne mich einfach nicht geht.

Und so, da war ich eben wieder daheim in Augsburg. Die Kinder haben sich wirklich unheimlich gefreut, die sind gleich losgestürmt auf mich und haben mich fast niedergerissen. Da war ich natürlich schon wieder etwas versöhnt. Dem Hans hab ich aber gleich gesagt, dass ich am zweiten Weihnachtsfeiertag wieder zurück nach Hamburg fahre. ›Ja, ja, ist schon recht‹, war seine Antwort. Aber von wegen! Als ich am zweiten Feiertag zum Bahnhof gehen wollte, um meine Fahrkarte zu kaufen, hat er dann alles rausgelassen: ›Da brauchst du gar nicht hingehen, das hab ich schon alles erledigt. Ich will nicht, dass du noch mal wegfährst. Ich kann einfach nicht leben ohne dich – aus. Du musst dableiben!‹ Und er hatte in der Zwischenzeit schon an die Hamburger Partei geschrieben, dass ich nicht mehr kommen würde und dass sie mir die Papiere und meine Koffer zurück nach Augsburg schicken sollten.

Ich hab sofort meinen Mantel gepackt und bin aus dem Haus gelaufen, eine Stunde lang bin ich einfach rumgerannt und konnte es nicht fassen: aus der Traum von der Ferne, von einem eigenen Leben. Und dieses Jahr in Hamburg wäre so wichtig gewesen, es wäre halt auch Zeit gewesen, mir überhaupt darüber klar zu werden, was ich will.

Wenn ich mir das heute überlege, so merke ich, dass mich das damals alles überfordert hat: der Hans mit seinem Dickschädel, der einfach das durchführt, was er sich in den Kopf gesetzt hat; die Kinder, die so an mir gehangen sind; und auch die Augsburger Genossen, die mir dauernd erzählt haben, dass der Hans in meiner Abwesenheit auch körperlich so nachgelassen habe. ›Es wäre nicht mehr weitergegangen ohne dich‹, hab ich von denen gehört. Ich weiß nicht, aber ich hab damals in meiner Jugendlichkeit einfach gedacht: Anscheinend muss es wohl so sein, die anderen brauchen mich, ich kann nicht nur an mich denken.«[57]

Am 26. Juli 1930 haben Centa Dengler und Hans Beimler schließlich in Augsburg geheiratet. Centa hielt ihrem Mann den Rücken für seine Parteiaufgaben frei, war aber auch so oft wie möglich dabei, wenn es an Wochenenden mit den Parteifreunden zur »Landagitation« und zur Flugblattverteilung ging; da machten auch die Kinder und ihre Freunde aus der Kindergruppe der Partei mit, vor allem Rosi, die recht bald selbständig war und auch im Haushalt viel mithalf.

Um eigenständiger zu sein und etwas zum knappen Gehalt ihres Mannes hinzu zu verdienen, suchte sich Centa bald eine Arbeit. In ihren Erinnerungen beschreibt sie eine weitere Episode, die ihren Mann wieder in besonderer Weise charakterisiert:

»Die Diäten der Abgeordneten hat der Hans bis auf 50 Mark für Bücher und Unkosten an die Partei abliefern müssen. Und auch sonst hat er alles in die politische Arbeit gesteckt. Aber ich wollte halt auch manchmal etwas für zuhause. So hatte ich mir einmal Mark für Mark aufgespart für eine neue Küche, bis 250 Mark beisammen waren. Davon wollte ich uns einen Küchenkasten, einen neuen Tisch und zwei Stühle kaufen. Ich hab mich richtig gefreut darauf. Und was war? Eines Tages höre ich plötzlich ein wildes Hupen direkt unter unserem Fenster. Ich denk mir noch, was das wohl für ein Depp ist. Und wie ich zum Fenster runterschau, da sitzt der Hans auf einem Motorradl mit Beiwagen, grinst übers ganze Gesicht und winkt mir. Meine erste Reaktion: ich bin ins Wohnzimmer gerannt und hab in meiner Spardose nachgeschaut. Und tatsächlich, hatte der doch mit meinem zusammengesparten Geld einfach dieses Motorrad gekauft; und das war nur die Anzahlung, weil es so ungefähr 600 Mark gekostet hat! Und er hat nur gesagt: »Was brauchen wir eine neue Küche, wir haben doch eine; aber die Partei braucht ein Motorrad!« Natürlich hab ich einen furchtbaren Zorn gehabt, aber da konnte man nichts machen; so war er eben. Zuerst kam für ihn die Partei, und wenn er sich da was in den

---

57   Centa Herker-Beimler: Erinnerungen einer Münchner Antifaschistin, S. 12f.

Kopf gesetzt hatte, hat er es einfach gemacht. Dass ich da manchmal einfach andere Vorstellungen hatte, konnte er überhaupt nicht verstehen. Und wenn ich mir auch wegen mancher politischen Aktion um ihn Sorgen machte, so hat er bloß gelacht. Er war da einfach ein Draufgänger, immer vorndran, auch bei verbotenen Demonstrationen. Da hat er öfters Prügel von der Polizei bekommen, ist verhaftet worden; aber da hätte er sich nie einschüchtern lassen. Auch nicht durch die Auseinandersetzungen mit den Nazis, die ja immer schlimmer wurden. Und natürlich war er ein narrischer Motorradfahrer. Manchmal bin ich ja mit zu seinen Kundgebungen gefahren, aber das war mir immer zu riskant; einmal sind wir sogar umgekippt, als er zu schnell in eine Kurve ist. Von da an wars für mich aus mit dem Mitfahren.«[58]

Als Abgeordneter zurück in München

Das Frühjahr 1932 brachte für Beimler wichtige Veränderungen. Seine Popularität hatte stark zugenommen, er wurde als Kandidat für den Bayerischen Landtag aufgestellt und bei der Wahl am 24.4.1932 auch gewählt. Außerdem wurde er als Nachfolger für Albert Buchmann[59], der von der KPD-Führung nach Stuttgart geschickt wurde, als neuer Politischer Leiter des Bezirks Südbayern bestimmt. Beimlers Mandat im Augsburger Stadtrat übernahm im September 1932 der 30-jährige Bauhilfsarbeiter Leonhard Hausmann, die Funktion des Unterbezirkssekretärs wurde dem Stadtratskollegen Josef Wagner übertragen.[60]

Die Familie Beimler zog wieder um nach München und fand in der Fasanerie an der Grenze zu Feldmoching, einer KPD-Hochburg, in der auch die befreundete Familie Dressel lebte, eine neue Wohnung. Beimler behielt eine Unterkunft in Augsburg und pendelte noch längere Zeit zwischen beiden Städten.

---

58   Ebenda S. 14.

59   Albert Buchmann (1894-1975), 1925-1932 Politischer Leiter des Bezirks, 1924-1933 Mitglied des Reichstags, fast 12 Jahre in Zuchthaus und Konzentrationslager inhaftiert.

60   Leonhard Hausmann (1902-1933, im KZ Dachau ermordet), Josef Wagner (1896-1946), 1932 zusammen mit Beimler in den Bayerischen Landtag gewählt, 11 Jahre in Zuchthaus und Konzentrationslager inhaftiert.

Basis seiner Arbeit waren die Unterstützung und der Rückhalt seiner Familie. Ohne seine Frau Centa, die ihn von aller »Familienarbeit« entlastete und ihm auch politisch zur Seite stand, ohne die frühe Selbständigkeit der Tochter Rosi, ohne familiäre und auch politische Unterstützung durch Centas Eltern wäre Beimlers Einsatz für die KPD so nicht möglich gewesen. Die Kehrseite war, dass vor allem die Kinder ihren Vater in dieser Zeit nur selten zu Gesicht bekamen.

Neben seiner Familie war auch die vertraute Zusammenarbeit und langjährige Freundschaft zu den anderen Mitgliedern der Bezirksleitung von großer Bedeutung, die nahezu im gleichen Alter waren und eine ähnliche Biographie hatten. Der Bezirk blieb von heftigen innerparteilichen Auseinandersetzungen und damit verbundenem häufigen Wechsel der Funktionäre verschont. So war Albert Buchmann, Vorgänger Beimlers, von 1925 bis 1932 Politischer Leiter, der Pasinger Franz Stenzer seit 1924 Mitglied der Bezirksleitung, der mit Beimler gleichaltrige Schlosser Joseph Götz seit 1928 Organisationsleiter und Mitglied des Landtags; besonders eng verbunden war Beimler

Abb. 7: Werbeumzug des »Rotfrontkämpferbundes«, Hans Beimler mit Mütze und weißem Hemd unter der Fahne links, 1928/29

Abb. 8: Centa (hinten Mitte) mit Kindern beim Zeitungsverkauf; vorne links Hansi u. Rosi Beimler

mit dem Feldmochinger Fritz Dressel, von 1925 bis 1928 Sekretär und Org-Leiter des Bezirks und seit 1928 im Bayerischen Landtag. Auch privat bestanden enge Kontakte unter den Familien.

Mit Zuspitzung der Wirtschaftskrise waren die Stimmen für die KPD stark angestiegen und erreichten gegen Jahresende 1932 auch in Bayern in ihren »Hochburgen« die Ergebnisse der SPD. Wenngleich der Mitgliederzuwachs nicht mithalten konnte, die Fluktuation hoch war und die Zahl der aktivierbaren Mitglieder der Partei und ihrer Nebenorganisationen begrenzt blieb, so sah sich die KPD doch bestätigt in ihrer Einschätzung, wonach diese Krise zum Zusammenbruch des wirtschaftlichen und politischen Systems in Deutschland führen werde und anschließend die Arbeiterschaft ihrer Führung auch in Deutschland eine sozialistische Umgestaltung erreichen könne.

Das Jahr 1932 mit Landtags-, zwei Reichstags- und einer Reichspräsidentenwahl mit zwei Wahlgängen bedeutete permanenten

Abb. 9: Fritz Dressel, Mitglied des Landtags und des Reichstags, langjähriger Freund Hans Beimlers, einen Tag vor dessen Flucht aus dem KZ ermordet

Wahlkampf und überforderte die organisatorischen (und finanziellen) Möglichkeiten der südbayerischen KPD bei weitem. Der Bezirk umfasste 19 Unterbezirke mit rund 10 000 Mitgliedern.[61] Hans Beimler war – zusammen mit den anderen Funktionären – nahezu ständig mit Versammlungen, Parteisitzungen, redaktioneller Arbeit und parlamentarischen Sitzungen beschäftigt. Da er als publikumswirksamer Redner galt, wurde er auch von vielen bayerischen Ortsgruppen angefordert.

Weil Hans Beimler bei der Wahl am 31. Juli 1932 für den Wahlkreis Oberbayern-Schwaben in den Deutschen Reichstag gewählt wurde, legte er am 18. August sein Landtagsmandat nieder. Beimler und der mit ihm gewählte Fritz Dressel konnten jedoch nur an der Auftaktsitzung am 30. August, bei der Hermann Göring als Reichstagspräsident gewählt wurde, sowie an der Sitzung am 12. September teilnehmen, da anschließend der Reichstag aufgelöst wurde. Bei der anschließenden Neuwahl am 6. November wurde Beimler wiedergewählt, konnte aber nur an drei Sitzungen Anfang Dezember teilnehmen, da anschließend der Reichstag nicht mehr tagte und sofort nach dem 30. Januar 1933 ebenfalls wieder aufgelöst wurde.[62]

In seiner Rede am 17. Juni 1932 im Bayerischen Landtag machte

---

61   Vgl. H. Mehringer: Die KPD in Bayern, S.37.

62   Die KPD erreichte bei den Reichstagswahlen im Juli und November 1932 im Bezirk Südbayern 8,8% bzw. 11,4% der Stimmen, bei der Landtagswahl am 24.4.1932 = 7%. In München erreichte sie 15,4% bzw. 19,7%, bei der Landtagswahl 12,9%.

Hans Beimler die Position der KPD auf dem Höhepunkt der Krise nochmals klar. Er sah »die nationalsozialistische Bewegung als einen Arm der Bourgeoisie an, als jenen Teil der herrschenden Klasse, der den Auftrag hat, mit Hilfe des Terrors die Maßnahmen der Regierung durchzusetzen.« In der Regierung Papen komme nichts anderes zum Ausdruck »als der Faschisierungsprozeß, als die weitere Entwicklung zur faschistischen Diktatur.« Dabei könne letztlich kein großer Unterschied gemacht werden zwischen Nationalsozialisten, Bayerischer Volkspartei und Sozialdemokraten, weil sie nur dazu da seien, »das kapitalistische System in der Periode des Niedergangs, des Untergangs noch für eine Zeit aufrechtzuerhalten«, sei es durch Terror wie bei der NSDAP oder durch Tolerierung und Täuschung der Arbeiter wie bei der SPD. Der bayerischen BVP-Regierung warf er die Unterdrückung der Kommunisten und die Förderung der Nazis vor: »Ohne die Niederschlagung der Bayerischen Räterepublik, ohne das Verbot des Rotfrontkämpferbundes, ohne all die Verfolgungen, die die Kommunistische Partei seit einem Jahrzehnt gerade in Bayern hat ertragen und erdulden müssen, wäre eine solche Sumpfpflanze nicht möglich gewesen.« Beimler wies auch darauf hin, dass die Regierung nichts unternehme gegen die Nazis, die »den Mord, den Terror organisieren und vorbereiten und schon tausendfach schwarze Listen angelegt« hätten von Kommunisten und auch sozialdemokratischen Gewerkschaftsführern. Beimler schloss seine Ausführungen voller Zuversicht, denn den »blutigen faschistischen Terror draußen im Lande« würde der »Kampf der Massen gegen die Notverordnungs- und Aushungerungspolitik [...] erledigen. Dann wird es Zeit sein, in einem roten Bayern, in einem Sowjet-Deutschland Schluß zu machen mit aller Pein, mit allem Faschismus und mit dem ganzen Terror!«[63]

Diese Gedanken bestimmten Beimlers Auftreten bei vielen Versammlungen bis in den Februar 1933. Sie waren vorgezeichnet durch die Einschätzungen seit 1928, wonach bereits damals dem Faschismus ähnliche Zustände geherrscht hätten und die Weimarer Republik

---

63 Stenographischer Bericht des Bayerischen Landtags 1932/33, Bd. 1, 4. Sitzung, München 1933, S. 82 ff.

diese Situation nur verschleiere. So lauteten die Hauptwahllosungen der bayerischen KPD für die Landtagswahl 1928: »Sturz der faschistischen Held-Regierung! Kampf gegen jede Koalitionspolitik! Kampf für eine Arbeiter- und Bauernregierung!«[64] Die Wirtschaftskrise hatte dann zwar die Wählerschaft der KPD immens vergrößert; auch konnte die KPD mit ihrem offensiven Auftreten gegen die Nazis vor allem Arbeiterjugendliche ansprechen. Die Hoffnung der Kommunisten aber, durch engagierte Straßenaktionen im Zeichen der »Antifaschistischen Aktion« gegen die Provokationen von SA und NSDAP über die eigene Anhängerschaft hinaus wirklich massenwirksam zu werden und weitere Teile der Arbeiterschaft für den Sturz des kapitalistischen Systems zu aktivieren, erfüllte sich nicht. Zu gering war letztlich der Einfluss der KPD in den Betrieben und Wohngebieten geblieben, was die Bezirksleitung selbstkritisch einschätzte.[65]

Zwar beschwor auch Beimler immer drängender die Notwendigkeit der »Aktionseinheit von unten« und forderte immer wieder zu gemeinsamen Massenaktionen gegen den Faschismus auf; aber die jahrelange Diffamierung sozialdemokratischer Funktionäre als »Arbeiterverräter«[66] hatte dazu beigetragen, das Klima nachhaltig zu vergiften. Dass die SPD-Führung bis zuletzt an ihrem passiven Kurs festhielt, nicht zu »voreiligen« Aktionen aufrufen wollte, sondern weiterhin an einen intakten Rechtsstaat glaubte und ihrerseits die Kommunisten wegen deren Kampfs gegen den Weimarer Staat ihrerseits mit den Nazis gleichsetzte, war für die KPD eine weitere Bestätigung ihrer Strategie. Die Gräben zwischen Kommunisten und Sozialdemokraten konnten nicht mehr zugeschüttet werden.

Bis zuletzt aber blieb die Hoffnung auf eine machtvolle Antwort der Arbeiterschaft – und darauf, dass auch eine Hitler-Regierung sich nicht

---

64 Siehe Landesausschusssitzung v. 11.4.1928 in München, in: BA/SAPMO, RY1/I3/27-28/1.

65 Vgl. Bericht über Bezirksparteitag der KPD Südbayern v. 26./27.11.1932, in: StA München, Landratsamt 30799, Akt Politische Umtriebe 1931-1933.

66 In München ist die Diffamierung der sozialdemokratischen Führung als »Sozialfaschisten« – im Gegensatz zu reichsweiten Publikationen – kaum anzutreffen und spielte insbesondere auf Stadtteil- und Betriebsebene keine Rolle.

lange halten würde. An letzteres glaubten auch große Teile der SPD und der Gewerkschaften.

Die Stimmung unter den Aktiven an der Basis, diese Mischung aus theoretischer Erkenntnis, Bedrohung durch die Nazis, Hoffnung und gleichzeitiger Lähmung angesichts eigener Isolierung beschreibt im Rückblick Alfred Andersch, der damals als 18jähriger in München-Neuhausen Funktionär des kommunistischen Jugendverbandes war und sich dabei auch an Hans Beimler erinnert:

Abb. 10: Hans Beimler, 1932

»Der Schatten, den die Flügel der Niederlage warfen, hatte uns schon erreicht. Oft ergriff mich in den Sitzungen der Bezirksleitung tiefe Melancholie. Ich betrachtete die Männer, die, praktische Maßnahmen des Tages besprechend – Versammlungen, Demonstrationen, Streik-Agitation, Flugblätter –, immer wieder scharfsinnige und tiefe Definitionen der Lage entwickelten. Aber ich besitze nicht die Gabe des zweiten Gesichts, sonst hätte ich den Proletarier-Tod gesehen, den der tuberkulöse Stadtrat Josef Huber, ein früherer Schuster, nach schweren Hustenstößen in ein Fläschchen spuckte; oder den Geisel- und Rache-Tod, der den einstigen Metalldreher und jetzigen Parteisekretär Josef Götz in die Arrestzellen von Dachau führen würde, als der Leiter der Partei, Hans Beimler, aus dem Lager geflüchtet war. Der aber saß mit seinem harten Schlossergesicht unter uns und ahnte ebensowenig wie ich von dem Soldaten- und Revolutionstod, der ihn einige Jahre später als Kommandant der Brigade Thälmann in Madrid holen würde, in der Geschossgarbe eines marokkanischen Maschinengewehrs. So saßen wir auf den harten Stühlen des Parteibüros in einem elenden Hinterhaus in der Ringseisstraße in München

und sprachen mit ruhigen, betont leidenschaftslosen Stimmen zuein-
ander, in einem Jargon, den kaum sonst jemand verstand, der aber
von der brennenden Kälte der Abstraktion förmlich barst, und die
typusbildende Macht Lenins hatte uns ergriffen. Denn die kleine, ver-
sprengte Partei in der bayerischen Diaspora, fern von den Kämpfen
in der Berliner Zentrale, war in sehr reiner Form eine Partei Lenins
geblieben. So begegnete ich mit siebzehn Jahren den Arbeitern, und
die Geistesmacht, die sie ausstrahlten, läßt mich blitzartig an die abge-
wetzte Lederjoppe Hans Beimlers denken, wenn ich heutzutage einen
Kaufmann in zweireihigem Anzug und mit einem Teiggesicht das, was
er Gedanken nennt, träge zwischen seinen Zähnen zerkauen sehe.«[67]

Machtübernahme der Nazis und Illegalität

Am Abend der Machtübernahme durch die Nazis, am 30. Januar
1933, gingen Hans und Centa Beimler mit einigen Genossen vom
Münchner Parteibüro zurück, als sie den Fackelzug der SA durch die
Sonnenstraße Richtung Königsplatz sahen. Centa beschreibt die Stimmung damals als Wechsel zwischen Belustigung, weil immer wieder
einige SA-ler wegen des Glatteises hinfielen, und großem Bangen um
die Zukunft. Die Münchner Zeitungen nahmen am nächsten Tag von
dieser SA-Kundgebung kaum Notiz; an häufige Regierungswechsel
waren viele gewöhnt.

Zwar gab es an verschiedenen Orten Südbayerns noch Aufmär-
sche von Kommunisten und Zusammenstöße mit der SA, zwar wurden Flugblätter mit dem Aufruf zum Generalstreik verteilt, aber die
erhofften »Massenaktionen« blieben auch in München aus.

Die nächsten Tage waren – neben der Organisation des bevorste-
henden Wahlkampfs – angefüllt mit Besprechungen zum Umgang mit
der neuen Situation. Bereits gegen Ende 1932 sah sich Beimler auch
vor die Aufgabe gestellt, den Bezirk auf eine neue Illegalität vorzubereiten. Illegale Arbeit schien der KPD vertraut, gerade in Bayern, wo

---

67   Alfred Andersch: Die Kirschen der Freiheit. Ein Bericht, Zürich 1968,
      S. 26 f. Alfred Andersch irrt jedoch, wenn er Hans Beimler als Komman-
      danten der Thälmann-Brigade gezeichnet.

sie ja größtenteils unter einer Art Ausnahmezustand agierte. Dennoch sollten die Parteigruppen mit den Regeln konspirativen Verhaltens bekannt werden, mussten illegale Quartiere und Kontaktpersonen benannt und Druck- und Schreibmaschinen gesichert werden. Auch galt es, jüngere und der Polizei noch nicht bekannte Kommunisten einzubeziehen. Noch bis in den Februar führte Beimler entsprechende Schulungen durch.

Am 7. Februar 1933 nahm Hans Beimler zusammen mit Franz Stenzer noch an der illegalen Tagung von KPD-Funktionären teil, zu der das Zentralkomitee ins Sporthaus Ziegenhals bei Berlin eingeladen hatte. Der Parteivorsitzende Ernst Thälmann sah zwar einen bisher unbekannten Terror und Konzentrationslager voraus, gleichzeitig aber auch »keine Depressionsstimmungen größeren Umfanges in den Massen, sondern eine wachsende Kampfstimmung« und damit die Möglichkeit zum Sturz der faschistischen Regierung und letztlich zum Kampf um politische Macht und Revolution.[68]

Entsprechend kampfbereit und zuversichtlich zeigte sich Beimler dann auch noch am Sonntag, den 12. Februar 1933, bei der Wahlkampfveranstaltung der KPD im Münchner Zirkus Krone – seinem letzten öffentlichen Auftreten. Wegen der abschließenden Bemerkung Beimlers sollte diese Kundgebung eine besondere Bedeutung erhalten. Die »Münchner Neuesten Nachrichten« schrieben darüber am folgenden Tag in der üblichen hämischen, immer wieder die Gefährlichkeit der Kommunisten beschwörenden Art:

»[…] Der Beginn der kommunistischen Wahlversammlung im Zirkus Krone war auf 9 1/2 angesetzt, verzögerte sich aber um gut eine halbe Stunde. Die Besucher wurden von der Polizei in dem Vorraum nach Waffen durchsucht. Wie die Polizei mitteilt, wurden Schlagringe, eine größere Anzahl im Griffe feststehender Messer, behelfsmäßige Gummiknüttel, Pfeffer und dergleichen beschlagnahmt. Der Zirkus war nur etwa zu zwei Dritteln besetzt. Der Referent, der frühere Reichstagsabgeordnete und Kandidat Beimler schloss seine Ausfüh-

---

68   Rede Ernst Thälmann zit. n.: Freundeskreis »Ernst-Thälmann-Gedenkstätte
       e. V. Ziegenhals, http://www.etg-ziegenhals.de/Rede.html (24.5.2011)

Abb. 11: Ankündigung der Wahlveranstaltung am 12. Februar 1933: letztes Auftreten Beimlers

rungen, in denen er sich auch besonders mit der Erklärung des Reichskanzlers Hitler über die Vernichtung des Marxismus befaßte, mit den Worten: ›Wenn sie den Krieg haben wollen, wir sind gerüstet. Wir haben die Erfahrung der bayerischen Räterepublik für uns. Bei Dachau sehen wir uns wieder!‹ […]«[69]

»Bei Dachau sehen wir uns wieder« – Beimler spielte hier auf die erfolgreiche Abwehr gegenrevolutionärer Truppen durch die Rote Armee im April 1919 bei Dachau an, an der er beteiligt war. Die Kampfbereitschaft und Zuversicht, die Beimler hier ausdrücken wollte, kehrten die Nazis zwei Monate später in eine zynische Demütigung um: Bei seiner Einlieferung ins Konzentrationslager Dachau hängten ihm die Nazis ein Pappschild um mit der Aufschrift »Herzlich willkommen in Dachau«.

Viele Wahlveranstaltungen der KPD in Bayern konnten bereits nicht mehr durchgeführt werden, und nach der Verordnung vom 28. Februar 1933 zum »Schutz von Volk und Staat« anlässlich des Reichstagsbrandes wies auch die bayerische Regierung die Polizei zum schärfsten Vorgehen gegen die »kommunistische Gefahr« an.[70]

In einer umfangreichen Polizeiaktion wurden dann bereits am 1. März in München die Büroräume der KPD, der »Roten Hilfe«, der »Roten Gewerkschaftsopposition«, des »Kampfbundes gegen den Faschismus«, der »Roten Sporteinheit« sowie Druckerei und Geschäfts-

69   Münchner Neueste Nachrichten v. 13.2.1933.
70   Münchner Neueste Nachrichten v. 2.3.1933.

räume der KPD-Zeitung »Neue Zeitung« geschlossen. An den beiden
Vortagen und am Wahltag, dem 5. März, wurden schließlich bei über
hundert Münchner Kommunisten Haussuchungen durchgeführt und
insgesamt 65 Personen als Funktionäre und wegen Flugblattverteilung und Anbringens von Parolen an Hauswänden vorübergehend
festgenommen; »Polizeiaktion gegen die Münchner Kommunisten«
lautete der große Bericht in den »Münchner Neuesten Nachrichten«
vom 4.3.1933, der damit nicht nur das zentrale Feindbild der neuen
Reichsregierung und auch der bayerischen Regierung propagierte,
sondern auch zur Einschüchterung beitragen sollte. In der Regel aber
wurden die Verhafteten kurze Zeit später wieder freigelassen, meist
noch vor den Wahlen. Diese Maßnahmen schienen sich für die KPD
immer noch im Rahmen dessen zu bewegen, was man in den letzten
14 Jahren in Bayern gewohnt war an Verfolgung und Schikanen durch
Polizei und Regierung; diese Illusion verhinderte auch eine konse-
quente Vorbereitung auf eine neue Form der Illegalität. Ein Polizeibe-
richt vermeldet über die Stimmung in einer KPD-Hochburg kurz vor
den Wahlen: »Unter den Kommunisten in Feldmoching herrscht eine
rege, zuversichtliche Stimmung. Ein Redner hat dort ausgeführt, die
kommunistische Partei solle noch vor den Wahlen verboten werden,
man müsse intensiv arbeiten. Der gegenwärtige Reichskanzler werde
bald abhauen, dann komme die KPD ans Ruder.«[71]

Die Wahlen am 5. März fanden zwar schon unter Ausnahmebe-
dingungen statt, brachten den Nationalsozialisten aber dennoch nicht
die erhoffte absolute Mehrheit. Die KPD erreichte in Bayern 6,3 %
(gegenüber 10,3 % im November 1932) und erhielt in München noch
55 483 Stimmen = 11,8 % (gegenüber 75 559 = 19,7 %).

Hans und Centa Beimler waren noch am 5. März gemeinsam zum
Wählen gegangen.[72] Am Nachmittag wurden sie dann vom Wacht-
meister der Feldmochinger Ortspolizei gewarnt, dass bereits Verhaf-
tungslisten mit den Namen führender Kommunisten bereitliegen würden. Nachdem die notwendigsten Dinge zusammengepackt und den

---

71   Hartmut Mehringer: Die KPD in Bayern, S. 72.
72   Vgl. dazu Centa Herker-Beimler: Erinnerungen, S. 15 f.

Kindern, die in der Wohnung bleiben sollten, nochmals die wichtigsten
Verhaltensregeln eingeschärft worden waren, machten sich die beiden
mit einem Leiterwagen noch am Abend auf den Weg in das vorberei-
tete illegale Quartier. Beimler hatte ein kleines Gartenhäuschen im
Münchner Stadtteil Großhadern organisiert; auch Centa kannte den
Unterschlupf vorher nicht. Es war eine recht einfache Unterkunft: ein
Raum, ein Bett, kein Licht, Wasser draußen im Garten. Unter einer
Falltür waren Schreibmaschine, Abzugsapparat und Papier verstaut,
mit denen in den nächsten Wochen Artikel, Flugblätter und Briefe
gefertigt wurden. Beimler war meist zu verschiedenen Besprechungen unterwegs, Centa wirkte auch als Kurierin. Sie verständigte gleich
am nächsten Tag die Großeltern, die sich um die Kinder kümmern
sollten. Auch ihre eigene Wohnung suchte sie heimlich nach einigen
Tagen auf und erfuhr durch die Kinder von der umfangreichen Haus-
suchung, bei der zwar nichts gefunden, aber viel zerstört worden war.

Die Übernahme der Macht in Bayern durch den Staatskommissar
General von Epp am 9. März 1933 führte dann zu zahlreichen Verhaftungen von Kommunisten, ohne aber gleich aller Funktionäre habhaft
zu werden. Mit der Besetzung der Gewerkschaftshäuser, dem Verbot
des sozialdemokratischen »Reichsbanners« und der »Eisernen Front«, in
Bayern alles gleich am 9. März, sowie dem Verbot der »Sozialistischen
Arbeiterjugend« zwei Tage später weitete sich die Verhaftungswelle auch
gleich auf Gewerkschafts- und sozialdemokratische Funktionäre aus.

Verhaftung – Gefängnis – KZ Dachau

Hans Beimlers Name stand seit längerer Zeit auf »schwarzen Listen«
der Nazis und nun auch auf Fahndungslisten der Polizei.

Trotz der Vorsichtmaßnahmen wurde Hans Beimler bei einem
Treffen mit zwei Genossen an der Fürstenrieder Straße in München
am 11. April festgenommen – wahrscheinlich durch Verrat. Nachdem
sich einer der Freunde verabschiedet hatte, setzte sich Beimler noch für
kurze Zeit ins Gras am Straßenrand, als plötzlich ein PKW heranfuhr,
sechs Zivilbeamte ausstiegen und und die zwei Kommunisten mit vor-
gehaltenen Revolvern verhafteten. Beide wurden sofort in das Polizeipräsidium in der Ettstraße gebracht, dort verhört und schwer gefoltert.

Durch Briefe an die Schwiegereltern – die dann an die Kinder und auch an Centa gelangten – konnte er allgemein und in »beruhigenden Worten« über seine Situation informieren und um »Lesestoff« und Kleidungsstücke bitten; von den Torturen musste er schweigen. Die Kinder konnten die gewünschten Dinge an der Pforte des Polizeipräsidiums abgeben. Über seine wirkliche Situation konnte er seiner Frau dann noch dadurch informieren, dass er einem entlassenen Mithäftling auf die Innenseite von dessen Gürtel Notizen schrieb und dabei auch mitteilte, wer der mutmaßliche »Verräter« gewesen sei; Centa leitete diese Warnung weiter. Sie selbst wurde am 21. April festgenommen und für eine Nacht in die Frauenabteilung ins Polizeipräsidium gebracht, bevor sie ins Gefängnis Stadelheim weitertransportiert wurde. Von einer Aufseherin, die sie auch getröstet hat, erfuhr sie, dass ihr Mann in der Männerabteilung über ihr sei.

Hans Beimler kam dann mit einem Transport von über 20 weiteren Häftlingen am Vormittag des 25. April in das am 22. März eben erst in einer ehemaligen Munitionsfabrik eingerichtete Konzentrationslager Dachau.

Die Zeit von seiner Verhaftung am 11. April bis zu seiner Flucht aus dem Konzentrationslager schildert Beimler in seinem Erlebnisbericht »Im Mörderlager Dachau«, den er im August 1933 in der Sowjetunion geschrieben hat und der dort auch sofort in deutscher Sprache erschienen ist. Er berichtet darin von den andauernden Qualen in der Strafzelle des Lagers, vom Tod von Mithäftlingen, von den ständigen Aufforderungen, endlich Selbstmord zu begehen.

Dass es die neuen Machthaber auf die Arbeiterbewegung und vor allem auf die Kommunisten als ihre größten Widersacher abgesehen hatten, war auch Beimler klar. Das Ausmaß dieser Brutalität der Nazis aber hatte auch er nicht vorhergesehen. Gerade in den ersten Wochen nach Eröffnung des Konzentrationslagers äußerten sich deren Triumph über die »Machtergreifung« und der Hass auf die Gegner auf unvorstellbare Weise. Einige der bekanntesten Funktionäre der südbayerischen KPD wie Fritz Dressel, Josef Götz oder Franz Stenzer fielen diesem Hass zum Opfer.

Brief Hans Beimlers
aus dem Polizeigefängnis München-Ettstraße v. 13.4.1933
Zwei Tage nach seiner Verhaftung schrieb er diesen Brief an
seine Schwiegereltern und Centas Schwester Maxi, die sich um
die Kindern kümmerten. Seine Frau Centa, die sich noch versteckt hielt, sollte von ihnen gewarnt und beauftragt werden,
noch bis Ende Mai im Versteck (»Erholung«) zu bleiben. Bis
dahin erwartete Beimler wohl eine Beruhigung der Lage. Die
Handschrift Beimlers zeugt von den Schlägen (vgl. »Überraschungen« im Brief), die er in diesen ersten zwei Tagen erhalten hatte. Außerdem versucht er – über die mitlesende Zensur – sich für Erich Olschewski einzusetzen, indem er dessen
Rote-Hilfe-Mitgliedschaft »bagatellisierte«.

»Meine Lieben!
Nun wäre ich seit Dienstag, den 11.4. zwischen Gitter und di-
ckem Riegel. War also doch so, wie ich am Morgen des Dienstag zu Zenta sagte, daß das zum sovieltenmal aufgewärmte
Ochsenfleisch wohl meine Henkersmahlzeit sein wird. Obwohl ich ja nicht zum erstenmal in den gastlichen Räumen der
Ettstraße Aufnahme gefunden hab – gab es doch verschiedene
zusätzliche Überraschungen.
 So muß man sich nach dem Stand der Dinge in das unver-
meidliche finden. Vorläufig bin ich in einer Zelle mit mehreren
Schicksalsgenossen, u. a. Zeller und Erich Olschewski – der am
gleichen Tage in der Wohnung seiner Schwester verhaftet [wur-
de] – zusammen. Daß der junge Erich auch noch das Schicksal
seines alten Vaters teilen soll, ist sehr bedauerlich, nachdem
er nur kurze Zeit R. H. [Rote Hilfe] Mitglied gewesen ist. Er
rechnet bestimmt damit daß er bald wieder bei seiner Mutter
ist. Ich mußte den Jungen natürlich belehren, daß er sich wohl
Hoffnungen, aber keine Illusionen machen darf. Ich selbst würde froh sein, wenn er recht behalten würde.

Nun meine Lieben, werdet Ihr alle zusammen sehr viele Sorgen haben. Ich muß Euch alle bitten, angefangen beim alten Großvater und der lieben Großmutter über Centa, Maxi – bis Rosemarie u Hanse trotz allem nicht zu verzagen und den Kopf hoch zu halten. Ich weiß daß Ihr alle große Sorgen habt, die jetzt noch größer werden, wenn ich nichts mehr tun kann. Trotz alledem, denkt daran, daß im Auf u. Nieder des Lebens die Sorge ums Allernötigste so viele Millionen bewegt. Ich weiß daß Euch die Hilfe von Franz und Mare nicht versagt bleibt. Die kleine Zenzi [Centa!] wird wohl noch bis Juni oder vielmehr einschließlich Mai in Erholung bleiben, weil ja die »Pension« schon bezahlt ist.

Nun habe ich einige Wünsche:
- Bräuchte ich meine graue Hose, wenn die Großmutter schon gewaschen hat
- Meine braunen Halbschuhe und lange Strümpfe
- 1 Hemd – am liebsten das Sommerhemd »Beige« – sonst Hemd mit Einsatz – dazu Kragen und Kragenknöpfe
- ein Stück Seife – Kamm – 2 Taschentücher
- Wenn der »Etat« das zuläßt ein paar Schachterl Salem – [Punkt 5 von der Zensur gestrichen, F.M.]

Nun noch eine paar Worte für Rosi und Hanse!
Ihr wißt, daß euer Papa im Gefängnis ist und Ihr beide unter allen Umständen zuliebe eures Papas und der Zenta, aber noch viel mehr aus Liebe zur Großmama u Großpapa recht folgsam sein müßt. Mag jetzt sein was will, ich glaube, daß wir nicht lange auseinander und bald wieder zusammen sein können. Also macht mir keinen Kummer wenn das Leben nicht leicht ist. Nach Ostern dürft Ihr mich dann mit der Großmama u Großpapa [beide von der Zensur durchgestrichen, F.M.] besuchen.

Bis auf Wiedersehn grüßt Euch alle Euer aufrechter Hans«.

Hans Beimler gelang es, diesem Schicksal durch seine Flucht zu entkommen. Sein Bericht schließt mit diesen wenigen Zeilen: »Ohne Erregung verließ ich in der Nacht vom 8. auf den 9. Mai die Zelle, um jeden Augenblick die Kugel zu erwarten. Da ich eine Reihe günstiger Umstände ausnützen konnte, – gelang es mir unter höchster Todesgefahr, auf die ich mehr vorbereitet war als auf die gelungene Flucht, nicht nur den dreifachen Drahtverhau (der mittlere ist elektrisch geladen) zu durchbrechen, sondern auch die über zwei Meter hohe Mauer zu überwinden.«

Flucht aus dem KZ

Hans Beimler hat in der Folgezeit niemandem wirklich Genaues über die Einzelheiten seiner Flucht mitgeteilt; zu groß wäre die Gefahr gewesen, dadurch Helfer in Gefahr zu bringen.[73] Obwohl er konsequent geschwiegen hat, gelang es der Gestapo in der Folgezeit doch, eine Reihe von Beteiligten oder Verdächtigen zu verhaften, die dann oftmals schweren Misshandlungen ausgesetzt waren. Häftlinge in Dachau mussten nach der Entdeckung von Beimlers Flucht stundenlang strafstehen und waren besonderen Quälereien der wütenden SS-Männer ausgesetzt.

Karl Horn, ehemaliger Mithäftling Hans Beimlers, erinnert sich: »Am frühen Morgen des 9. Mai 1933 stürmten vom Lagerkommandanten Wäckerle aufgeputschte SS-Wachmannschaften in das Häftlingslager Dachau. Unter wüstem Geschrei und zügellosen Beschimpfungen, mit Fußtritten und Knüppelschlägen wurden wir auf den Appellplatz getrieben. Es wurde abgezählt, aber die Zählung mußte immer wieder von vorn begonnen werden. Zunächst vermuteten wir eine Razzia nach illegalem Material oder eine der üblichen Filzungen, die nicht selten von der SS zum Diebstahl an der kümmerlichen Habe der Gefangenen benutzt wurden.

In den Baracken wurde das Unterste zuoberst gekehrt. Jeder Strohsack, jeder Spind, ja selbst die auf dem Gelände befindlichen Kana-

---

73   Der manchmal zu lesende Hinweis, dass Beimler bei seiner Flucht einen SS-Mann getötet habe, ist falsch. Woher diese Aussage rührt, ist unbekannt.

lisationsschächte wurden durchsucht. Solch ausgesprochene Sadisten und Mörder wie die SS-Schergen Steinbrenner, Lutz, Hofmann, der ehemalige Fremdenlegionär Kantschuster und der Zuhälter Spohrer ließen ihre Nervosität und Wut an wehrlosen Häftlingen aus. Stunde um Stunde standen wir auf dem Appellplatz. Trotz strenger Geheimhaltung sickerte durch, daß der Bezirkssekretär der KPD Südbayern, Hans Beimler, aus dem Lager entkommen war. Es ist schwer zu beschreiben, was wir politischen Häftlinge bei dieser erregenden Nachricht empfanden, wie wir um das Schicksal unseres Kameraden bangten und nichts sehnlicher wünschten als ein gutes Gelingen der kühnen Flucht.

In ihrer maßlosen Arroganz vermochten sich die braunschwarzen Herrenmenschen nicht vorzustellen, daß sich der Geflohene bereits außerhalb des Stacheldrahts befinden könnte. Die gründliche Durchsuchung des Lagers verlängerte zwar für uns die Qualen des Strafestehens, sicherte aber Hans Beimler den nötigen Vorsprung vor seinen Häschern. Erst durch den Einsatz von Suchhunden wurde der Fluchtweg entdeckt.«[74]

Dass ein prominenter bayerischer Kommunist wie Hans Beimler entkommen konnte, empfanden die Nazis als Niederlage. Trotz intensiver Bemühungen, trotz Zeitungsmeldungen, Belohnungen, Rundfunkdurchsagen und Hinweisen von Polizeispitzeln gelang es der Polizei nicht, Beimler aufzuspüren. So berichtete der »Amperbote« am 17. Mai über eine Razzia der Polizei, weil sich der Gesuchte angeblich in einem Gartenhaus in der Münchner Mandlstraße versteckt halte. »Daraufhin fuhr [...] Schutzpolizei in zwei Omnibussen an dem angegebenen Haus vor, schwärmte aus und riegelte es nach allen Seiten ab. In Erwartung eines etwa bewaffneten Widerstandes durch mehrere Kommunisten ging die Polizei mit einem Maschinengewehr und Revolvern vor und durchsuchte das ganze Anwesen. Die Polizeiaktion, die einen größeren Menschenauflauf verursachte, verlief jedoch ohne Ergebnis. Beimler war nicht zu finden. Man glaubt, daß er sich

---

74   Bericht des Mithäftlings Karl Horn (geb. 1904, 1933-1935 im KZ Dachau) in: Hans Beimler: Im Mörderlager Dachau. Neuausgabe Berlin 1980, S. 67. Zur Situation im Lager 1933 allgemein: Stanislav Zámecník: Das war Dachau, Luxemburg 2002, S. 29 ff.

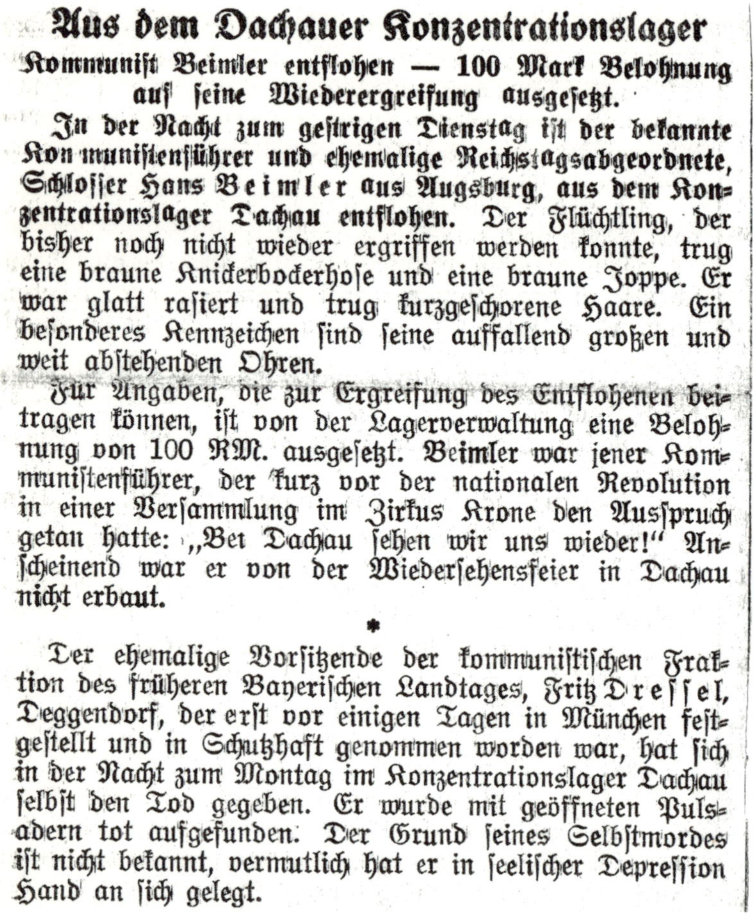

Aus dem Dachauer Konzentrationslager

Kommunist Beimler entflohen — 100 Mark Belohnung auf seine Wiederergreifung ausgesetzt.

In der Nacht zum gestrigen Dienstag ist der bekannte Kommunistenführer und ehemalige Reichstagsabgeordnete, Schlosser Hans Beimler aus Augsburg, aus dem Konzentrationslager Dachau entflohen. Der Flüchtling, der bisher noch nicht wieder ergriffen werden konnte, trug eine braune Kniederboderhose und eine braune Joppe. Er war glatt rasiert und trug kurzgeschorene Haare. Ein besonderes Kennzeichen sind seine auffallend großen und weit abstehenden Ohren.

Für Angaben, die zur Ergreifung des Entflohenen beitragen können, ist von der Lagerverwaltung eine Belohnung von 100 RM. ausgesetzt. Beimler war jener Kommunistenführer, der kurz vor der nationalen Revolution in einer Versammlung im Zirkus Krone den Ausspruch getan hatte: „Bei Dachau sehen wir uns wieder!" Anscheinend war er von der Wiedersehensfeier in Dachau nicht erbaut.

✶

Der ehemalige Vorsitzende der kommunistischen Fraktion des früheren Bayerischen Landtages, Fritz Dressel, Deggendorf, der erst vor einigen Tagen in München festgestellt und in Schutzhaft genommen worden war, hat sich in der Nacht zum Montag im Konzentrationslager Dachau selbst den Tod gegeben. Er wurde mit geöffneten Pulsadern tot aufgefunden. Der Grund seines Selbstmordes ist nicht bekannt, vermutlich hat er in seelischer Depression Hand an sich gelegt.

Abb. 12: Meldung des »Amper-Boten« v. 11.5.1933

noch in der Nähe von Dachau aufhält und daß er von einem Genossen versteckt gehalten wird.«

Die Einzelheiten seiner Flucht aus der Zelle bis zum Erreichen der Münchner Stadtgrenze lassen sich nicht völlig ermitteln, ohne Spekulationen nachzugehen; Beimlers weiterer Weg ist hingegen gut nachvollziehbar.

Im Strafbunker des Konzentrationslager konnte Beimler durch

den Häftling Fritz Kirchner, der mit ihm früher bei der Firma Krauß gearbeitet hatte und im Lager in einem Arbeitskommando tätig war, in den Besitz einer Zange und eines Schraubenziehers gelangen, mit deren Hilfe er innerhalb mehrerer Tage nach und nach die Eisenstäbe und die Bretter vor seinem Zellenfenster lockerte. Mit Hilfe dieser Zange durchschnitt er in der Fluchtnacht vom 8. auf den 9. Mai das dem elektrisch geladenen Drahtzaun vorgelagerte Drahtgeflecht, überwand mit einem Brett oder mithilfe von Holzklötzen den geladenen Zaun, überkletterte die Mauer und überquerte auch den Kanal.[75] Hilfe von außen ist in dieser Phase seiner Flucht unwahrscheinlich. Starker Nebel und das Glück, dass die Flucht nicht gleich erkannt wurde, ließen ihn Zeit gewinnen. Als die Flucht dann entdeckt wurde, vermutete die SS zunächst, dass Beimler sich noch im Lager versteckt halte, und verlor dadurch weitere Zeit. Dass Beimler dann im Schutze eines Heuwagens oder darin versteckt bis an die nordöstliche Stadtgrenze Münchens gelangte, wie gelegentlich berichtet wird, ist wahrscheinlich.[76]

Beimlers Flucht war – neben Glück und günstigen Umständen – nur möglich, weil die KPD in München und auch im Reich noch über ein illegales Netz von Kontaktpersonen und Quartieren verfügte. Beimler selbst hatte mitgewirkt an dieser Vorbereitung auf die Illegalität, insbesondere des sog. AM-Apparates der KPD, einem schon länger bestehenden geheimen Abwehr- und Nachrichtendienst der Partei.[77]

Beimler erreichte in völlig erschöpftem Zustand den Münchner Vorort Fasanerie, wo er am frühen Morgen zur Wohnung einer Genossin gelangte.[78] Dort hielt er sich bis zum Abend verborgen und wur-

---

75   H.G. Richardi liefert eine anschauliche Rekonstruktion, die allerdings nicht immer ausreichend belegt ist, vgl. Hans-Günter Richardi: Schule der Gewalt. Das Konzentrationslager Dachau 1933-1934, München 1983, S.14ff.; siehe auch den Brief von Dorothea Dressel v. 26.5.1987, Bestand Beimler, Archiv KZ-Gedenkstätte Dachau.

76   So bei Antonia Stern: Hans Beimler, a.a.O., S.82, der Beimler dieses Detail möglicherweise erzählt hat.

77   Eigentliche Bezeichnung »Abteilung Militärpolitik«, häufig auch »militärpolitischer Apparat«, gelegentlich auch »antimilitaristischer Apparat« genannt, was aber nicht der Abkürzung entspricht.

78   Möglicherweise Maria Reichenwallner, die mit Centa Beimler befreundet

de notdürftig versorgt. In der Zwischenzeit wurde Alfred Fruth[79], Leiter des AM-Apparats in München, verständigt. Dorothea Dressel[80] und ihr Sohn Fritz, die in Feldmoching wohnten, kamen – verabredet oder zufällig – in Beimlers Quartier; dabei erfuhr Frau Dressel, die erst am Tag vorher aus dem Gefängnis Stadelheim entlassen worden war, von den näheren Umständen des Todes ihres Mannes im Konzentrationslager.

Wie schwierig die Unterbringung des inzwischen über Zeitung und Rundfunk gesuchten Beimler war und welche »Vernetzung« notwendig war, zeigt der weitere Fluchtweg. Fritz Dressel jun. brachte am gleichen Abend Beimler mit dem Fahrrad nach Schwabing in die Wohnung der mit der KPD sympathisierenden Hilfsarbeiterin Maria Haimerl[81] in der Fallmerayerstraße. Dort blieb Beimler eine Nacht, anschließend wurde er vom 10. bis zum 13. Mai in einer Wohnung in der Schackstraße untergebracht. Die Suche nach einer sicheren Unterkunft wurde immer dringlicher, um dem körperlich stark geschwächten Flüchtling eine Ruhepause zu verschaffen. In der Zwischenzeit hatte Alfred Fruth über einen weiteren Verbindungsmann, Johann Reiter[82], ein Quartier bei der Familie Mäusle in der Auenstraße besorgt. Ein weiterer Verbindungsmann, Fritz Rottmeier[83], brachte dar-

---

war; sie wurde 1936 als Mitglied einer illegalen Münchner Widerstandsgruppe verhaftet. Die folgenden Ausführungen stützen sich auf einen knappen Bericht Hans Beimlers, der vermutlich aus einem späteren Tagebucheintrag stammt. Personen werden dabei nicht genannt, sie wurden später vor allem durch Centa Herker-Beimler rekonstruiert. Eine Kopie dieses Berichts liegt im Archiv der KZ-Gedenkstätte Dachau.

79 Alfred Fruth (1906-1933), Ende Mai ins KZ Dachau eingeliefert, dort vermutlich Ende Juli 1933 ermordet

80 Dorothea Dressel (1897-1993); sie wurde am 30.3.1933 verhaftet und am 8.5.1933 nach dem Tod ihres Mannes entlassen.

81 Maria Haimerl (1887-1944) wurde kurz darauf festgenommen, im Münchner Polizeigefängnis schwer misshandelt und dann ins Gefängnis Stadelheim eingeliefert.

82 Johann Reiter, geb. 1895, von Juni 1933 bis Oktober 1937 in Dachau inhaftiert, wegen Hilfeleistung für Beimler 1942 zu 1 Jahr und 6 Monaten Gefängnis verurteilt.

83 Fritz Rottmaier, geb. 1906, nach Franz Fruth Leiter des AM-Apparates, 1934 festgenommen, 1935 zu 12 Jahren Zuchthaus verurteilt.

aufhin Beimler in die Wohnung der Mäusles[84].

Dieses Quartier war besonders wichtig, da seine Bewohner bisher der Polizei völlig unbekannt und politisch ganz »unbelastet« waren. Anna Mäusle hatte zwar Ende 1931 bei einem Besuch im Büro der KPD die Aufnahme in die Partei beantragt, wurde dann aber nicht offiziell aufgenommen, sondern als unverdächtige Kontaktperson ausersehen. Da ihr Mann Friedrich Mäusle zum damaligen Zeitpunkt Beamter der Landespolizei gewesen war, schien diese Familie besonders geeignet.

Abb. 13: Anna Mäusle, geb. Lindner, die Beimler in München versteckte, 1933

Bei dieser Familie Mäusle blieb der noch stark geschwächte Beimler bis zum 9. Juni, kam dort langsam wieder zu Kräften und konnte auch gelegentliche Spaziergänge an der Isar machen, freilich nur nach sorgfältiger Vorbereitung und in Begleitung eines Genossen. Dem Drängen der Mäusles entsprechend, wurde Beimler dann am 9. Juni mit einem PKW in Begleitung von Rottmeier, Reiter, Fritz und Anna Mäusle und dem aus Berlin angereisten Karl Langowski[85] nach Stuttgart gefahren. Vorbereitet wurde dieser Teil der Flucht maßgeblich durch Beimlers Freund Franz Feuchtwanger, der früher in Südbayern gewesen, nun aber Mitarbeiter des zentralen AM-Apparates der KPD in Berlin war.[86]

---

84 Anna Mäusle, geb. 1905, wegen Unterstützung Beimlers 1942 zu 1 Jahr und 3 Monaten Gefängnis verurteilt; Friedrich Mäusle (1904-1957), Polizeibeamter, 1942 als Soldat 4 Monate Untersuchungshaft, das Verfahren wurde bis nach Kriegsende aufgeschoben.

85 Karl Langowski (1905-1965), Mitarbeiter des zentralen AM-Apparates, im Dezember 1933 durch Verrat verhaftet, bis 1945 in Zuchthaus und Gefängnis.

86 Zu Franz Feuchtwanger siehe Anm. 42 und S. 491 ff. seines eigenen Erinnerungsberichts.

In einem unvollständig erhaltenen Bericht beschreibt Hans Beimler ganz knapp die weiteren Stationen bis zu seiner Ankunft in Moskau:

» [...] Ankunft Stuttgart 7 Uhr abends – Mit Auto von Stuttgart nach Ludwigsburg ich und Willi[87]. Um 2.32 mit D Zug nach Frankfurt a/M. Von dort um 8h mit D Zug nach Potsdam. Ankunft 6 – bzw. 18 Uhr. Mit Stadtbahn bis Alexanderplatz. Von dort Verbindung mit Apparat[88] – Für zwei Nächte in einer Wohnung am »Bayerischen Platz«. Vom 12. Juni bis 22. Juli bei Fehmarnstraße in Wedding. Am 22.VII. Abfahrt vom Bahnhof »Schöneweide« mit Eilzug bis Hirschberg – Ankunft um 12 Uhr. Im Hotel »Schlesischer Hof« übernachtet. Am frühen Morgen des 23. Juli zu Fuß nach »Spindelmühle«[89] von dort mit Mietauto nach Prag. Eine Nacht vom 23. auf 24. Juli im »Hotel De Sax« übernachtet. Am Vormittag des 24.VII. Besichtigung der Burg (Masarik[90]). Um 2.30 Abfahrt von Prag, Ankunft in Warschau am 25.VII. Morgens 6 Uhr. Weiterfahrt um 7h nach [Sokolnik?] Ankunft um 16 h an der Grenze – in Sokolnik [?] – Dortselbst im Gebäude der »Intourist« Zollkontrolle – Umsteigen in russischen Zug, da »Breitspurbahn«. Abfahrt um 7h bzw. 19 Uhr von dort. Ankunft am 26. Juli vorm. 10 Uhr in Moskau. Ich verstand kein Wort russisch – und die Milizen mit der Armbinde: »Auskunft« – verstanden ebensowenig deutsch. Ich wußte nur, daß ich vorerst einmal versuchen muß ins Hotel – oder »oschiside« Lux an der Ulitza Twerskaja zu kommen, denn dort werde ich schon Bekannte treffen, die mir Weg und Richtung geben werden um vor allem zur deutschen Vertretung bei der Komintern zu kommen. [...]«[91].

---

87   Deckname für Karl Langowski, dessen wirklichen Namen Beimler wohl auch nicht kannte.

88   Gemeint ist der AM-Apparat der KPD.

89   hier über die Grenze zur Tschechoslowakei.

90   gemeint ist das Denkmal des Mitgründers und ersten Präsidenten der Tschechoslowakei, Tomas Masaryk.

91   Kopie des Berichts v. 26.6.1933 im Bestand Hans Beimler, Archiv KZ-Gedenkstätte Dachau, Nr. 31965.

Erholung in der Sowjetunion

Nun war Hans Beimler in Sicherheit. Von seinem sechswöchigen Aufenthalt in Berlin hatte er noch an die Familie Mäusle eine Ansichtskarte geschrieben und die Ankunft des »Hascherl« gemeldet, eine getarnte Anspielung auf Anna Mäusles Äußerung »armes Hascherl«, mit dem sie Beimler angesichts dessen Zustandes nach seiner Flucht aus dem KZ in ihrer Wohnung empfangen hatte. Beimler wurde in Moskau von der Internationalen Roten Hilfe (IRH) zunächst in einem Heim für Emigranten untergebracht. Immer wieder musste er anderen deutschen Flüchtlingen, den deutschen Genossen der Komintern und auch russischen Arbeitern von seinen Erlebnissen in Dachau berichten; Folge davon war die Überlegung, dass Beimler den Bericht schriftlich fassen sollte, damit er möglichst bald herausgegeben werden könnte. Nach Vollendung seiner Aufzeichnungen konnte Beimler dann am 15. August zu einem Erholungsaufenthalt ins Erholungsheim Rickow bei Swenigorod nahe Moskau reisen, anschließend zu einem mehrwöchigen Kuraufenthalt an die Krim. Bereits am 19. August erschien in Moskau die deutsche Ausgabe seines Berichts »Im Mörderlager Dachau« in einer Auflage von 5 500 Exemplaren. Auf mehreren Veranstaltungen, so auch im Moskauer »Klub der ausländischen Arbeiter« berichtete Beimler nach dem Erscheinen seiner Broschüre von seinen Erlebnissen. Nach seinem Kuraufenthalt arbeitete er bei der Internationalen Roten Hilfe in Moskau.[92]

Beimlers Naturell entsprechend ist davon auszugehen, dass er baldmöglichst wieder direkter eingreifen wollte in den Kampf gegen die Nazis. An eine Rückkehr nach Deutschland und damit an illegale Arbeit im Reich war aber aufgrund seiner Bekanntheit und der weiter bestehenden Jagd auf ihn nicht zu denken. Von der KPD-Leitung wurde er schließlich als Mitarbeiter der Roten Hilfe nach Paris geschickt, wo er im Dezember 1933 mit dem Flugzeug aus Moskau ankam.[93]

---

92 Vgl. Katja Haferkorn: Hans Beimler, S. 90.

93 Antonia Stern: Hans Beimler. Dachau-Madrid, S. 91.

Abb. 14: Hans Beimler während der Kur am Schwarzen Meer, September 1933

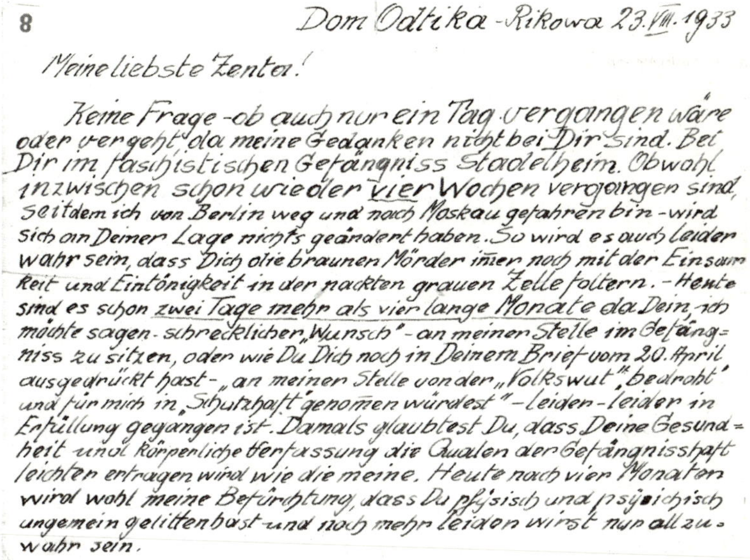

> **8** Dom Odtika - Rikowa 23.VII.1933
>
> Meine liebste Zenta!
>
> Keine Frage - ob auch nur ein Tag vergangen wäre oder vergeht, da meine Gedanken nicht bei Dir sind. Bei Dir im faschistischen Gefängniss Stadelheim. Obwohl inzwischen schon wieder vier Wochen vergangen sind, seitdem ich von Berlin weg und nach Moskau gefahren bin - wird sich an Deiner Lage nichts geändert haben. So wird es auch leider wahr sein, dass Dich die braunen Mörder immer noch mit der Einsamkeit und Eintönigkeit in der nackten grauen Zelle foltern. - Heute sind es schon zwei Tage mehr als vier lange Monate da Dein, ich möchte sagen - schrecklicher "Wunsch" - an meiner Stelle im Gefängniss zu sitzen, oder wie Du Dich noch in Deinem Brief vom 20. April ausgedrückt hast - "an meiner Stelle von der "Volkswut" bedroht und für mich in Schutzhaft genommen würdest" - leider - leider in Erfüllung gegangen ist. Damals glaubtest Du, dass Deine Gesundheit und körperliche Verfassung die Qualen der Gefängnisshaft leichter ertragen wird wie die meine. Heute nach vier Monaten wird wohl meine Befürchtung, dass Du physisch und psychisch ungemein gelitten hast und noch mehr leiden wirst nun allzu wahr sein.

Abb. 15: Aus einem Brief Beimlers aus der Sowjetunion an Centa (geschickt an deren Eltern, die ihn Centa erst nach deren Entlassung 1937 übergeben konnten)

Illegale Arbeit in Paris

Beimlers Tätigkeit im Auftrag der KPD erfolgte in den nächsten Jahren vor allem im Rahmen der Internationalen Roten Hilfe, die 1922 in Moskau als internationale proletarische Hilfsorganisation zur Unterstützung politischer Gefangener und deren Angehöriger gegründet worden war. Die Zentrale in Moskau übernahm die Anleitung der verschiedenen Sektionen der Roten Hilfe in den einzelnen Ländern. Die Rote Hilfe Deutschland war eine der wichtigsten KPD-nahen Massenorganisationen, der es gelang, auch Menschen anzusprechen und zu organisieren, die keine Parteimitglieder waren. Somit war die Stärkung der Roten Hilfe auch bereits früher ein Teil von Beimlers Arbeit als KPD-Funktionär in Bayern. Jetzt, nach der Machtübernahme des Faschismus in Deutschland, wurde die Rote Hilfe besonders wichtig. In Deutschland war es trotz massiver Verfolgung ab 1933 gelungen, ein illegales Netz der Roten Hilfe aufrechtzuerhalten; das Sammeln von Spendengeldern und das Weiterleiten an Betroffene,

**FOUR WEEKS
in the Hands
OF HITLER'S
Hell-Hounds**

THE NAZI
MURDER
CAMP OF
DACHAU

By HANS BEIMLER

Member of the Reichstag : Leader of the
Southern Bavarian District, Communist   **3**^d
         Party of Germany

M O D E R N   B O O K S   L T D

Abb. 16: Titelseite der englischen Ausgabe 1933

die Weiterverbreitung illegaler Literatur und auch die Sicherung von Fluchtmöglichkeiten für Verfolgte gehörten zu den wesentlichen Aufgaben.[94] 1933 wurde in Paris zur Koordination ein Büro der westeuropäischen Sektionen der IRH in den Räumen des französischen Secours Rouge eingerichtet, um die Arbeit zu koordinieren, weltweite Spendensammlungen und die Flucht verfolgter Deutscher ins Ausland zu organisieren. In diese Arbeit sollte auch Hans Beimler eingebunden werden. Mit seinem Schicksal schien gerade er besonders geeignet, über die Verbrechen in Deutschland zu berichten und dadurch die Solidaritätsbewegung zu stärken.

Dieser »Einsatz« in Paris war für Hans Beimler jedoch zunächst eine große Enttäuschung. In einem Brief an das Emigrantenbüro der IRH formulierte er rund sechs Wochen nach seiner Ankunft erbittert: »Wir schreiben heute den 9. Februar [1934; F.M.] und die Rote Hilfe hat bis heute keine einzige Versammlung in Paris organisiert, es ist alles beim alten geblieben, und ich habe weiter gewartet.« Er sah sich in Paris von lauter Bürokraten voller Misstrauen umgeben, die immer neue Ausreden fanden, warum so schnell keine Veranstaltungen zu organisieren seien. Auch eine mehrtägige Reise nach Belgien mit dem Ziel, dort in verschiedenen Städten zu sprechen, sei ergebnislos ver-

---

94   Siehe dazu Nikolaus Brauns: Schafft Rote Hilfe! Geschichte und Aktivitäten der proletarischen Hilfsorganisation für politische Gefangene in Deutschland (1919-1938), Bonn 2003, v. a. S. 282 ff.

laufen, weil nichts vorbereitet gewesen sei. Beimler beklagt weiter, »dass

1) ich am 20.12.33 hierher gekommen bin, um im Auftrag de Exekutive der IRH nicht nur als Greuelopfer ›angesehen‹ zu werden, sondern auch mitzuhelfen, die internationale Kampagne gegen den Hitlerterror mit zu organisieren.

2) ich niemals zu einer Besprechung in den sowohl allgemeinen Fragen der Kampagne, als auch, und besonders über die Möglichkeiten meiner Verwendung im Rahmen der Kampagne hinzugezogen wurde.

3) die beiden Sekretäre der RHF [Rote Hilfe Frankreichs; F.M.] in Paris die Kampagne zur Unterstützung des Kampfes gegen den Hitlerterror in Deutschland sabotiert haben.

4) das E.B. [Emigranten-Büro, F.M.] in der Frage Ausnutzung Beimler außer allgemeinen Redensarten nichts unternommen hat, damit die Reise nach hier ein positives Ergebnis für die Rote Hilfe sowohl als auch im Kampf gegen den Hitlerterror herausgekommen wäre. [...]«[95]

Genaueres über Beimlers weitere Tätigkeit in den nächsten Monaten in Paris ist nichts bekannt, aber seine Unzufriedenheit hatte anscheinend Wirkung gezeigt. Er wurde nun zur Betreuung der politischen Emigranten in Paris eingesetzt, deren ungenügende Unterstützung durch die Rote Hilfe Frankreichs er in einem weiteren Brief beklagte.[96] Zur Unterstützung der Solidaritätsbewegung trat er dann in verschiedenen Versammlungen vor allem der französischen Gewerkschaften auf und berichtete über das Konzentrationslager Dachau und die Möglichkeiten des antifaschistischen Widerstandes; auch diese Tätigkeit war immer wieder bedroht von Polizeikontrollen, wie sich sein damaliger Dolmetscher Willi Höhn erinnert.[97]

---

95 Zit. n. Antonia Stern: Hans Beimler. Dachau-Madrid, S. 92 ff.

96 Ebenda, S. 96.

97 Erinnerung Willi Höhns, in: Max Schäfer (Hg.): Spanien 1936-1939. Erinnerungen von Interbrigadisten aus der BRD, Frankfurt/M. 1976, S. 77 f.

Auch eine Nachricht aus München erreichte ihn damals in Paris: Im Januar 1934 erhielt er Kenntnis von der Verurteilung des Münchner Stadtpfarrers Emil Muhler und der beiden Kaplane Georg Sollacher und Oskar Thaler, die am 24. Januar 1934 vom Sondergericht

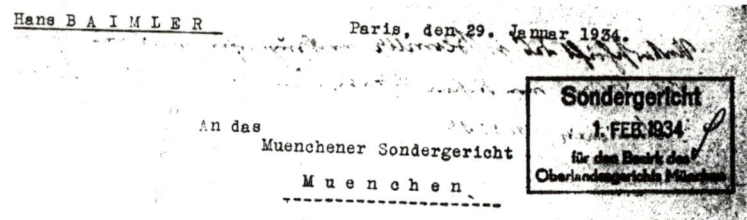

Abb. 17: Schreiben Beimlers aus Paris an das Münchner Sondergericht zur Unterstützung des verurteilten Pfarrers Muhler

München zu mehrmonatigen Gefängnisstrafen verurteilt worden waren. Ihnen wurde zur Last gelegt, »Greuelmärchen« auf der Grundlage des Berichts von Hans Beimler, die Muhler von einem Kommunisten gehört hatte, weitererzählt zu haben. Beimler schrieb daraufhin sofort am 29. Januar aus Paris einen Brief an das Sondergericht, in dem er die Wahrheit der Vorkommnisse in Dachau bestätigte und seine sofortige kommissarische Vernehmung im Ausland beantragte, um damit das Falschurteil zu korrigieren. Das Schreiben Beimlers wurde jedoch vom Gericht nicht berücksichtigt und verschwand in den Akten, eine eigentlich notwendige Neuverhandlung fand nicht statt.[98]

Die Aufklärung über die täglichen Verbrechen in Nazideutschland und die Hoffnung, dadurch breiten internationalen Protest hervorzurufen, war wesentliche Zielsetzung Beimlers in dieser Pariser Zeit. Seine Erinnerungen waren bereits verwertet worden bei der Erstellung des »Braunbuches über Reichstagsbrand und Hitlerterror«, das vom Exilvorstand der KPD im August 1933 in Paris veröffentlicht und in mehreren Millionen Exemplaren weltweit verbreitet wurde. Die rückseitige Fotomontage John Heartfields mit dem blutverschmierten Hakenkreuz wiederum wählten Beimler und der Verlag als Titelblatt des Berichts »Im Mörderlager Dachau«.

Grenzstellenleiter in Prag

Ende September 1934 wurde Beimler dann als Leiter der Außenstelle der KPD in Prag eingesetzt.[99] Den Grenzstellen – neben Prag noch Zürich, Straßburg, Saarbrücken, Brüssel, Amsterdam und Kopenhagen – kam die wichtige Aufgabe zu, Flüchtlinge aus Deutschland zu betreuen und Quartiere für sie zu besorgen, die Rückkehr von Illegalen nach Deutschland zu organisieren und sie mit Papieren auszustatten, neue Funktionäre auszuwählen und auf Zuverlässigkeit zu prüfen, Meldungen aus dem Reich aufzunehmen, illegale Broschüren und

---

98   StA München, Staatsanwaltschaft München 7679. Vgl. auch Otto Gritschneder: Die Akten des Sondergerichts über Stadtpfarrer Dr. Emil Muhler, in: Beiträge zur altbayerischen Kirchengeschichte, Bd. 29, 1975, S. 125-149.

99   Siehe Katja Haferkorn: Hans Beimler, S 91.

Zeitungen drucken zu lassen und an Kontaktpersonen weiterzuleiten, schließlich die Vorbereitung illegaler Grenzkonferenzen. Die Beschaffung von Geld und Papier war dabei ein ständiges Problem, ebenso die Suche nach neuen geheimen Grenzübergangsstellen, um Personen und Material ins Reich schleusen zu können.[100] Über die Prager Außenstelle wurden Parteiorganisationen in Berlin, Bitterfeld, Chemnitz, Dresden, Halle, Leipzig, München, Nürnberg, Plauen, Waldenburg, Zittau und die Gebiete Oberschlesien, Schlesien und Thüringen betreut.[101] Beimlers Arbeit als Grenzstellenleiter wie auch die seiner Genossen war wieder ständig bedroht von der tschechoslowakischen Polizei und der Gefahr, festgenommen und ausgewiesen zu werden. Für verhaftete Genossen mussten schnell Anwälte besorgt werden.[102] Diese Arbeit war auch gefährdet durch Gestapo-Agenten, so dass sie nur konspirativ erfolgen konnte. Beimler firmierte in Prag unter den Decknamen Hans Baier, Germak oder Manus .[103]

In seine »Prager Zeit« fiel auch eine wesentliche politische Veränderung der Politik der KPD. Ihr Konfrontationskurs gegen bürgerliche Demokratie, Sozialdemokratie und Gewerkschaften wurde angesichts der faschistischen Machtübernahme und des Ausbleibens von Massenaktivitäten zum Sturz der Naziherrschaft als falsch eingeschätzt und in wichtigen Teilen seit 1934 zunehmend revidiert, vor allem dann in der Folge des 7. Weltkongresses der Kommunistischen Internationale 1935. In einer Entschließung des Politbüros vom 30. Januar 1935 wurde auf die »wirkliche Schaffung der proletarischen Einheitsfront des gemeinsamen Kampfes mit der sozialdemokratischen Arbeiterschaft, auf den Wiederaufbau der freien Gewerkschaften und die Entfaltung einer breiten Massenarbeit in den faschistischen Organisationen«

---

100 Siehe dazu den Erlebnisbericht Karl Plochs, in: Hans Beimler: Mörderlager Dachau, Neuausgabe 1976, Berlin/DDR, S. 70 f.

101 Vgl. Katja Haferkorn: Hans Beimler, S. 91.

102 So auch für Herbert Wehner und seine Frau, die am 27.2.1935 in Prag festgenommen worden waren; siehe Bericht Beimlers v. 4.3.1935 in: BA/SAPMO, RY1/I2/3,295, Bl. 66.

103 Vgl. Widerstand als »Hochverrat« 1933-1945. Erschließungsband zur Mikrofiche-Edition, bearb. v. Jürgen Zarusky u. a., München 1998, S. 623.

orientiert; gleichzeitig müsse die »breiteste antifaschistische Volksfront« durch Gewinnung von »Verbündeten aus allen Schichten des werktätigen Volkes« hergestellt werden. Beibehalten wurde aber noch das Ziel einer »Volksrevolution für ein freies sozialistisches Deutschland der Rätemacht«.[104] In Vorbereitung dieser neuen Strategie hatte das Politbüro der KPD versucht, auch mit dem Prager Parteivorstand der SPD ins Gespräch zu kommen, der seinerseits mit dem »Prager Manifest« vom Januar 1934 eine Orientierung hin zu revolutionärer Zielsetzung und zur Überwindung der Spaltung der Arbeiterbewegung vorgenommen hatte.

Im Vorfeld hatte bereits ein erstes vorbereitendes Gespräche mit dem in Prag im Exil weilenden Siegfried Aufhäuser stattgefunden, langjähriges Mitglied des Reichstages und dem linken Flügel der SPD zugehörig.[105] Konkreter Anlass war ein Angebot des Zentralkomitees der KPD zu einer Einheitsaktion zur Unterstützung des Aufstands von Arbeitern im spanischen Asturien.[106] Als »Reichstagskollege« und Naziverfolgter wurde Beimler, der den Kurs der Aktionseinheit besonders unterstützte, vom ZK beauftragt, den Kontakt mit Aufhäuser herzustellen, dieses Angebot zu übergeben und das Gespräch zu leiten. Eine Einigung kam jedoch bei dem Treffen am 8. Februar 1934 nicht zustande, da Aufhäuser erklärte, nicht für den gesamten SPD-Vorstand sprechen zu können.[107] Auch das Gespräch vom 8. November, das Aufhäuser dann u. a. mit Walter Ulbricht führte, blieb erfolglos.[108]

---

104 »Rundschau« v. 21.2.35, Nr. 10, S. 551., zit. n.: Widerstand als »Hochverrat« 1933-1945, Mikrofiche-Edition, München 1994-1998, Fiche 0487 (17 J 171/35).

105 Siegfried Aufhäuser (1884-1969), ehem. Vorsitzender des gewerkschaftlichen Bundes »Allgemeiner freier Angestellter« (AfA) und führender Vertreter der »Revolutionären Sozialisten«

106 Im Oktober 1934 erhoben sich Arbeiter gegen den zunehmenden faschistischen Einfluss in der Regierung.

107 Bericht Beimlers v. 3.12.1934, in: BA /SAPMO, RY1/I2/3,295, Bl. 9 ff.

108 Aufhäuser u. a. wurden dann am 9.3.1935 vom SPD-Parteivorstand in Prag wegen »organisatorischer Sonderbestrebungen« aus dem Parteivorstand ausgeschlossen.

Erfolgreicher verliefen dagegen die Bemühungen im Dezember 1935 um einen gemeinsamen Protest gegen die wenige Tage zurückliegende Hinrichtung des Leiters der illegalen Roten Hilfe Berlins, Rudolf Claus, durch die Nazis. Zu den Beratungen wurde auch Hans Beimler hinzugezogen, der zu diesem Zeitpunkt für die Rote Hilfe in Zürich arbeitete; er war als Verfolgter profiliert, mit der Roten Hilfe eng verbunden und dennoch nicht im inneren Zirkel der KPD-Prominenz, was die Einigung erleichterte. Am 20. Dezember 1935 unterzeichneten in Paris vier prominente Sozialdemokraten mit Rudolf Breitscheid und vier Kommunisten, unter ihnen Hans Beimler, die gemeinsame Erklärung.[109] Diese Erklärung unterstützte die Bemühungen von deutschen Emigranten in Paris unter maßgeblicher Beteiligung von Heinrich Mann, eine gemeinsame »Volksfront« von Nazigegnern aufzubauen; trotz zwischenzeitlicher Erfolge und gemeinsamer Resolutionen eines breiten Spektrums von Nazigegnern endeten diese Bestrebungen im Frühjahr 1937.

Wiedersehen mit den Kindern

Im privaten Bereich gab es für Hans Beimler in seiner »Prager Zeit« eine große Freude, das Wiedersehen mit seinen Kindern; im Frühjahr 1935 konnten sie sich in die Arme schließen. Wiederum war der Hintergrund recht abenteuerlich.

Beide Kinder, die 1919 geborene Rosi und der zwei Jahre jüngere Hansi, waren zunächst in der Wohnung der Beimlers in Feldmoching

---

109 Siehe Klaus Mammach: Die KPD und die deutsche antifaschistische Widerstandbewegung 1933-1939, Frankfurt/M. 1974, S. 154 f; Ursula Langkau-Alex: Deutsche Volksfront 1932-1939. Zwischen Berlin, Paris, Prag und Moskau, Bd. I, Berlin 2004, S. 306 ff. Ein Rundschreiben des Parteivorstands der SPD untersagte dann jedoch im Januar 1936 allen Mitgliedern und Funktionären gemeinsame Erklärungen mit KPD und RHD. Dennoch kam es im Mai 1936 in Paris auch noch zu einem gemeinsamen Brief von Vertretern der KPD, SPD, SAP sowie von Schriftstellern und verschiedenen Organisationen an die internationalen Zusammenschlüsse der Arbeiterbewegung sowie zu einer gemeinsamen Deklaration zur Rheinlandbesetzung und zu Hitlers Kriegspolitik, die jeweils auch Beimler als ehemaliges Mitglied des Reichstags unterzeichnete; vgl. Ursula Langkau-Alex: Deutsche Volksfront 1932-1939, Bd. III, Berlin 2005, S. 335 und 223 ff..

geblieben, als ihre Eltern Anfang März 1933 ihr illegales Quartier auf-
suchen mussten. Sie wurden von Freunden und vor allem von Centas
Großeltern versorgt und zogen dann bald zu den Großeltern. Rosi
beendete im Sommer 1933 ihre Schule und begann eine Ausbildung.
Da aber Hansi noch schulpflichtig war und Centa sowie ihre Schwester
und schließlich auch noch ihre Mutter eingesperrt worden waren, wurde der Junge auf Drängen der Bayerischen Politischen Polizei im Herbst
1933 in ein Internat in Wasserburg, etwa 50 Kilometer von München
entfernt, verbracht; die zynische Begründung lautete, dass im Haushalt keine Frau mehr für die Kinder sorgen könne. Dieses »Knaben-
erziehungsheim« befand sich im Kloster St. Maria Stern auf der Burg
und wurde damals vom Orden der Franziskanerinnen geleitet. Hansi
besuchte dort die Heimvolksschule. Dies geschah gegen den Willen
der Großeltern, Centas und auch Hans Beimlers, der diese Nachricht
im Ausland erhielt; sie befürchteten, dass Hansi durch eine »nationalsozialistische« Erziehung der Familie entfremdet werden würde.

Über die Rote Hilfe und den AM-Apparat organisierte Hans
Beimler von Prag aus die Flucht seiner Kinder. Eingeweiht wurde nur
die damals 15jährige Rosi, ihr Bruder durfte nichts davon wissen. Von
zwei Genossen wurde sie an Weihnachten, am 24. Dezember 1934, in
einem Auto von München nach Wasserburg gefahren. Das Internat
war ihr vertraut, weil sie ihren Bruder schon öfter besucht hatte. Sie
ging dann allein zur Pforte, während das Auto in größerer Entfernung
wartete, und fragte, ob sie mit ihrem Bruder etwas spazieren gehen
könne. Die Schwestern dachten sich nichts dabei, schließlich war ja
Weihnachten, wo Besuche häufig waren. Hansi wurde geholt und beide gingen daraufhin schnell den Burgberg hinunter und auf die andere Seite des Inn, wo der Wagen wartete. Erst jetzt erklärte ihm seine
Schwester, dass er nicht mehr zurückkehren und sie beide ins Ausland gebracht würden. Mit dem Auto fuhren sie direkt zum Münchner
Hauptbahnhof, wo die beiden Kinder gerade noch in den Zug ein-
steigen konnten und allein bis nach Singen fuhren. Dort wurden sie
von dem Ehepaar Harlander am Bahnhof abgeholt und verbrachten
wenige Tage in deren Haus, das schon häufiger als Durchgangsstation
für politische und jüdische Verfolgte genutzt wurde.

Der Gipser Xaver Harlander arbeitete in Schaffhausen in der Schweiz. So konnte er auch in diesem Fall die Rote Hilfe in Schaffhausen über die beiden Kinder informieren. Schweizer Genossen mit Kindern ließen sich daraufhin beim Zoll Tagesscheine ausstellen, die ohne Foto waren, gingen über die Grenze nach Deutschland, übergaben diese anschließend Rosi und Hansi. Während die Schweizer dann mit ihren eigenen normalen Pässen zurückkehren konnten, gelangten die beiden Kinder mit den Tagesscheinen über die Schweizer Grenze. Wenige Wochen danach wurde Xaver Harlander beim Flugblattverteilen verhaftet, Monate später wurden zahlreiche Fluchthelfer festgenommen und zu hohen Gefängnis- und Zuchthausstrafen verurteilt.[110]

Durch die Schweiz und Österreich wurden Rosi und Hansi schließlich nach Prag gebracht, wo sie im Januar 1935 mit ihrem Vater kurz zusammen sein konnten. Es wurde ein Abschied für immer.

Von der Internationalen Roten Hilfe organisiert, gelangten dann beide Kinder nach Moskau, wo sie in Emigrantenwohnheimen untergebracht wurden.

Hansi besuchte 1935 und 1936 die Karl-Liebknecht-Schule in Moskau, in der viele Kinder von Emigrierten lernten. Mit knapp 15 Jahren wollte er zusammen mit Freunden Moskau verlassen und in Baku am Kaspischen Meer zu arbeiten beginnen. Hans Beimler entwarf zu diesen Plänen seines Sohnes am 14.3.1936 in Zürich folgenden unvollendeten Brief:

Liebe Rosi – lieber Hans!
Ich muss mich vorerst bei euch entschuldigen, dass ich so lange nichts hören ließ.- Eure Briefe habe ich erhalten, und danke euch vielmals dafür. Aus den Briefen kann ich entnehmen, dass es euch gut geht. Tatsächlich kann man neidisch sein – ihr lebt im befreiten Land – und habt bei gutem Willen sonst nirgends in der kapitalistischen Welt so unbegrenzte Möglichkeiten »etwas zu werden« – Nun bin ich einigermaßen überrascht, dass es Dir, lieber Hans in

---

110   Angaben nach Rosi Beimler; siehe auch Stefan Kellner: Emigranten-schmuggel an der Schweizer Grenze, in: Wolfram Wette (Hg.): Stille Helden. Judenretter im Dreiländereck während des Zweiten Weltkriegs, Freiburg 2005, S. 200 f.

Moskau gar nicht gefällt, und Du schon kaum nach sechs Monaten – »ans Ende der Welt« – nach Baku übersiedeln willst. Enttäuscht bin ich insofern, lieber Hans, als du schreibst, dass du noch in die Schule gehen sollst, und doch das alles schon kannst, was in der Karl-Liebknecht-Schule gelehrt wird. – Ich hab da eine andere Meinung wie du. Erstens erinnere ich Dich an Deinen vorletzten Brief, wo du schreibst, daß Du Dir die Mahnung Lenins zu Eigentum gemacht hast – »lernen, lernen – nochmals lernen«!!!-

Das hat mich richtig gefreut; und nun glaubst du, schon »alles zu können«!-

Ich denke, dass du in der K.L.-Schule nicht mit Analphabeten die Schulbank drückst, sondern deine Kameraden nicht weniger intelligent sind. Dass Du mit fünfzehn Jahren den Wunsch hast zu arbeiten, begreife ich; aber ich habe auch die Meinung, daß bei intensivster Ausnutzung der gebotenen Möglichkeiten zum Lernen, nach »Beendigung« Deiner Schulzeit, mit Wissen in einem Betrieb eintreten [...].[111]

Hans Beimler jun. blieb in Moskau, erhielt 1937 die sowjetische Staatsbürgerschaft und arbeitete dann als Schlosser am Forschungsinstitut für Auto- und Traktorenbau NATI. Seit Januar 1938 wurde er von der IRH unterstützt, weil er arbeitslos wurde. Im März aber geriet – wie so viele andere deutsche Emigranten – auch der knapp 17jährige in die Mühlen des Stalinistischen Terrors im Rahmen der sog. »großen Säuberungen«: Er wurde am 16.3.1938 als Mitglied der »konterrevolutionären faschistischen ›Hitlerjugend‹« verhaftet.[112] Mit dieser Anschuldigung wurden in den ersten drei Monaten des Jahres 1938 mindestens 71 jugendliche Deutsche und Österreicher verhaftet, die gemeinsam in Betrieben gearbeitet hatten. Allen wurde vorgeworfen, faschistische Propaganda betrieben und Terrorakte auch gegen Stalin vorbereitet zu haben.[113] 40 von ihnen wurden zum

---

111 Den Briefentwurf fand Antonia Stern in Beimlers Nachlass in Spanien; siehe Antonia Stern: Hans Beimler. Dachau-Madrid, S. 104.

112 Wladislaw Hedeler (Hg.): Chronik der Moskauer Schauprozesse 1936, 1937 und 1938, Berlin 2003, S. 394.

113 Oleg Dehl u. a.: Hitlerjugend in der UdSSR? Zu Hintergründen und Folgen einer NKWD-Fälschung 1938, in: Oleg Dehl u. a. (Hg.): Verratene Ideale.

Abb. 18: Hans Beimler jun. in Frankreich
1938/39

Tode verurteilt und hingerichtet, die anderen erhielten meist langjährige Strafen in Arbeitslagern. Hans Beimler jun. aber hatte großes Glück und war unter acht Beschuldigten, die freigelassen bzw. ausgewiesen wurden. Am 28. Mai wurde er aus dem Gefängnis entlassen; noch vor der Verurteilung war sein Verfahren »aus operativen Erwägungen« eingestellt worden.[114] Der Grund, warum er freigelassen wurde, ist unklar; vielleicht spielte der Bekanntheitsgrad seines Vaters eine Rolle, vielleicht gab es unbekannte Fürsprecher.[115]

Hans Beimler jun. verließ anschließend die Sowjetunion und schlug sich nach Paris durch; er wollte unbedingt nach Spanien und dort in den Internationalen Brigaden mitkämpfen. Aus Altersgründen wurde ihm das jedoch nicht gestattet. Mit einem Schiff gelang ihm von Frankreich die Überfahrt nach Casablanca, dann nach Kuba, wo er eine Zeitlang in einer Krokodilfarm arbeitete. 1940 ließ er sich in Me-

---

Zur Geschichte deutscher Emigranten in der Sowjetunion in den 30er Jahren, Berlin 2000, S. 174 ff.

114 Ebenda, S. 188 u. S. 198. In der Zeit des Massenterrors 1936-38 wurden zwischen 2 000 und 6 000 Deutsche Opfer des Terrors, eine unbekannte Zahl davon wurde hingerichtet oder ist in Straf- und Arbeitslagern ums Leben gekommen; vgl. Inge Münz-Koenen: Die verschiedenen Arten des Schweigens, Mskr., Vortrag auf der Tagung »Das verordnete Schweigen«, Berlin, 19.6.2010.

115 Vielleicht bedeutsam: Nach dem Tod seines Vaters spielte auch der Sohn in der kommunistischen Presse eine Rolle. Am 21.4.1937 wurde in der Deutschen Zentral-Zeitung (DZZ, Zeitung der deutschen Sektion der Kommunistischen Internationale in Moskau) ein »Leserbrief« – dessen Echtheit allerdings zu bezweifeln ist – von ihm abgedruckt, der die Freude über die Benennung eines Erholungsheims in Asturien nach Hans Beimler ausdrückt.

Abb. 19: Hans Beimler jun. und Ehefrau Rosalind, um 1948

xiko nieder, begann mit dem Fotografieren, arbeitete dann Jahrzehnte als Fotograf und Filmproduzent. Mit seiner Frau Rosalind, einer US-amerikanischen Psychotherapeutin, hat er zwei Söhne, von denen einer ebenfalls den Namen Hans erhielt. Beide Söhne leben in den USA.

Seine Schwester Rosi lebte ebenfalls mit anderen Emigranten in Moskau und lernte und arbeitete dort in einer Fabrik; sie wollte Mechanikerin werden. Ursprünglich sollte sie für eine illegale Arbeit in Deutschland ausgebildet werden; es kam jedoch zu keinem Einsatz. Rosi verkehrte auch viel mit ehemaligen Angehörigen des österreichischen sozialistischen »Schutzbundes«, von denen viele nach ihrem Aufstand im Februar 1934 gegen die Zerschlagung der österreichischen Arbeiterbewegung durch das »austrofaschistische« Regime des Kanzler Dollfuß in der Sowjetunion Zuflucht gesucht hatten. Sie lernte dort den Österreicher Rudolf Schober kennen, der zusammen mit vielen Österreichern im Spanischen Bürgerkrieg auf Seiten der Freiwilligen gegen Franco gekämpft hatte; im Oktober 1936 war er nach Spanien aufgebrochen und kehrte erst im April 1939 nach Moskau zurück. Bei der Evakuierung von Frauen und Kindern aus Moskau nach Beginn des deutschen

Abb. 20: Rosi Schober-Beimler, Rudi Schober und Rudi jun., Wien um 1948

Überfalls auf die Sowjetunion erkrankten Rudis Ehefrau und Tochter schwer und verstarben. Rosi zog schließlich in seine Wohnung in
Moskau und kümmerte sich auch um seinen kleinen Sohn Rudi jun.
Im November 1945 verließen alle drei die Sowjetunion und kehrten
in Rudis Heimatstadt Wien zurück, wo sie sich jahrzehntelang in der
Kommunistischen Partei Österreichs engagierten. Rudi Schober verstarb am 6.12.1998, Rosi Schober-Beimler am 22. Januar 2000 ebenfalls in Wien.[116]

Arbeit für die Rote Hilfe in Zürich

Im Frühjahr 1935 erhielt Beimler eine neue Funktion im Rahmen der
Roten Hilfe. Die Rote Hilfe Deutschlands hatte auch in Zürich eine
Außenstelle, deren Leiter er nun wurde unter dem Decknamen »Ju-
lius«.[117]

Auch Hans Beimlers Alltag war wieder der eines Flüchtlings, der
persönlich und auch in seiner Arbeit angewiesen war auf die Solidarität der Schweizer Antifaschisten.

Die Hauptaufgabe lag in der Betreuung der vielen deutschen
Emigranten, vor allem Angehörige der KPD, die gleich 1933 in die
Schweiz geflüchtet waren oder in den nächsten Jahren wegen besonderer Gefährdung emigrieren mussten. Sie lebten meist illegal in der
Schweiz, mussten versorgt und betreut werden. Stark unterstützt wurde die Außenstelle von der Schweizer Roten Hilfe, von Gewerkschaften sowie von der Kommunistischen Partei der Schweiz, die noch bis
1940 legal wirken konnte. Um den Kreis der Unterstützer zu erwei-
tern, wurden Hilfskomitees in verschiedenen Städten der Schweiz gegründet, an deren Versammlungen auch Beimler teilnahm. Schweizer
Gewerkschafter, Sozialdemokraten und Kommunisten organisierten
Patenschaftsbewegungen; so berichtete Beimler beispielsweise über

---

116 Siehe auch die Broschüre: Rudolf Schober: Ein Mann, ein Mensch, ein
     Antifaschist. 1910-1998, bearb. v. Rudolf Schober jun., Wien 2000.

117 Hans Teubner: Exilland Schweiz. Dokumentarischer Bericht über den
     Kampf emigrierter deutscher Kommunisten 1933-1945. Berlin/DDR 1975,
     S. 24; zum Decknamen vgl.: Antonia Stern: Hans Beimler. Dachau-Madrid,
     Anhang Blatt a.

eine Versammlung in Zürich, in der Straßenbahner, Lederarbeiter oder der Arbeiterschachverein sich zu finanzieller Unterstützung für deutsche Antifaschisten in Form von Patenschaften verpflichteten.[118] Nur mit solch breiter Unterstützung konnten die Quartiere beschafft und die Unterbringung von Flüchtlingen finanziert werden. Auch deren Ein- und Ausschleusung konnte nur mit Schweizer Freunden organisiert werden, wobei die Naturfreunde aus Zürich besondere Hilfe leisteten durch ihre Kenntnis der Grenzübergänge in den Bergen. Zu Skilagern der Naturfreunde waren auch Emigranten eingeladen; Hans Beimler nahm ebenfalls gelegentlich teil. Die kleinen Überschüsse dieser Freizeitaktivitäten wurden meist der Roten Hilfe gespendet.[119]

Neben der Betreuung der Flüchtlinge gehörte vor allem der Kontakt zu den in Süddeutschland illegal tätigen Genossinnen und Genossen zum Aufgabengebiet. Wieder mussten Flugblätter, Zeitungen und Broschüren in der Schweiz gedruckt und an die Kontaktstellen in Württemberg, Baden und Südbayern weitergeleitet werden. Besonders dringlich war auch die Weiterleitung von Spendengeldern an die Verteiler der Roten Hilfe vor Ort in Deutschland. So wurde in einem Bericht über die Situation in Südbayern vom Mai 1935 festgestellt, dass allein in München und Augsburg rund 230 Familien von Inhaftierten zu unterstützen waren. Weiter heißt es: »Wichtig ist auch die Organisierung der Unterstützung entlassener Dachau-Häftlinge mit Kleidungsstücken. Außerdem besteht Bedarf an Kleidern und Wäsche für Kinder, vorwiegend Knaben über 10 Jahren. Auch Bettwäsche ist viel gefragt.« Oft waren die Frauen der Häftlinge arbeitslos, die Wohlfahrtsunterstützung reichte nie und musste durch Heimarbeit und Putzen – trotz einer oft großen Kinderschar – aufgebessert werden. Zuwendungen durch Spendengelder versuchte die Gestapo diesem Bericht zufolge mit brutalen Drohungen zu unterbinden: »Sie kommt zu Angehörigen, die in besonders schlechter Lage sind und durch größere Geldsendungen (darunter versteht man schon Beträge

---

118   Bericht v. 23.8.1935 in: BA/SAPMO, RY, I/2/3/312, Bl. 90ff.

119   So die Erinnerung von Theo Pinkus, Institut für Zeitgeschichte-Archiv, Bestand Theo Pinkus, Zeitzeugenschrifttum ZS 2287/1.

von 5-10 M) nach Dachau auffielen. Man erklärt ihnen, man wisse bestimmt, dass das Geld aus der Unterstützung einer verbotenen Organisation komme. Wer leugne, würde sofort verhaftet. […] In einem Fall wurde – nach dem ›Eingeständnis‹ einer Mutter – deren drei Söhne in Dachau sitzen, auch noch deren einzige verdienende Tochter verhaftet. Gegen die inhaftierte Tochter wie auch gegen die Mutter ist ein Verfahren wegen ›Vorbereitung zum Hochverrat‹ eingeleitet worden.«[120]

Besonders belastend war für Hans Beimler, dass seine Frau Centa mittlerweile im Konzentrationslager Moringen inhaftiert war. Um die »Sippenhaft« zu verschärfen, hatten die Nazis auch ihre Schwester Maxi ins Lager verfrachtet, zeitweilig ja auch ihre Mutter ins Gefängnis gesperrt. Beimler bemühte sich sehr, durch internationale Solidaritätskampagnen Centa und Maxi freizubekommen, aber es nützte nichts. Viele aufmunternde Postkarten aus aller Welt waren nur ein schwacher Trost für die beiden Inhaftierten.

Die Affäre um den Spitzel »Theo«

Hans Beimler war in dieser Zeit täglich mit den Schreckensmeldungen aus Deutschland konfrontiert und bemühte sich mit seinen Freunden, immer neue Geldquellen zu erschließen.

Dabei war ein Netz an verlässlichen Helferinnen und Helfern in Deutschland von entscheidender Bedeutung. Nach den vielen Verhaftungen der Jahre 1933 und 1934 war es in Beimlers Heimat München gelungen, wieder einigermaßen funktionierende Kontakte innerhalb der KPD und in stärkerem Maße der Roten Hilfe aufzubauen. Nachdem Bruno Lindner[121], der diesen Neuaufbau in Südbayern wesent-

---

120   Bericht der RH Südbayern an Beimler, Zürich, 22.5.1935, BA/SAPMO, RY1/I4/4/30, Bl. 300. Mit der Mutter ist vermutlich Maria Ram gemeint, deren Söhne Josef, Anton und Georg gleichzeitig inhaftiert waren.

121   Bruno Lindner (1899-1978), früherer KPD-Stadtrat in Württemberg, emigrierte 1933 in die Schweiz, wurde 1934 beauftragt, von dort aus in München und Südbayern die Rote Hilfe wieder aufzubauen, was auch gelang. Er ging 1936 nach Spanien, nach Auslieferung 1940 an Deutschland bis Kriegsende im Gefängnis und Konzentrationslager inhaftiert.

lich vorantrieb, aus Sicherheitsgründen emigrieren musste, wurde im April 1935 wohl mit Billigung Hans Beimlers der Münchner Max Troll als neuer illegaler Leiter eingesetzt.[122] Zwar wurde versucht, alle Funktionäre der KPD möglichst genau zu überprüfen und auch zu befragen – das war auch eine der Aufgaben Beimlers –, aber trotz aller Vorsicht gab es auch immer das Bemühen, neue aktive Mitstreiter zu gewinnen und damit Widerstand und Solidarität zu verbreitern. »Theo«, so lautete Trolls Deckname, bemühte sich in der nächsten Zeit recht intensiv, die illegalen Kontakte in Südbayern weiter zu organisieren und die illegalen Gruppen zu verstärkter Aktivität zu bewegen. Er war auch wiederholt in der Schweiz, um Hilfsgelder in Empfang zu nehmen und über die Entwicklung in Süddeutschland zu berichten. Er unterstützte die Bemühungen der KPD, entsprechend der »Volksfrontstrategie« die Front gegen die Nazis zu verbreitern und dabei auch Kräfte aus dem Bürgertum einzubeziehen. Hans Beimler, der diese Verbreiterung seit längerer Zeit vertrat, bemühte sich deshalb auch von Zürich aus um Kontaktaufnahme mit katholisch-monarchistischen Hitlergegnern um den »Zott-Harnier-Kreis«[123] in München. So fuhren am 11. Oktober 1935 »Theo«, Berthold Feuchtwanger[124] und Joseph Zott in die Schweiz, wo es auch zu einer Unterredung Beimlers mit Zott über eine gemeinsame Arbeit von Katholiken und Kommunisten kam.[125] Beimler betonte dabei die Notwendigkeit von

---

122 So die Aussage von Karl Jakobi im Spruchkammerverfahren gegen Max Troll, Institut für Zeitgeschichte-Archiv, SP 05/1. A. Stern dagegen schreibt, dass Beimler »Theo« von seinem Vorgänger übernommen habe, A. Stern: Hans Beimler. Dachau-Madrid, S. 110.

123 Adolf Freiherr von Harnier (1903-1945) und Zott (1901-1945, hingerichtet) aus München bildeten den Kern dieser monarchistisch orientierten Widerstandsgruppe, die über 100 Personen umfasste; aufgrund eingeschleuster Gestapo-Spitzel kam es 1939 zu vielen Verhaftungen und Verurteilungen. Harnier starb kurz nach der Befreiung an den Haftfolgen.

124 Berthold Feuchtwanger (1894-1944), arbeitete in einer sozialdemokratischen Widerstandsgruppe in München mit, verließ 1938 Deutschland.

125 Siehe dazu die Prozesse gegen Harnier und Zott, in: Jürgen Zarusky u. a. (Hg.): Widerstand als »Hochverrat« 1933-1945, Mikrofiche-Edition, München 1994-1998, Fiche 0141 (7 J 128/44) und Fiche 735 (7J 32/44).

breitesten Bündnissen gegen die Nazis und plädierte vor allem für Arbeit unter der Bevölkerung.

Nach ersten ungeklärten Verhaftungen in Südbayern und einigen Unregelmäßigkeiten bei der Verwendung von Spendengeldern schöpfte man erstmals Verdacht, dass es sich bei »Theo« möglicherweise um einen Gestapospitzel handeln könnte, konkrete Hinweise gab es aber noch nicht. Auch Hans Beimler äußerte einen Verdacht gegenüber der Pariser Leitung der Roten Hilfe und gegenüber dem Politbüro. Zunächst hielt er »Theo« einfach für »vollkommen unfähig« und zu schwach, um diese wichtige Funktion ausfüllen zu können, für zu unvorsichtig, schließlich für verdächtig, in die eigene Tasche zu wirtschaften oder Hochstapler zu sein. Am 10.1.1936 meldete Beimler dann nach Paris: »Theo muss meiner Ansicht nach rausgeholt werden«. Der Spitzelverdacht erhärtete sich dann erst allmählich in mehreren Briefwechseln zwischen Beimler, Münchner Gewährsleuten und der KPD-Zentrale. Erst am 13.5.1936 wurde Beimler von Prag aus mit der Feststellung konfrontiert: »Theo war von Anfang an Agent«; nur drei Tage später schrieb Beimler: »Bestätige den Empfang der Briefe 1-2-3/V. Was den Lumpen anbetrifft, so werde ich alles tun, um die Freunde von der Isar zu warnen. In dieser Richtung scheint der Laden jetzt zu schwimmen. Aus beiliegendem Ausschnitt kannst du ersehen, dass der Abschnitt, den Theo kannte, geplatzt ist.«[126]

Nachdem der Gestapospitzel »Theo« in einer Liste mit rund 100 illegal tätigen Kommunistinnen und Kommunisten genügend Namen hatte, die Strukturen genau kannte, Deckadressen in Südbayern und Anlaufadressen in der Schweiz in Erfahrung gebracht hatte, konnte die Gestapo in großem Umfang Verhaftungen durchführen. In vielen Prozessen wegen »Vorbereitung zum Hochverrat« wurden langjährige Gefängnis- und Zuchthausstrafen verhängt.

Beimler war sicher tief betroffen von dieser Entwicklung. Da er für den Bereich Südbayern verantwortlich war und deshalb eng mit »Theo« zusammengearbeitet hatte, wurde er seiner Funktion entho-

---

126 Siehe die Briefe Beimlers in A. Stern: Hans Beimler. Dachau-Madrid, Anhang Blatt b, d, o.

ben. Dies geschah einerseits, weil natürlich ein illegales Weiterarbeiten Beimlers in Zürich nach Preisgabe möglicher Details durch den Spitzel nicht mehr möglich war. Andererseits wurde auch Beimler der Vorwurf gemacht, nicht sorgfältig genug gearbeitet, trotz Misstrauen diesen Theo zu lange in der südbayerischen KPD-Leitung und der Roten Hilfe belassen zu haben. Diese Anschuldigung hat ihn, der immer besonders loyal gearbeitet hat, schwer getroffen. Er wollte sich unbedingt rehabilitieren und reiste deshalb auch zur geforderten Untersuchung der Vorfälle durch die Exilleitung der KPD am 13. Juni 1936 nach Paris.[127]

Eine große persönliche Unterstützung in dieser für Beimler sicher aufwühlenden Zeit war ihm dabei die Schweizerin Antonia Stern. Sie wurde am 25. Juni 1891 als jüngste von drei Töchtern des deutsch-jüdischen Historikers Alfred Stern und dessen Frau Klara in Zürich geboren.[128] Sie war ausgebildete Violinistin, lebte zwischenzeitlich in Berlin und München und kehrte Anfang der 1930er Jahre nach Zürich zurück. Nach der Machtübernahme engagierte sie sich sehr für die Solidaritätsbewegung zugunsten verfolgter Nazigegner und war vermutlich auch Mitglied der Kommunistischen Partei der Schweiz. Beimler und sie hatten sich ihren Erinnerungen nach im Züricher Büro der Schweizer Roten Hilfe kennengelernt, wo sie ihm spontan eine Schreibmaschine und ein Zimmer zum Arbeiten im Haus ihres

---

127 Siehe A. Stern: Hans Beimler. Dachau-Madrid, S. 110.

128 Alle Angaben nach Norbert Schmitz: Alfred Stern (1846-1936). Ein europäischer Historiker gegen den Strom der nationalen Geschichtsschreibung, o. O. 2008, S. 292 ff., sowie Stadtarchiv Zürich, Einwohner-Registerkarte. Antonia Sterns umfangreiches Manuskript »Hans Beimler. Dachau-Madrid« ist das Ergebnis ihrer Recherchen, die sie nach Beimlers Tod in Spanien anstellte und später in Paris fortsetzte; darin versuchte sie zu belegen, dass Hans Beimler nicht von Franco-Soldaten, sondern von Agenten des sowjetischen Geheimdienstes in Madrid erschossen worden sei. Die angestrebte Veröffentlichung dieses um 1939 formulierten Textes wie auch eines dokumentarischen Romans kam trotz vieler Bemühungen nie zustande. Sie lebte während der deutschen Besatzung in Paris, entkam der Deportation, war aber zwei Jahre in einem Lager interniert, wie sie in Briefen an Albert Einstein schrieb. Sie verstarb recht vereinsamt 1961 in Paris. Leider konnte für die vorliegende Veröffentlichung kein Foto von Antonia Stern gefunden werden.

Anfang 1936 verstorbenen Vaters in der Züricher Englischviertelstra-
ße 58 angeboten hatte. Beimler nahm dieses Angebot an – und es entwickelte sich eine engere Freundschaft. Ihren Aufzeichnungen nach
bewunderte sie ihn sehr, wenngleich er ihr von seiner politischen
Arbeit nur wenig erzählte. Sie erinnert sich auch an den letzten Abend
in Zürich vor seiner Abreise nach Paris, den sie beide gemeinsam mit
Franz Vehlow (Deckname Louis) und dessen Frau Elly verbrachten;
Vehlow fiel dann am 1. Dezember 1936 gemeinsam mit Beimler in
Madrid, als er dem getroffenen Freund zu Hilfe eilen wollte.

Beimler blieb rund vier Wochen in Paris und war – seinen Briefen an Antonia Stern zufolge – verbittert über die Unterredungen
mit den Genossen des Zentralkomitees der KPD in Paris. Sein Ärger
gründete sich neben der Sache um den Spitzel Theo auch auf Unklarheiten über seinen weiteren Einsatz für die Partei.[129] Da sich im Juli
1936 in Spanien anlässlich der von den Gewerkschaften organisierten Arbeiterolympiade in Barcelona – einer Gegenveranstaltung zur
gleichzeitigen Olympiade in Berlin – auch viele deutsche Emigranten
aufhielten und weitere dort eintrafen, sollte Beimler sich mit zwei anderen Genossen schließlich um deren Betreuung kümmern.[130] Vor seiner Abreise erlebte er in Paris noch den Aufmarsch der französischen
Volksfront, der ihn zu einem begeisterten Tagebucheintrag bewegte:
»14. Juli 1936. Was ich heute in Paris, dem Jahrestag der Erstürmung
der Bastille gesehen habe, ist nur mit Moskau des 7. November oder
1. Mai zu vergleichen. Paris war dabei – schön!«[131]

---

129 Vgl. Beimlers Briefe aus Paris an A. Stern, in A. Stern: Hans Beimler. Dach-
     au-Madrid, S. 113 ff. Auch in einem Brief an Oskar Maria Graf v. 13.7.1936
     äußert er seinen Unmut darüber, dass er schon wieder »verschoben« wor-
     den sei, vgl. Kopie im Archiv der KZ-Gedenkstätte Dachau, Bestand Beim-
     ler, Nr. 19.092.

130 Beschluss des Politbüros vom 24.6.1936, zit. n. Michael Uhl: Mythos Spa-
     nien. Das Erbe der Internationalen Brigaden in der DDR, Bonn 2004, S. 414.

131 A. Stern: Hans Beimler. Dachau-Madrid, S. 117 ff. In der französischen
     Volksfront hatten sich Sozialisten und Kommunisten sowie die kleinbür-
     gerliche Partei der Radikalsozialisten zusammengeschlossen und die Parla-
     mentswahlen im April 1936 gewonnen; die Volksfrontregierung endete im
     September 1938.

Nach Spanien zur Verteidigung der Republik

Zu seiner Abreise nach Spanien war Antonia Stern nach Paris gekommen, und beide wurden dort dann vom Militärputsch der spanischen Faschisten unter General Franco gegen die republikanische Regierung am 17. Juli überrascht. Nachdem Zeitungen über die Bildung antifaschistischer Milizen in Spanien und schließlich auch über erste Waffenhilfen Hitlers und Mussolinis für die Putschisten berichteten, wollte Hans Beimler wie so viele andere Emigranten schnellstens nach Spanien, um zu helfen. Auch für ihn war das die Gelegenheit, dem doch recht bürokratischen Alltag der Grenzstellenarbeit und den Auseinandersetzungen mit der KPD-Leitung zu entkommen und endlich wieder direkt eingreifen zu können. Die große Solidarität mit Spanien, wie sie Beimler und Antonia Stern noch in einer Massenversammlung aller antifaschistischen Parteien Ende Juli in Paris erlebten, ließ hoffen, hier gemeinsam den Putsch niederwerfen und damit auch den Siegeszug des deutschen und italienischen Faschismus stoppen zu können. Viele deutsche und italienische Flüchtlinge machten sich ebenso wie Antifaschisten aus anderen Ländern bereits wenige Tage nach dem Putsch, vor allem nach den Solidaritätsaufrufen der verschiedenen Parteien und Organisationen, auf den Weg nach Spanien. In den nächsten Jahren des Krieges beteiligten sich insgesamt fast 35 000 Antifaschisten aus 53 Ländern an diesem Kampf, davon über 2 200 aus Deutschland.[132]

Nach dem Aufruf der Kommunistischen Internationale vom 3. August zur Unterstützung der spanischen Republik wurde Anfang August auch Hans Beimlers Entsendung nach Barcelona von der KPD-Leitung genehmigt. Er hatte nun gemeinsam mit anderen Kameraden die Aufgabe, aus den deutschen Emigranten eine militärische Formation zusammen zu stellen und deren Aufbau mit zu organisieren. Hintergrund war, dass sich Arbeiter, die bereits zur Arbeiterolympiade in Barcelona waren oder gleich nach dem Putsch nach Spanien eilten, bereits an Kämpfen der Arbeitermilizen

---

132 Zu den Zahlen vgl. Antony Beevor: Der Spanische Bürgerkrieg, München 2008, S. 587.

beteiligten.[133] Entgegen später häufig zu lesenden Formulierungen in
Würdigungen Beimlers war seine Funktion weder die des politischen
Kommissars einer militärischen Formation noch die eines militärischen
Leiters.[134] Aufgrund seiner Bekanntheit, seiner politischen und auch militärischen Erfahrung aus dem 1. Weltkrieg und aufgrund seines »Ranges« als KPD-Funktionär beauftragte ihn das Zentralkomitee vielmehr
mit der allgemeinen politischen Betreuung der deutschen Emigranten
in Spanien – eine Aufgabe, die nicht genau abgegrenzt war.[135]

Am 4. August brach Beimler zusammen mit fünf ebenfalls für
Funktionen vorgesehenen Genossen von Paris auf, überschritt am
7. August die Grenze zu Fuß durch den Eisenbahntunnel bei Port Bou
und kam am gleichen Abend in Barcelona an.[136] Als politisch Verantwortlicher war Beimler dort gleichsam Vertreter der KPD in Spanien
und damit auch für die Kontakte zur Spanischen Kommunistischen
Partei zuständig. Sein Büro hatte Beimler deshalb im Hauptquartier
der Vereinigten Sozialistischen Partei Kataloniens (PSUC) im Hotel
»Colòn« in Barcelona.

In der Praxis hielt sich Beimler nicht allzu sehr an festgelegte
Aufgabenbereiche, was gefördert wurde durch die vielen organisatorischen Mängel in dieser frühen Phase. Das verstärkte zusätzlich
seinen Hang, sich aufgrund seiner Erfahrung, seines Ansehens, seiner Sturheit und seines Tatendrangs dort einzumischen, wo es ihm

---

133 Vgl. Patrik von zur Mühlen: Spanien war ihre Hoffnung. Die deutsche Lin-
     ke und der Spanische Bürgerkrieg, S. 143 ff.

134 Erster Politkommissar der Centuria Thälmann war Louis Schuster, der mit
     Beimler am gleichen Tag starb.

135 Vgl. dazu Albert Schreiner: »Vor Madrid im Schützengraben …«, in Neues
     Deutschland v. 1.12.1966, S. 5; Albert Schreiner (1892-1979) ging mit Beim-
     ler nach Spanien, war militärischer Leiter der »Centuria Thälmann« und
     später Stabschef der 13. Internationalen Brigade. Vgl. auch M. Uhl: Mythos
     Spanien, S. 414, sowie zur nicht klar abgrenzbaren Funktion Beimlers in
     Spanien auch P. v. z. Mühlen: Spanien, S. 150 ff.

136 Vgl. ebenda S. 146, sowie den Brief Beimlers in A. Stern: Hans Beimler.
     Dachau-Madrid, S. 128; dagegen bereits am 3.8.1936 irrtümlich bei Albert
     Schreiner: Mein Auftrag in Spanien, in: Brigada Internacional ist unser Eh-
     renname…, Bd. 1, Berlin/DDR 1974, S. 62.

Abb. 21: Hans Beimler in Spanien 1936

gerade wichtig erschien. Dies führte zwar zu manchen Konflikten mit anderen Verantwortlichen[137], ließ aber auch Beimlers besondere Qualitäten hervortreten, die gerade von seinen Kampfgefährten immer wieder betont wurden. Welche Positionen Beimler in den damals bereits beginnenden Auseinandersetzungen innerhalb der antifaschistischen Kräfte zwischen Kommunisten, Anarchisten, Trotzkisten und anderen Linken einnahm, ist schwer zu bestimmen.[138]

---

137   Vgl. M. Uhl: Mythos Spanien, S. 419 u. S. 427; Uhl zitiert hier aus einer Beschwerde des damaligen militärischen Ausbildungsleiters, Wilhelm Zaisser, vom 23.11.1936 über Beimler, der sich ohne Befugnisse einmische und Anweisungen erteile. Laut Heinz Priess, Bataillonskommissar in den Internationalen Brigaden, habe es öfters »Zoff« gegeben, denn »Beimler war ein bayerischer Dickschädel und Rechthaber, er neigte zu cholerischen Ausbrüchen, wenn ihm etwas gegen den Strich ging oder irgendwelche Prinzipien verletzt schienen. In der Brigadeführung legte er sich regelmäßig mit Genossen an, wenn er in militärischen oder politischen Fragen anderer Auffassung war oder sich in seinen Kompetenzen beschnitten fühlte«; s. Heinz Priess: Spaniens Himmel und keine Sterne, Berlin 1996, S. 106.

138   Für eine Zusammenarbeit Beimlers mit dem sowjetischen Geheimdienst, der seine Tätigkeit auch auf die Ausschaltung trotzkistischer Kräfte in Spanien ausweitete, gibt es keinerlei Hinweise.

Viele Erinnerungen an Beimlers Tätigkeit in Spanien verweisen aber immer wieder auf sein unbedingtes Eintreten für den gemeinsamen Kampf aller Antifaschisten, was grundsätzlich auch der Volksfront-Strategie der KPD entsprach. Max Better, Freiwilliger der Centuria Thälmann, erinnert sich an eine Diskussion innerhalb der Centuria zusammen mit Beimler, in der beschlossen wurde, sich als deutsche Freiwillige in die Auseinandersetzungen innerhalb der spanischen politischen Gruppierungen nicht einzumischen, da es Aufgabe sei, den gemeinsamen Gegner Franco zu bekämpfen. Außerdem habe Beimler als Naziverfolgter auch bei Anarchisten hohes Ansehen genossen.[139] Beimler teilte allerdings auch die Skepsis gegenüber den Anarchisten und den Trotzkisten und oppositionellen Kommunisten der POUM und stand mit ihnen in Konkurrenz bei der Anwerbung von Freiwilligen für seine »Centuria Thälmann«, die er sicherlich als straffe militärische Formation aufbauen wollte.[140]

Aufbau der Centuria Thälmann

Beimlers Tätigkeit war tatsächlich sehr umfangreich, gerade in dieser Anfangszeit, in der alles erst im Aufbau war. Er half mit bei der notwendigen Überprüfung der eintreffenden Freiwilligen, nicht nur wegen politischer Zuverlässigkeit, militärischer Vorerfahrung, besonderen beruflichen Kenntnissen, sondern auch zur Information über die Realität eines Krieges, der sich nicht alle Freiwilligen bewusst waren. In den Gesprächen warb er sie für die »Centuria Thälmann«, die erste internationale militärische Formation hauptsächlich deutscher Freiwilliger. Er kümmerte sich um die Alltagssorgen der Männer in den Kasernen, veranstaltete Abende zur politischen Aussprache, klärte über die Bedeutung dieses Kampfes auf und betonte in Veranstaltungen dabei immer wieder die Verpflichtung der Freiwilligen, der Welt das bessere, antifaschistische Deutschland zu zeigen. Er half mit,

---

139 Max Betters Erinnerungen in: Max Schäfer: Spanien 1936-1939. Erinnerungen von Interbrigadisten aus der BRD, Frankfurt/Main 1976, S. 76 f.

140 Vgl. M. Uhl: Mythos, S. 201, sowie den Brief Beimlers an A. Stern, in: A. Stern: Hans Beimler. Dachau-Madrid, S. 129.

die deutschsprachigen Beiträge des Senders Barcelona zu organisieren und Wandzeitungen auf öffentlichen Plätzen aufstellen zu lassen. Er kümmerte sich um Post und um Nachschub auch von Waffen für die »Centuria Thälmann«, die bereits ab Ende August mit einer Stärke von rund 90 Mann und Sanitäterinnen als Teil der Division »Carlos Marx« an der Aragonfront zum Einsatz kam; mehrmals besuchte er »seine« Einheit an der Front, sorgte sich um die Unterbringung der Verletzten und deren Urlaub. Und er übernahm auch die Rolle des Vermittlers bei Problemen mit Unterkünften, Verpflegung oder bei Differenzen zwischen den oft recht unterschiedlichen Mentalitäten. Durch die Vielfältigkeit seiner Arbeit erreichte er in den wenigen Monaten eine große Popularität unter den Freiwilligen. »Bin von morgens acht Uhr bis meistens in die Morgenstunden drei bis vier Uhr voll und ganz in Anspruch genommen«[141], beschreibt er sein Arbeitspensum, das ihn wieder an den Rand seiner Kräfte brachte. Aber ebenso deutlich werden die Hoffnung und sein Wille, noch näher am Frontgeschehen zu sein:

»… Was die Lage im Allgemeinen und die militärische im Besonderen betrifft, so ist sie jetzt wieder besser. Vor der Regierungsumbildung in Katalunien [sic!] war sie etwas kritischer. Durch den Eintritt unserer Partei und der Anarchisten ist eine absolut klare und starke Situation geschaffen … Mit der Waffenbeschaffung ist es jetzt etwas besser, doch fehlt es noch immer an schweren Waffen (Artillerie und Flugabwehr).

Unsere Division steht bei Huesca, und hat schon eine Reihe tapferer Unternehmungen ausgeführt. – Leider haben wir auch schon einige Verluste durch Verwundung gehabt, zwei schwer. Leider ist eben Krieg, und die anderen schießen auch mit Stahlkugeln und nicht mit Gummibällen. Trotz allem ist die Stimmung an der Front wie im Hinterland unbeschreiblich. Wer da an einem Sieg der Volksfront über die Faschisten zweifelt, ist blind.

Allerdings wird es noch lange dauern, und große Opfer wird der Kampf um den Sieg noch fordern. Tatsächlich geht durch alle Fronten nur eine Losung: ›Siegen oder sterben‹!

---

141   Ebenda S. 155.

Manchmal fällt es mir schwer, hier zu sitzen und die mir auf-
getragene Arbeit auszuführen, wenn täglich immer neue Kolonnen
von hier an die Front gehen.- Einmal wie das andere, Tag für Tag.
– Zehntausende umsäumen die Straßen; Tausende ziehen mit zu den
Bahnhöfen, der Jubel auf beiden Seiten ist unbeschreiblich.- Weib und
Kind, – Vater und Mutter nehmen Abschied von den Milizionären.-
Ab und zu sieht man nasse Augen der Mutter ... Die Frau aber ist
stolz, der alte Vater ist stolz auf den Sohn. Das ist Spanien!«[142]

Ende Oktober wurde »seine« Centuria nach besonders verlust-
reichen Kämpfen von der Front abgezogen und zur Erholung nach
Barcelona geschickt, wo Beimler eine große Feier zu Ehren der Toten unter großer Anteilnahme der Bevölkerung mitorganisierte. Als
letzter Redner ergriff er das Wort und beschwor – laut Erinnerung
Beteiligter – nochmals bewegend die Solidarität der verschiedensten
Nationen und der Parteien und die Notwendigkeit, hier in Spanien für
die Verhinderung eines neuen großen Weltkriegs zu kämpfen.[143] Ähnlich formulierte er in einem schriftlichen Entwurf dieser Tage: »Unzer-
reißbar ist unsere Verbundenheit mit dem spanischen Volk!

Mehr als drei Monate tobt der von den Faschisten in Spanien he-
raufbeschworene Bürgerkrieg. Viel Blut hat er bisher den Angreifern
gekostet – aber auch viele tausend Kämpfer der antifaschistischen
Miliz fielen als Helden für die Republik. Viele Tausende Frauen, Kinder, Greise wurden Opfer der Bombardierung von offenen Städten
und Dörfern durch Caproni- und Junkerflugzeuge. – Tausende von
Funktionären der Gewerkschaften und Parteien wurden von den faschistischen Bluträubern bestialisch ermordet. – Trotz alledem, der
Kampf geht weiter – er wird bis zur endgültigen Vernichtung der
Volksverräter weiter gehen. – Wir ausländische Antifaschisten sind

---

142 In Beimlers Nachlass gefundener Brief mit unbekanntem Adressaten, da-
     tiert mit Oktober 1936, zit. n. A. Stern: Hans Beimler, S. 159 f.; Auslassun-
     gen so bei Stern zitiert. Dass manche sehr auf Beimler setzten, zeigt ein
     Brief zweier Genossen aus Madrid v. 19.10.1936 an Beimler in Barcelona, in
     dem sie auf seine baldige Ankunft in Madrid zur Unterstützung der Presse-
     und Rundfunkarbeit hoffen; Brief im Archiv des Verfassers.

143 Ebenda S. 182 f.

mit den spanischen Werktätigen ohne Ausnahme felsenfest vom Sieg über die faschistischen Rebellen überzeugt. – Dieses Bewußtsein gibt allen ausländischen Milizionären und künftigen Angehörigen des Volks …«.[144]

Tod bei der Verteidigung Madrids

Nach einigen Tagen reiste er mit der Centuria von Barcelona nach Albacete, wo inzwischen mit der Aufstellung der Internationalen Brigaden begonnen wurde. Die Centuria wurde dort in das Bataillon »Ernst Thälmann« eingegliedert und kam dann im November 1936 zum Einsatz bei der Verteidigung Madrids gegen die faschistischen Truppen, die sich aufgrund der Hilfe Deutschlands und Italiens auf dem Vormarsch befanden. Auf mehreren Inspektionsfahrten besuchte er die Einheiten an der Front; am 21. November begab er sich zum zweiten Mal nach Madrid. In einer Rundfunkansprache am 28. November über den Madrider Radiosender der Gewerkschaft UGT rief er nochmals zum vollen Einsatz der Internationalen Brigaden bei der Verteidigung Madrids auf und schloss mit dem kommunistischen Gruß »Rot Front«.[145] Bei den Kämpfen im Madrider Universitätsviertel war Beimler oft nah am Kampfgeschehen und mußte die schweren Verluste, auch den Tod von engen Freunden, miterleben. Durch Besuche bei den Stellungen seines Bataillons wollte er immer wieder Mut machen und seine Verbundenheit ausdrücken. In einem Bericht des Adjutanten Willi Bürger über diesen ersten Einsatz des Bataillons heißt es zum Wirken Beimlers: »Bis zum Tod von Hans Beimler kann in Ruhe gesagt werden, dass sich in der Disziplin sowie in der personellen Zusammensetzung des Bataillons vieles geändert hat. Auch ist man in der Art der Kriegsführung vernünftiger geworden.«[146] Am 1. Dezember besuchte er deshalb vor seiner Abreise nach Barcelona nochmals sein Bataillon, das am Tag vorher bei den Kämpfen um

---

144 Der Entwurf fand sich laut Antonia Stern im Nachlass Beimlers, zit. n. A. Stern: Hans Beimler, S. 186.

145 Siehe M. Uhl: Mythos, S. 416.

146 Bericht der Internationalen Brigade, Bataillon Thälmann v. 5.1.1937, in: BA/SAPMO, RY1/I/2/3/292, S. 6.

das »Weiße Haus«, einem Häuserkomplex der Landwirtschaftlichen Hochschule, das »Edgar André-Bataillon«[147] abgelöst hatte. An diesem Tag ist er gefallen.

Die genauen Umstände seines Todes sind nicht rekonstruierbar, da nur wenige Personen unmittelbar beteiligt waren und die Beschreibungen und vor allem die rückblickenden Erinnerungen größere Differenzen aufweisen.[148] Es ist wohl davon auszugehen, dass Beimler mit dem spanischen Chauffeur, dem Dolmetscher Max Geyer sowie seinem Freund aus Schweizer Zeit, Fritz Vehlow, Politkommissar des Thälmann-Bataillons, am frühen Nachmittag an den Rand des Gefechtsgebiets fuhr. Beimler wollte von da aus dann nochmals zu den vorderen Stellungen – trotz verschiedener Warnungen vor gegnerischen Soldaten, die sich im unweit gelegenen »Roten Haus« verschanzt hatten. Zusammen mit Fritz Vehlow und Richard Staimer[149], dem damaligen Kommandeur des Bataillons, machte er sich dennoch auf den gefährlichen Weg. Dabei wurde er tödlich getroffen, Franz Vehlow eilte ihm zu Hilfe und wurde dabei ebenfalls durch einen Kopfschuss schwer verletzt, dem er zwei Tage später erlag. Nur Richard Staimer konnte unverletzt zurückkehren und den Wartenden vom schrecklichen Ereignis berichten.[150]

---

147 Eigentlich Etkar André, benannt nach dem 1894 geborenen kommunistischen Abgeordneten der Hamburger Bürgerschaft, der 1936 von den Nazis hingerichtet wurde.

148 Vgl. ausführlich zu den verschiedenen Darstellungen P. v. z. Mühlen: Spanien, S. 247 ff.

149 Richard Staimer (1907-1982), später Kommandeur der 11. Internationalen Brigade.

150 Im Bericht der Internationalen Brigade, Bataillon Thälmann, v. 5.1.1937 übt der Adjutant des Thälmann-Bataillons Willi Bürger (1907-1988) schwere Kritik an Beimler: »[Bei den Unvorsichtigkeiten] handelt es sich um unseren Hans Beimler. Er überlief im Kampfe auch eine Stelle, von der er genau wusste, wie gefährlich es war, sie zu passieren [...] weil die feindlichen Scharfschützen wiederum ein ruhiges, aber ungeheuer sicheres Feuer auf alles sich zeigende eröffneten [...] Der Genosse Hans versuchte ungefähr mit folgenden Worten (wiedergegeben) die Sache abzutun: »Komm, oder seid ihr feige?«; in BA/SAPMO, RY 1/I/2/3/292, S. 6 f.

Symbol für internationale Solidarität

Auch wenn der Tod im Spanischen Bürgerkrieg bereits zum Alltag zählte, so zeugen viele Berichte, Schreiben und Wandzeitungen, die damals gefertigt wurden, von der besonders großen Betroffenheit über den Tod des populären Kameraden.[151] In einer Garage neben dem Hospital des Vorortes Fuencarral, Beimlers Stützpunkt während seines Aufenthalts in Madrid, wurde seine Leiche aufgebahrt. Die ältesten Mitglieder der Centuria Thälmann wechselten sich in der Totenwache ab. Noch in der Nacht wurde die Leiche dann nach Madrid ins Parteigebäude der Spanischen KP überführt, wo am nächsten Tag bereits Tausende von Bewohnern Madrids am offenen Sarg ihre Trauer bekundeten. Auf der Totenfeier am Abend sprachen Regierungs- und Parteienvertreter und Vertreter der Internationalen Brigade. In der Nacht begann dann der Trauerkorso mit Autos durch verschiedene Städte nach Valencia, wo ebenfalls eine große Trauerfeier mit der Vertreterin der Spanischen KP, Dolores Ibarurri, stattfand, die mit ihrem Ruf »No pasarán!« wesentlich zur Mobilisierung für die Verteidigung Madrids beigetragen hatte.

Die großen spanischen Zeitungen und der Rundfunk hatten vom Tod Beimlers berichtet, so dass viele Menschen an den Straßen standen, als der Korso durch die Städte fuhr. Mit dem Zug wurde Beimler dann nach Barcelona gebracht, wo er in der »Casa Carlos Marx« aufgebahrt wurde. Nach Totenwache und großer Trauerfeier wurde der Sarg am 5.12.1936 unter Begleitung von rund 200 000 Menschen zum Friedhof Montjuic geleitet und dort beigesetzt.[152] In den Reden wurde Beimler

---

151 Ebenda, Bl. 170, Anhang.

152 Werner Abel vermerkt über Pläne, Beimler in Moskau zu bestatten: »Am 3. Dezember 1936 berichtete Georgi Dimitroff über ein Schreiben des Politkommissars der XI. Internationalen Brigade, di Vittorio (Nicoletti), mit der Bitte, Hans Beimler auf dem Roten Platz zu bestatten. Daraufhin schlugen Stalin und Molotow vor, Nicoletti solle sich an den Vorsitzenden des Zentralrats der sowjetischen Gewerkschaften Schwernik wenden. Laut Dimitroff wurde die Frage zwar positiv entschieden, der Leichnam Hans Beimlers aber nie nach Moskau überführt.« Abel sieht darin das Bemühen der sowjetischen Führung, zu diesem frühen Zeitpunkt aus Rücksicht auf England und Frankreich nach außen hin nicht zu sehr mit den Interna-

Abb. 22: Trauerzug für Hans Beimler in Barcelona, 5.12.1936

als Beispiel für die gelebte internationale Solidarität, als Vertreter des
anderen, besseren Deutschland gewürdigt; besonders hervorgehoben
wurde auch, dass er, der selbst den Terror des Faschismus am eigenen
Leibe hatte erfahren müssen, die Freiheit Spaniens verteidigen half.

Nachdem wenige Tage vorher viele Hunderttausende Abschied
genommen hatten von dem legendären Anarchistenführer Buenaven-
tura Durruti, der ebenfalls bei den Kämpfen um Madrid schwer ver-
wundet und bereits am 20. November seinen Verletzungen erlegen
war, bekundete die Bevölkerung nun wiederum ihre große Anteilnahme, diesmal für die direkte Unterstützung des republikanischen Spa-

tionalen Brigaden in Verbindung gebracht zu werden. Siehe Werner Abel
(Hg.): Die Kommunistische Internationale und der Spanische Bürgerkrieg,
Berlin 2009, S. 19. Auch A. Stern erwähnt den Plan, Beimler in Moskau
zu bestatten, s. A. Stern: Hans Beimler, S. 29 und S. 48. Das Grab Hans
Beimlers auf dem Montjuic wurde nach der Einnahme Barcelonas durch faschistische Truppen eingeebnet, der Leichnam zuvor verbrannt. Erst nach
Francos Tod wurden in einem nahe gelegenen ehemaligen Steinbruch, Ort
früherer Hinrichtungen, nach 1986 Gedenksteine für Interbrigadisten aufgestellt, darunter auch für Hans Beimler.

nien durch die Freiwilligen aus vielen Ländern. Zu Ehren von Hans Beimler erhielten ein Bataillon innerhalb der XI. Internationalen Brigade sowie ein Genesungsheim in Spanien seinen Namen.[153]

Der Tod Beimlers wurde in vielen Zeitungen – nicht nur kommunistischen – weltweit gemeldet und damit gerade in dieser frühen Phase des Bürgerkrieges auch zu einem Symbol für die internationale Solidarität. Dass die Erinnerung an Hans Beimler damit auch Teil der Propagandaarbeit zur Stärkung der Kampfbereitschaft und der weltweiten Solidaritätsbewegung genutzt wurde, ist ebenso verständlich wie die besonders in Kriegszeiten übliche Bezeichnung als »Held« in den vielen Nachrufen. Dabei ging es – der Volksfrontstrategie entsprechend – aber nicht darum, den Kommunisten Beimler herauszustellen, sondern ganz allgemein den Antifaschisten. Dies zeigte sich beispielhaft in der Kundgebung anlässlich des ersten Jahrestages seines Todes am 1. Dezember 1937 in Madrid, deren Reden auch als Broschüre erschienen. In allen 14 Redebeiträgen und Gedichten, einschließlich der ebenfalls abgedruckten Rundfunkansprache des Senders Madrid, wird nur einmal erwähnt, dass Beimler Mitglied der KPD war – und das in einem Artikel der spanischen Zeitung »El sol« als Zitat aus dem Nachruf des KPD-Vorsitzenden Wilhelm Pieck vom Dezember 1936. Inhaltlich und auch visuell fasst die Titelseite der Volks-Illustrierten vom 6. Januar 1937 das damals gängige Bild Beimlers zusammen, das dann über Jahrzehnte erhalten bleiben sollte: Hans Beimler in kämpferischer Rednerpose, begleitet von einem Text, der vermittelt, dass auch die erlittenen Qualen in Dachau ihn nicht abhalten konnten vom heldenhaften Kampf für Frieden, Freiheit und Demokratie.[154]

Besonders populär noch zu Zeiten des Bürgerkriegs wurde dann das Lied »Hans Beimler, Kamerad«, das 1938 im Buch »Lieder der Internationalen Brigaden« enthalten war. Ernst Busch, der legendäre Arbeitersänger der Weimarer Republik, hatte das Buch herausgegeben und auch das Lied über Hans Beimler getextet, das auf der Melodie des alten Soldatenliedes »Ich hatt' einen Kameraden« basierte.

153 Vgl. P. v. z. Mühlen, Spanien, S. 248.
154 Volks-Illustrierte, 2. Jg. 1937, Nr. 1, v. 6.1.1937.

Hans-Beimler-Lied
(spätere Fassung: Hans Beimler, Kamerad)

Worte Ernst Busch, 1937 bzw. spätere Fassung 1967, nach Ludwig Uhlands Text »Ich hatt' einen Kameraden« und der alten Volksweise

    Vor Madrid im Schützengraben,
    (später: Vor Madrid auf Barrikaden)
    In der Stunde der Gefahr,
    Mit den eisernen Brigaden,
    (Mit den Inter-Kampfbrigaden)
    Sein Herz voll Hass geladen,
    /: Stand Hans, der Kommissar :/

    Seine Heimat mußt' er lassen
    Weil er Freiheitskämpfer war
    Auf Spaniens blut'gen Strassen,
    Für das Recht der armen Klassen
    /: Starb Hans, der Kommissar :/

    Eine Kugel kam geflogen
    Aus der »Heimat« für ihn her.
    Der Schuss war gut erwogen,
    Der Lauf war gut gezogen -
    /: Ein deutsches Schiessgewehr :/

    Kann dir die Hand drauf geben,
    (Kann dir das Wort drauf geben)
    Derweil ich eben lad' *(Vencerá la libertad!)*
    Du bleibst in unserm Leben, *(Und du wirst weiterleben)*
    Dem Feind wird nicht vergeben, *(In uns und unserm Streben)*
    /: Hans Beimler, Kamerad :/

Abb. 23: Spanische Zeitungen über den Tod von Hans Beimler, Collage

Mit diesen Liedern trat Busch 1937 und 1938 vor Freiwilligen, in Hospitälern und in Rundfunksendungen auf. Das »Hans-Beimler-Lied« war auch unter den sechs Liedern, die Busch bereits 1937 in Barcelona auf Schallplatten aufgenommen hatte. Der Text greift das Motiv des Freiheitskampfes auf und macht auch seine aktuelle Funktion als Aufruf zum Weiterkämpfen deutlich. Prägend wurden auch die Begriffe »Kommissar«, »Schützengraben« und »deutsches Schiessgewehr«, weil damit für die künftige Erinnerung sowohl Beimlers angebliche Funktion, sein Wirken an der unmittelbaren Kampflinie und schließlich auch der Tod aufgrund deutscher Waffenlieferungen gleichsam für das weitere »Beimler-Bild« festgeschrieben wurden.

Vom sowjetischen Geheimdienst ermordet?

Um daraus propagandistischen Nutzen ziehen zu können, vermeldeten auch nationalsozialistische Zeitungen den Tod Beimlers im Spanischen Bürgerkrieg, verkündeten dabei aber auch gleichzeitig recht höhnisch, dass er von »eigenen Leuten«, das heißt vom sowjetischen Geheimdienst erschossen worden sei.

Diese »Mordtheorie« kursierte anscheinend auch in Kreisen der Internationalen Brigaden, wenngleich ihr wohl keine recht große Bedeutung beigemessen wurde.[155] Die ab Jahresende 1936 zunehmenden Auseinandersetzungen innerhalb der Franco-Gegner um die richtige Strategie im Kampf gegen die Putschisten, der rasch steigende Einfluss der Sowjetunion und die problematische wachsende Aktivität des sowjetischen Geheimdienstes in Spanien waren ein wichtiger Nährboden für diese Gerüchte. Hinzu kamen Unklarheiten und widersprüchliche Aussagen über den genauen Hergang von Beimlers Tod, die nie beseitigt werden konnten, da es keine unmittelbaren Zeugen gab. Und schließlich stand der durch Obduktion festgestellte Herzschuss scheinbar im Widerspruch zu einer Fotografie des Toten, die ihn mit verbundenem Kopf zeigt. Zwar lässt sich denken, dass Beimler auch eine Kopfverletzung durch Sturz- oder weitere Schussverletzungen davongetragen hatte und deshalb verbunden wurde – jede Unklarheit aber diente und dient bis heute der Bestätigung der Mordthese.[156]

Hauptvertreterin dieser These in der ersten Zeit nach Beimlers Tod war dessen Gefährtin aus Zürich, Antonia Stern. Sie hatte sich nach seinem Tod sofort nach Barcelona begeben, um seinen Nachlass zu sichern. Bei Ihren Recherchen für ein Buch über Hans Beimler sammelte sie Berichte von Beteiligten, vermerkte die widersprüchlichen Angaben und sah sich vor allem mit der schroff ablehnenden Haltung der kommunistischen Parteien und deren Zentrale in Barcelona ihr gegenüber konfrontiert. Freilich lässt sich diese Ablehnung durchaus mit Sterns politischer Gegnerschaft gegenüber der KPD-Führung und vor allem mit der Befürchtung der KPD erklären, sie könnte in der Öffentlichkeit als »neue« Frau Beimlers erscheinen, während gleichzeitig Centa Beimler noch im Konzentrationslager festgehalten

---

155 Vgl. den Hinweis auf die wenigen »Quellen« bei P. v. z. Mühlen: Spanien, S. 252 f.

156 Da ein »Mörder« bisher nicht gefunden werden konnte, lautet eine Variante dieser These, dass »man den ortsunkundigen Beimler« bewusst »ins feindliche Feuer geschickt« haben könnte; so Patrik v. z. Mühlen im »Freitag« v. 7.7.2006.

wurde.[157] Stern wertete all dies als eindeutige Hinweise darauf, dass Agenten des sowjetischen Geheimdienstes Beimler erschossen hätten. Hintergrund sei laut Stern gewesen, dass Beimler zunehmend in Widerspruch geraten sei zum Stalinismus der UdSSR und der KPD und deshalb als angeblich besonders prominenter Widersacher beseitigt werden musste.

Belastbare Fakten dafür liefert Antonia Stern in ihrem umfangreichen Manuskript allerdings nicht. Sie interpretiert darin alle Äußerungen Beimlers und alle Widersprüchlichkeiten vor dem Hintergrund ihrer eigenen Ablehnung der Komintern-Politik. Gleichzeitig verklärt Antonia Stern Beimler zu einem freigeistigen Helden ohne Makel – vielleicht verständlich angesichts der großen Trauer über ihren Freund, den sie über alle Maßen bewunderte.

Zu den Fakten: Wohl gibt es Hinweise auf Auseinandersetzungen zwischen Beimler und den jeweiligen Dienststellen etwa wegen Fragen der Besoldung der Mannschaften, Urlaubszeiten oder dem Umgangston mancher »Funktionäre« gegenüber den Freiwilligen, bei denen Beimler eher auf Seiten der Freiwilligen stand.[158] Wahrscheinlich sind auch Differenzen hinsichtlich militärischer Einschätzungen, vielleicht auch Differenzen in politischer Hinsicht[159], aber sie alle wa-

---

157 In letzterem sieht auch Michael Uhl die wesentliche Ursache, so ein Hinweis an den Verfasser.

158 Vgl. A. Stern: Hans Beimler, S. 187 ff, und P. v. z. Mühlen: Spanien, S. 244, der sich wiederum auf Stern bezieht.

159 Vgl. ebenda S. 427, und die Andeutung bei A. Schreiner, in: Brigada Internacional, S. 63. Vgl. auch den Brief Wilhelm Zaissers an den Kommandanten der 11. Brigade, Lazar Stern, in: Walter Janka: Spuren eines Lebens, Reinbek bei Hamburg 1992, S. 170 f. Die darin sichtbare Verärgerung Zaissers über Beimlers Eigenmächtigkeiten wird in der 3. Auflage der Dokumentation über die Reichstagsabgeordneten gar zum Hinweis auf eine »Verstrickung des sowjetischen Geheimdienstes« in den Tod Beimlers – ohne jede weitere Begründung! »Angeblich [!] gefallen« lautet folglich das Fazit in der 3. Auflage; die 2. Auflage hatte es noch bei der Feststellung »erschossen« belassen; vgl. Martin Schumacher (Hg.): M. d. R. Die Reichstagsabgeordneten der Weimarer Republik in der Zeit des Nationalsozialismus. Eine biographische Dokumentation, Düsseldorf 1994, S. 28 f.

ren nicht grundsätzlicher Natur, sondern Teil des Kriegsalltags. Es gibt keinerlei Belege dafür, dass sich die Haltung Beimlers gegenüber der KPD, der von ihr vertretenen Volksfrontstrategie und dem Umbau der Formationen in militärisch einheitliche Verbände geändert hätte. Eine solch grundsätzliche Abkehr müsste aber zumindest vorhanden sein, um überhaupt weitreichendere Schlussfolgerungen wie die eines »Bruchs« oder gar einer Gegnerschaft zu begründen. Das gilt auch für eine von Stern angeführte – durchaus mögliche – Kritik Beimlers am ersten Moskauer »Schauprozess«.

Ähnlich verhält es sich mit Versuchen, Konflikte Beimlers mit der KPD bereits in frühere Zeiten zurück zu verlegen. Natürlich gab es Auseinandersetzungen innerhalb der KPD in Südbayern, die im Übrigen aber wesentlich geringer ausfielen als andernorts; aber zu keinem Zeitpunkt exponierte sich Beimler in besonderer Weise als »Abweichler«. Davon unberührt bleiben die üblichen Differenzen und Animositäten auch persönlicher Art, wie sie im Alltag politischer Parteien üblich waren (und sind). Gleiches gilt für Beimlers illegale Tätigkeit nach 1933. Seine sicher vorhandene Verbitterung über seinen Einsatz, seine Arbeitsmöglichkeiten und über Unzulänglichkeiten der KPD-Führung war vor allem den äußerst komplizierten und ernüchternden Bedingungen antifaschistischer Arbeit nach der Machtübernahme geschuldet.

Die Vergrößerung innerparteilicher (und oftmals persönlicher) Differenzen zu schwerwiegenden Konflikten und Richtungskämpfen, wie sie von Vertretern der »Mordtheorie« bis heute vorgenommen wird, zeugt von geringem Verständnis und wenig Kenntnis des Alltagslebens von Parteien, Funktionären und Mitgliedern. Antonia Sterns Ausführungen, auf die sich letztlich alle beziehen, sind auch Grundlage für die Schlussfolgerung in Patrik von zur Mühlens ansonsten durchaus verdienstvoller Arbeit über die »deutsche Linke im Spanischen Bürgerkrieg«. Entgegen der sonstigen Sorgfalt werden darin völlig unkritisch sowohl Sterns Stilisierung Beimlers zum netten, umgänglichen und deshalb führungsfeindlichen Spitzenfunktionär und »Mann des Volkes« wie auch ihre Beispiele für dessen angebliche Differenzen zur Kommunistischen Partei übernommen.[160] Beim Konflikt Beimlers mit der Parteiführung wegen des Gestapo-Spitzels »Theo« übernimmt v. z. Mühlen einfach Sterns Auffassung von der alleinigen Schuld der Parteiführung und empört sich darüber, dass er seiner »Funktionen« enthoben wurde, nicht ohne Sterns »Funktion« gleich in den Plural zu setzen.[161] Die Frage, ob es angesichts der dramatischen Folgen dieser Spitzelaffäre für Dutzende von Nazigegnern in Süddeutschland und angesichts der Besonderheiten illegaler Arbeit überhaupt möglich sein konnte, Beimler in seiner Tätigkeit in Zürich zu belassen, stellt sich v. z. Mühlen nicht. Wohin unkritische Vorgehensweise führen kann, zeigt sich dann beispielhaft am Eintrag in der Online-Datenbank der Gedenkstätte deutscher Widerstand, wo Beimler von der »starren Parteibürokratie« nicht nur »seiner Funktionen« – wie bei v. z. Mühlen –, sondern nun gleich »aller seiner Funktionen« enthoben und schließlich »am 1. Dezember 1936 von einer Kugel unbekannter Herkunft tödlich getroffen« wurde.[162]

Problematisch ist auch das Verfahren, die Phase der Hauptaktivität des sowjetischen Geheimdienstes NKWD und der Verfolgung politischer Gegner innerhalb des Anti-Franco-Lagers in den Jahren 1937/38 einfach nach vorne in den Spätherbst des Jahres 1936 vorzuverlagern, um gleichsam vor diesem Hintergrund den Fall Beimler betrachten zu können.

Die Auseinandersetzung mit allen Folgen des sowjetischen Eingreifens in Spanien, besonders der Verfolgung politischer Gegner durch den stalinistischen Geheimdienst, ist ohne Zweifel notwendig. Beimlers Leben und Tod eignen sich für diese Auseinandersetzung aber nicht. In den Jahrzehnten seit der Veröffentlichung der Arbeit v. z. Mühlens und vor allem seit Öffnung der Archive in Moskau

---

160 Vgl. dazu ausführlich Uhl, S. 428 ff., der in Auseinandersetzung mit v. z. Mühlen die Mordtheorie als nicht bewiesen verwirft. Wie der »Glaube« an ein Attentat hergeleitet wird, zeigen Stéphane Courtois u. a.: Schwarzbuch des Kommunismus, München/Zürich 1999, S. 383 f.

161 P. v. z. Mühlen: Spanien, S. 149.

162 Gedenkstätte Deutscher Widerstand, Berlin; http://www.gdw-berlin.de/bio/ausgabe_mit.php?id=451 (14.4.2011)

sind trotz wissenschaftlicher Forschung bisher keinerlei Belege für die »Mordtheorie« gefunden worden.[163]

Das Schicksal Hans Beimlers als ehemaliger KZ-Häftling und deutscher Antifaschist, der sein Leben einsetzte für den Freiheitskampf des spanischen Volkes, war auch in den Jahren nach seinem Tod immer wieder Thema in Zeitungsartikeln außerhalb Deutschlands und in illegalen Schriften, die nach Deutschland gebracht wurden.

Für die nationalsozialistische Regierung dagegen war damit der »Fall Beimler« vorerst abgeschlossen. Nachdem sie seine Flucht aus dem KZ und ins Ausland nicht hatte verhindern können, war er 1934 als »Volksschädling« ausgebürgert worden.[164] Prozesse gegen ihn wegen Hochverrats, die bis zu seiner Ergreifung ausgesetzt waren, wurden nach seinem Tod eingestellt. Dass sein Name aber weiter bekannt blieb, musste auch der Regierungspräsident von Beimlers Heimat Oberbayern in seinem Bericht vom Januar 1937 eingestehen:

»Nach ausländischen Radiomeldungen und ausländischen Zeitungsnachrichten vom 3.12.1936 ist der bekannte Kommunistenführer Hans Beimler, der im Mai 1933 aus dem Konzentrationslager Dachau entflohen ist, am 1.12.1936 bei den Kämpfen in Madrid gefallen. [...] Wie sehr diese ausländischen Radiomeldungen auch von den Volksgenossen abgehört werden, beweist neuerdings diese Meldung, die von der werktätigen Bevölkerung bereits in den Morgenstunden des 4.12.1936 bei Arbeitsbeginn lebhaft besprochen wurde und die

---

163 Dies führt auch Nikolaus Brauns in seinen Anmerkungen korrigierend an anlässlich der Herausgabe von Antonia Sterns Portrait: Hans Beimler – ein Lebensweg, Paris 1956, sowie Die Falschmünzer. Zum 20. Todestag Hans Beimlers, gefallen am 1. Dezember 1936, in der Universitätsstadt Madrid, als Opfer seiner revolutionären Gesinnung, Paris 1957. Hans Beimler – ein Lebensweg, erschien erstmals in Annedore Leber: Das Gewissen entscheidet, a.a.O., S. 100ff. N. Brauns hat beide Texte 2002 neu herausgegeben. http://www.raeterepublik.de/Hans_Beimler__A.Stern_.htm (11.1.2010)

164 So meldete das »8-Uhr-Blatt« Nürnberg v. 4.11.1934 auf der Titelseite »28 Volksschädlinge verlieren deutsche Staatsangehörigkeit«; im Text heißt es u.a. »Darunter sind Johann Beimler [...] Er ist der Verfasser der schamlosen Hetzschrift »Im Mörderlager Dachau«.

Abb. 24: Die »Volksillustrierte« v. 17.2.1937

nach den hier eingegangenen Mitteilungen am 4.12.1936 das Tages-
gespräch bildete.«[165]

---

165   Monatsbericht v. 11.1.1937, S. 21 ff., HStA München, StK 6888.

Die Gegenpropaganda der Nazis, nämlich Hans Beimler hämisch
als Mordopfer der »eigenen Leute« auszugeben, wirkte allerdings
nicht, wie der Deutschland Bericht der SOPADE für den Dezember
1936 ebenfalls zeigt:

»Bayern: Der Kampf in Spanien, besonders der Tod Bäumlers
[sic!] vor Madrid, hat bei vielen Arbeitern das Interesse an der sozialistischen Bewegung und den Glauben an die Kampfkraft der Arbeiter
neu belebt. Die meisten haben Bäumler gekannt mit seinen Schwächen und Mängeln. Sein Heldentod, der auch durch die deutschen
Zeitungsmeldungen – nach denen Bäumler von den eigenen Leuten
erschossen worden sei – in seiner moralischen Wirkung nicht her-
abgemindert werden konnte, hat ihm bei den Arbeitern einen Platz
unter den Märtyrern des Sozialismus gesichert. Die gemeine Lügen-
hetze der Zeitungen hat noch mehr dazu beigetragen, dass Bäumlers
Name in vieler Munde war. Sein Tod hat mehr als alle Propaganda-
aktionen des Moskauer Senders für die Internationale Brigade gewor-
ben. In den letzten Wochen haben 5 Arbeiter von München aus den
Versuch unternommen, nach Spanien durchzukommen, um dort an
den Kämpfen teilzunehmen.«[166]

Centa Beimler wird freigelassen

Der Tod Hans Beimlers führte endlich zur Freilassung seiner Frau, die
seit ihrer Festnahme am 21. April 1933 ununterbrochen in Haft war.
Weil Hans Beimler nach seiner Flucht nicht gefasst werden konnte,
wurden schließlich im September 1933 auch Centas jüngere Schwester
Maria Dengler und für 10 Wochen auch noch ihre damals 63jährige
Mutter inhaftiert. Wiederholt erhielt Centa von ihrem Mann getarnte Briefe und Karten aus dem Ausland, außerdem zahlreiche Gruß-
schreiben aus verschiedenen Ländern im Rahmen einer Solidari-
tätskampagne, die Hans Beimler mit initiiert hatte. Im Januar 1936

---

166 Deutschland-Berichte der Sozialdemokratischen Partei Deutschlands, 3. Jg.
     1936, Frankfurt/Main 1980, S. 1554f. Seit Mai 1934 gab die Sopade (Be-
     zeichnung des Parteivorstands der SPD im Exil, bis 1939 in Prag) mithilfe
     eines Netzwerks von Informanten regelmäßige Berichte über die Stimmung
     im Reich heraus zur Information über die wirkliche Lage in Deutschland.

wurden beide Schwestern ins Frauenkonzentrationslager Moringen verschleppt. Erst im Januar 1937 erfuhr Centa offiziell durch den Gefängnisdirektor vom Tod ihres Mannes; entlassen wurde sie dann am 20. Februar 1937, ihre Schwester erst im Juni. Centa wurde 1939 und 1942 nochmals verhaftet, dabei nochmals für über 8 Monate inhaftiert und – weil sie einen Widerstandskreis unterstützt hatte – am 20.6.1944 wegen Beihilfe der Vorbereitung zum Hochverrat noch verurteilt; die Strafe wurde jedoch bis Kriegsende

Abb. 25: Centa und Hans Herker, 1948

vorläufig ausgesetzt. In der Haft hatte sie 1942 den KZ-Häftling Hans Herker kennengelernt, den sie 1945 nach Kriegsende auch heiratete. Zusammen mit ihrer 1948 geborenen Tochter Christa lebte die Familie in München. Hans Herker verstarb 1964, Centa Herker-Beimler am 19.8.2000.

In ihren Erinnerungen beschreibt sie später, wie sie damals im Frauenlager Moringen kurz vor Weihnachten 1936 – also schon vor ihrer offiziellen Benachrichtigung – durch ihre Mitgefangenen vom Tod ihres Mannes erfahren hatte: »Da sehe ich, wie drei Frauen zusammengestanden sind und leise miteinander geredet haben. ›Aha, da gibt es wieder etwas Neues‹, hab ich mir gedacht und bin zu ihnen hingegangen. Da waren sie alle drei aber sofort still. Ich hab sie natürlich gefragt, was los sei, ob sie gar etwas gegen mich hätten. ›Ach, das nützt alles nichts‹, hat eine Genossin gesagt, ›wir müssen es der Centa sagen‹. Ja, sie hatten eben die Nachricht erhalten, dass der Hans in Spanien gefallen war. Es war gut, dass ich da nicht allein war. Die Kameradinnen haben mir viel geholfen, mit der Nachricht fertig zu werden. Und so konnte ich dann doch auch einsehen, dass der Tod

Abb. 26: Erstes Wiedersehen von Centa, Rudi Schober jun., Rosi und Hans Beimler jun. in Wien, 1952

in Dachau bestimmt viel grausamer gewesen wäre. Ich hab mich erinnert an einen Spruch von Hans, den er öfters gesagt hat: ›Lieber aufrecht sterben als auf den Knien‹. Und es war mir ja eigentlich klar, dass der Hans in seiner Kämpfernatur nicht jemand ist, der da irgendwo in der Schweiz oder in Frankreich im Exil rumsitzt und zuschaut, wie da unten in Spanien gekämpft wird. Ich war mir eigentlich immer ziemlich sicher, dass der Hans in Spanien dabei ist. [...] Hans muss in Spanien wirklich ein sehr hohes Ansehen unter den Kameraden gehabt haben, weil er als Kommissar nicht bloß rumgesessen und Reden geschwungen hat, sondern eben auch an die Front gegangen ist. Ja, so war er halt, immer mittendrin.

Am Abend im Schlafraum hat dann eine Genossin alle aufgefordert, einmal ruhig zu sein für eine Mitteilung. Dann hat sie von Hans Tod berichtet und ein bisschen was aus seinem Leben erzählt. Zum Abschluss hat sie dann vorgeschlagen, leise ein Kampflied zu singen. Eine Strophe – ich glaub es war die Internationale – haben wir dann gemeinsam gesungen.«[167]

---

167   Centa Herker: Erinnerungen, S. 27.

Erinnerung an Hans Beimler in Ost und West

Nach Kriegsende und Befreiung am 8. Mai 1945 waren es die Überlebenden der Naziverfolgung und die Angehörigen der Opfer, die in
öffentlichen Gedenkfeiern und in ihren Zeitungen an die ermordeten
Kameradinnen und Kameraden erinnerten und damit auch erreichen
wollten, dass der Naziterror nicht zu schnell durch Alltag und Wiederaufbau verdrängt wurde.

Hans Beimler war vor allem in kommunistischen Kreisen präsent
geblieben. So fand zu seinem 10. Todestag 1946 in Berlin eine Ge-
denkfeier ehemaliger Spanienkämpfer der Internationalen Brigaden
im Hebbel-Theater statt, bei der Karl Mewis[168] vom Landesvorstand
der SED die Gedenkrede hielt.

Der Zeitungsbericht spricht
dabei von der »heroischste[n]
Etappe der deutschen antifaschistischen Emigration in
Spanien« und zitiert Mewis mit
der Klage darüber, »daß die
wahren Helden, die selbstlosen
Kämpfer der Arbeiterbewe-
gung, die für Freiheit und Fort-
schritt ihr Leben einsetzten, immer noch dem deutschen Volk
weitgehend unbekannt seien«.
Betont wurde in der Anspra-
che auch, dass es Antifaschisten wie Beimler seien, denen
man zu verdanken habe, dass
»wir Deutsche in unserer Not
jetzt überhaupt noch wirkliche
Freunde in der Welt haben.«[169]

Abb. 27: Hans Beimler: Ein Leben für
die Freiheit, München/Augsburg 1946,
Titelseite

---

168 Karl Mewis (1907-1987) war 1937/1938 in der Leitung der Internationalen
     Brigaden in Spanien.
169 Vorwärts. Berliner Volksblatt v. 2.12.1946, S. 2.

Ähnlich wurde es in einem Artikel des Informationsblattes der bayerischen KPD ebenfalls zum 10. Todestag formuliert, wobei aber auch
an die aktuelle Aufgabe erinnert wurde, das »Gelöbnis Hans Beimlers zu verwirklichen«, nämlich den Faschismus in den verschiedenen
Ländern und die noch aktiven faschistischen Kräfte in Deutschland
konsequent zu bekämpfen.[170] Im gleichen Jahr veröffentlichte die bayerische KPD die 32-seitige Broschüre »Hans Beimler. Ein Leben für
die Freiheit« als Würdigung Beimlers und des Kampfes der Internationalen Brigaden.[171]

Beide Artikel fußen auf den vielen Würdigungen Beimlers seit
dessen Tod 1936 und zeigen die wesentlichen Linien der Erinnerung
sowohl in Ostzone und DDR wie auch kommunistischer Erinnerung
in Westzonen und BRD bis Anfang der 1950er Jahre: Würdigung des
Antifaschisten Beimler und Aufforderung zu weiterem Engagement
aller friedens- und freiheitsliebenden Menschen gegen den Faschismus.

Im Gefolge zunehmender Systemkonfrontation im Kalten Krieg
und der Selbstlegitimierung der DDR als Staat in der Tradition des
Antifaschismus spielte die Erinnerung an den Spanischen Krieg eine
besondere Rolle.[172] Damit erhielt auch die Würdigung Hans Beimlers
in der DDR eine neue Dimension.[173] »Geschichtspolitisch« gesehen
wurde der Aspekt der Verfolgung zunehmend auf die Arbeiterschaft

---

170   Informationsblatt der Kommunistischen Partei, Landesbezirksleitung Bay-
      ern, Nr. 25, Mitte Dezember 1946, S. 2; ähnlich Franz Dahlem in »Der
      antifaschistische Kampf geht weiter«, Neues Deutschland v. 1.12.1946

171   Hans Beimler. Ein Leben für die Freiheit, hg. v. Hugo Ehrlich, Augsburg
      (1946); es handelt sich dabei um einen leicht veränderten Neudruck der
      gleichnamigen Broschüre, die 1937 in Paris erschienen ist.

172   Vgl. dazu besonders Michel Uhl: Mythos Spanien, S. 413 ff. Die Benennung
      der Lokomotivbau Elektrotechnische Werke Hennigsdorf mit über 6 000
      Betriebsangehörigen im Jahr 1951 nach Hans Beimler war ein deutliches
      Zeichen für dessen neue Bedeutung.

173   Das gilt gleichermaßen seit Anfang der 1950er Jahre für die westdeutsche
      KPD, wie der ganzseitige Artikel »Ein Leben für die Freiheit. Dem Geden-
      ken Hans Beimlers, gefallen am 1. Dezember 1936 vor Madrid«, zeigt, der
      am 1.12.1952 im »Bayerischen Volks-Echo« erschien.

eingegrenzt und gleichzeitig die besondere Rolle der Kommunisten im Widerstand hervorgehoben. Hans Beimler bot sich hier aufgrund seiner Biographie als besonders geeignete Person an: Arbeiter von »ganz unten«, Kommunist seit der Revolutionszeit, von den Nazis verfolgt und gefoltert, abenteuerliche Flucht aus dem KZ, illegale Arbeit und dann Teilnahme am Spanischen Bürgerkrieg, dort im Kampf gegen den Faschismus gefallen.

Anna Seghers hatte schon in ihrem Nachruf 1937 gewarnt vor zu großer Heldenverklärung Beimlers: »Genug! Es stünde uns schlecht an, mit prahlerischen Gesten und überlauten Worten einen Freund zu rühmen, dessen Gesten unvorstellbar karg, dessen Worte einfach und still waren.«[174] Ihre Warnung verschonte Beimler nicht vor der später zunehmenden Stilisierung zum »Überhelden«. Beispielhaft ist dafür Rudi Kurz vierteiliger Fernsehfilm »Hans Beimler, Kamerad«, der 1969 für das Fernsehen der DDR produziert wurde und das Bild in besonderem Maße prägte. Im Rahmen der Lebensgeschichte Beimlers wird zwar ein deutliches Bild des Naziterrors geliefert, Beimler selbst aber dabei zum attraktiven Bilderbuchkommunisten, der immer klug reflektiert und verantwortungsvoll handelt, auf alle Probleme richtige Antworten und sogar die Zukunft weiß, humanistisch umfassend gebildet[175], kämpferisch und immer kameradschaftlich, sensibel gegenüber Frau und Kindern ist, die richtige Linie und immer die Volksfront vertritt, schließlich sogar tödlich getroffen noch »Rot Front«[176] ausruft.

Was Beimler nach zeitgenössischen Aussagen eigentlich immer fremd war, das Abgehobensein vom menschlichen Normalmaß, wur-

---

174 Anna Seghers: Hans Beimler, in: Anna Seghers: Aufsätze, Ansprachen, Essays 1927-1953, Berlin/DDR 1980, S. 51; ähnlich auch ihr weltberühmter Exilroman »Das siebte Kreuz«, in dem ein ganz breites gesellschaftliches Panorama aufgefächert und die Hauptfigur Heisler, die durchaus Züge von Beimler trägt, eben nicht als makelloser »Held« gezeichnet wird.

175 Siehe Episode um den indischen Schriftsteller Tagore.

176 Den Ausruf will Richard Staimer, der am Todestag nahe am Geschehen war, selbst gehört haben; vgl. Anmerkung 148 im biographischen Teil. Seitdem hat er Eingang gefunden in viele Darstellungen von Beimlers Tod.

de nun sein Markenzeichen. Und auch seine Freunde und Genossen, vor allem seine Frau Centa, haben ihn im Film kaum wiedererkannt. Sie haben ihn nie als strahlenden Helden gesehen, dafür hatte er zu viele Ecken und Kanten.

Mit dieser Stilisierung waren aber auch Verfälschungen seiner Biographie verbunden, die durch viele Artikel und Lebensbeschreibungen seit den 1950er Jahren gefestigt wurden.[177] Dazu gehörte – von ungenügender Recherche und Irrtümern abgesehen – Beimlers angebliche frühe Politisierung durch Miterleben der Revolution 1917 in Russland, eine führende Teilnahme an der Revolution in Cuxhaven und bzw. in München und Mitbegründung der Münchner KPD. Um Beimlers Rolle als treibende Kraft der Räterepublik zu begründen, wurde seine Haftstrafe wegen der »Märzaktion« 1921 oft als Folge der Niederschlagung der Räterepublik erklärt. Und trotz Beimlers gegenteiliger Aussage wurde aus ihm in der Festungshaft ein wissbegieriger und Marx lesender Autodidakt gemacht. Um auch keinen moralischen Schatten auf Beimler fallen zu lassen, wurde in den meisten Darstellungen der Selbstmord seiner ersten Frau völlig verschwiegen und seine deshalb erfolgte »Versetzung« nach Augsburg als reine Auszeichnung für Beimlers politische Fähigkeiten stilisiert. Der Film machte es sich da noch einfacher und erhöhte Centas Alter einfach

---

177 Vgl. dazu etwa Max Stoll: Hans Beimler, unser Vorbild, unser Freund, Berlin 1968 f; Zentralrat der FDJ (Hg.): Hans Beimler. Freund, Genosse, unser Vorbild, Leipzig 1979; Albert Schreiner: »Vor Madrid im Schützengraben …«. Zum 30. Jahrestag des Heldentodes von Hans Beimler, in Neues Deutschland v. 1.12.1966, S.5; Helga Mayer: »In erster Reihe bei der Verteidigung Madrids«, in: Neues Deutschland v. 1.12.1981, S.4; Manfred Pautz: »Vom roten Matrosen zum Interbrigadisten. Heute vor 85 Jahren wurde Hans Beimler geboren«, in Neues Deutschland v. 2.7.1980, S.4. Viele dieser Beschreibungen sind auch nachzulesen im Kapitel »Hans Beimler«, in Willi Bredel: Spanienkrieg, Bd. 1, Hg. v. Manfred Hahn, Berlin/Weimar 1977, S. 133-146. Zu weiteren Beispielen und zur Einordnung vgl. v. a. Rüdiger Reinecke: Mythos oder Licht der Erinnerung? (Literarische) Spurensuche zur Rezeption des Spanienkrieges in der DDR am Beispiel von Hans Beimler und anderen, in: Wolfgang Asholt u. a.: Der spanische Bürgerkrieg in der DDR. Strategien intermedialer Erinnerungsbildung, Frankfurt/M. 2009, S. 153-183.

um acht Jahre, um sie als leibliche Mutter der beiden Kinder erscheinen lassen zu können.[178] Ansonsten spielte meist auch Centa keine Rolle im Leben des Helden, von Antonia Stern ganz zu schweigen. Selbstverständlich gab es auch keinerlei politische Differenzen oder Meinungsverschiedenheiten zwischen der Partei und Beimler.

Noch problematischer aber erscheint die direkte Instrumentalisierung für die Verteidigungspolitik der DDR. Bei der Suche nach revolutionärer Traditionsbildung für die neu aufgebaute Nationale Volksarmee spielte der Spanische Bürgerkrieg natürlich eine herausragende Rolle, wodurch sich Beimler aufgrund seiner Bekanntheit besonders anbot. Im Beimler-Film wird die militärische Verteidigung der DDR unmittelbar in Verbindung gebracht mit Beimlers Kampf in Spanien, indem der Film in eine Rahmenhandlung von Wehrsportübungen eingebettet ist: Ins Schlussbild der Trauerfeier für Hans Beimler in Spanien wird das Gesicht eines FDJ-Sportlers eingeblendet, der schwört, bei den »Hans-Beimler-Wettkämpfen« durch »hohe wehrsportliche Leistung unsere Bereitschaft zur Verteidigung unseres sozialistischen Vaterlandes zu bekunden und uns der revolutionären Kämpfer würdig zu erweisen«.[179]

So war es letztlich nur konsequent, dass Formationen der NVA ebenso wie eine Fregatte den Namen Hans Beimlers erhielten, nachdem Teile seines Lebens den politischen Erfordernissen angepasst worden waren.[180]

Hans Beimlers Name war also in der DDR präsent wie wenig andere aus dem antifaschistischen Widerstand. Aber die Stiftung einer Hans-Beimler-Medaille für Verdienste im »nationalrevolutionären

---

178 Vgl. Rudi Kurz: Hans Beimler, Kamerad, Berlin 1970. Auf S. 23 dieses Drehbuchs heißt es: »Centa ist eine hübsche Frau von 32 Jahren. Ihr Gesicht ist regelmäßig geschnitten und von jenem herben Ernst gezeichnet, den man bei jungen Arbeiterfrauen so oft findet, die opferbereit und in stillem Heldentum das Kämpferleben ihres Mannes teilen.«

179 Ebd., S. 246. Die »Hans-Beimler-Wettkämpfe« wurden auf Beschluss der SED ab 1967 gemeinsam von der FDJ, der Gesellschaft für Sport und Technik und dem Ministerium für Volksbildung durchgeführt.

180 Vgl. dazu auch die – teilweise wenig argumentative – Untersuchung von Sergio Marx: Mythos Hans Beimler in der DDR: Die Konstruktion eines Helden, Berlin 2009, S. 35 ff.

Abb. 28: Briefmarke DDR, 1966

Befreiungskampf des spanischen Volkes 1936-1939« im
Jahr 1956, die viele der ehemaligen Spanienkämpfer erhielten, war eben nicht nur die
geschichtspolitische Begleitung
des Aufbaus der NVA. Sie
wurde gleichzeitig von vielen
der überlebenden Spanienkämpfern als wirkliche Auszeichnung und
Ehrung ihres Lebens begriffen, was auch deren oft lebenslanges Engagement als Zeitzeugen vor Schulklassen, Jugendgruppen und in
Gedenkstätten unterstützte. Hans Beimlers Würdigung in der DDR
war ambivalent und läßt sich mit dem Attribut »verordnet« nicht ausreichend beschreiben. Die große Zahl von Straßen, Schulen, Arbeits-
kollektiven und Betrieben, die Beimlers Namen in der DDR erhielten,
trugen wie viele Denkmäler und die Briefmarke von 1966[181] trotz aller
Stilisierung und Instrumentalisierung dazu bei, dass sich Schulklassen
und Arbeitsgruppen auf das Leben Beimlers einlassen und eigene Zu-
gänge zu seinem Handeln erfahren konnten.[182] Diese »private« An-
eignung lässt sich nicht messen, darf aber bei der Betrachtung des
Umgangs mit Hans Beimler in der DDR nicht außer acht gelassen
werden. Unterstützt wurde diese auch durch Veröffentlichungen, die
differenzierter waren und sich sperrten gegen manche Klischees. Dazu
gehört die Neuausgabe von Hans Beimlers Bericht »Im Mörderlager
Dachau« im Jahr 1976, die erstmals den Originaltext – nur wenig stilistisch korrigiert – wieder zugänglich machte, ergänzt um eher sachlich
gehaltene Erinnerungen von Zeitzeugen und ein nicht heroisierendes
Vorwort des früheren Dachau-Häftlings Nikolaus Riedmüller.[183] Vor
allem aber Karlheinz Munds Dokumentarfilm »Spanien im Herzen.

181   15-Pfennig Marke der Reihe »Helden des antifaschistischen Freiheitskamp-
      fes«, DDR 1966
182   Davon zeugen viele Briefe, die Centa Herker-Beimler erhielt.
183   Hans Beimler: Im Mörderlager Dachau, hg. v. Komitee der antifaschisti-
      schen Widerstandskämpfer der DDR, Berlin 1976; die zweite Auflage er-
      schien 1980 ebenfalls im Militärverlag der DDR.

Hans Beimler und andere« von 1986, der sowohl im Untertitel als auch in der Erzählung anlässlich des 50. Jahrestages des Beginns des Spanischen Bürgerkrieges eine spürbare Entheroisierung Beimlers betreibt, wird diesem wesentlich gerechter.[184]

Dem Umbenennungseifer der ersten Jahre nach der Wiedervereinigung 1990 fiel in den neuen Bundesländern auch ein großer Teil der Schulen und Straßen zum Opfer, die nach Hans Beimler benannt waren. Vielen Verantwortlichen in Verwaltung und Politik genügte als Anlass für eine Namensänderung die Rolle, die Beimler staatlicherseits in der DDR zugewiesen worden war; eine genauere Auseinandersetzung mit einem Kommunisten, der unter roten Fahnen auf Briefmarken abgebildet war, schien nicht notwendig. Vielen Initiativen und Behörden gelang es aber auch, durch eine genauere Beschäftigung mit dem Leben Beimlers die Beibehaltung zu erreichen.[185] In der Hauptstadt Berlin nutzte aber auch der Widerstand von Initiativen und Bezirksämtern und den Angehörigen Beimlers nichts. Die Hans-Beimler-Straße im Bezirk Prenzlauer Berg, die 1966 anlässlich des 30. Jahrestages des Kriegsbeginns in Spanien die vorherige Neue Königstraße ablöste, wurde 1995 durch Beschluss des Abgeordnetenhauses in »Otto-Braun-Straße«[186] umbenannt, weil zwar der »persönliche Mut Beimlers [...] unbezweifelbar« sei, er aber als »lei-

---

184 Karlheinz Mund (Buch und Regie): Spanien im Herzen. Hans Beimler und andere, Dokumentarfilm DEFA, Berlin 1986. Auch der Wiederabdruck von Alexander Abuschs 1936 formulierter Würdigung in der »Weltbühne« am 1.7.1975 gehört in diese Reihe; ebenso kann Ernst Buschs »entmilitarisierte« Fassung des »Hans-Beimler-Lieds« für die Neueinspielung 1967 als »Differenzierung« gesehen werden.

185 Ein Beispiel dafür ist die Stadtteilbibliothek »Hans Beimler« in Chemnitz, die noch 2001 umbenannt werden sollte. Bürgerengagement und Proteste auch aus Spanien konnten dies stoppen. Aus Geldmangel wurde die Bibliothek aber inzwischen geschlossen. Ein Bürgerverein und die VVN-BdA Chemnitz setzen sich aktuell für den Erhalt einer Stele »Hans Beimler gedenken« ein.

186 Otto Braun (1872-1955), sozialdemokratischer Ministerpräsident Preußens, der 1932 durch einen Staatsstreich des Reichskanzlers von Papen seines Amts enthoben wurde und diese Position ohne nennenswerten Widerstand räumte.

tender Funktionär der KPD [...] mitverantwortlich für den kommunistischen Beitrag zur Zerstörung der ersten deutschen Demokratie« gewesen sei.[187]

Die alte Bundesrepublik hatte es da einfacher. In ihrem öffentlichen Leben kam der Name Hans Beimler kaum vor und außer einem recht kleinen Kreis der Bevölkerung war er jahrzehntelang nahezu unbekannt. Immerhin wurde aufgrund mehrerer Initiativen bereits im Oktober 1948 in Augsburg, wo Beimler drei Jahre als Stadtrat tätig war, am Rande des Arbeiterviertels Pfersee eine Straße nach ihm benannt.

Der Hintergrund für die geringe Bekanntheit Beimlers war auch hier grundsätzlicher Natur. Im Zeichen von Westorientierung, Kaltem Krieg und antikommunistischer Staatsräson waren Kommunisten – ob tot oder lebendig – von vornherein als Feinde der Demokratie ausgegrenzt. Das alte Feindbild konnte erhalten bleiben, auch in der neu aufgebauten Bundeswehr, die ihre Tradition eher in der »Legion Condor« und der deutschen Waffenhilfe für Franco sah; schließlich hatte in diesem Verständnis Franco nicht die Freiheit und die Republik beseitigt, sondern den Kampf gegen die Kommunisten gewonnen. Für Kämpfer der Internationalen Brigaden wie Hans Beimler war da kein Platz.

Ausnahmen wurden nur gemacht, wenn mit Beimler gegen den Kommunismus argumentiert werden konnte. Beispielhaft dafür ist der Artikel »Verirrte Kugeln« im »Spiegel« von 1956 anlässlich der erstmaligen Verleihung der »Hans-Beimler-Medaille« in der DDR. Erst nachdem der »KPD-Spitzenfunktionär« – der er nie war – »aus dem Bayerischen Wald« im Artikel zum Antistalinisten gestempelt und deshalb wohl von den eigenen Leuten erschossen worden ist, findet Beimler Beachtung.[188] Auch in Annedore Lebers verdienstvollem Gedenkbuch »Das Gewissen entscheidet«, das Hans Beimler mit ganzseitigem Foto in die Reihe prominenter Opfer und Widerständler stellt,

---

187   Unabhängigen Kommission zur Straßenumbenennung, Abschlussbericht v. 17.3.1994, Berlin 1994, S. 18.

188   »Verirrte Kugeln«, in: Der Spiegel, Nr. 32, v. 8.8.1956

ist er vermutlich nur vertreten, weil im Text Antonia Stern das Bild des einfachen, von der KPD enttäuschten Idealisten zeichnet, der vom sowjetischen Geheimdienst ermordet wurde.[189] Einzig die Verklärung zum Dissidenten machte Beimler anscheinend würdig für öffentliche Erwähnung.[190]

Das gilt auch für Publikationen des äußersten rechten Randes. So beschäftigte sich auch die »Junge Freiheit« aus Anlass des 70. Jahrestages des Beginns des Krieges in Spanien mit Hans Beimler, der, »wie man heute weiß […] hinterrücks erschossen wurde«.[191] Übertroffen wird solche Art »Geschichtsschreibung« durch Udo Walendeys »Klassiker« der Holocaust-Leugnung »Starben wirklich 6 Millionen«, der Beimler zum »deutsch-jüdischen Kommunisten« erklärt und dessen »Entlassung« aus Dachau als Beweis für die Holocaust-Lüge wertet.[192]

So blieb die Erinnerung an ihn im Westen lange Zeit NS-Verfolgtenorganisationen wie der Vereinigung der Verfolgten des Naziregimes (VVN), Interessensgemeinschaften ehemaliger republikanischer Spanienfreiwilliger und KZ-Lagergemeinschaften sowie der Kommunistischen Partei vorbehalten, vor allem in München und Augsburg, Beimlers früheren Wirkungsstätten; eine größere Öffentlichkeit wurde dabei aber nicht erreicht.[193]

Erst seit den 1970er und 1980er Jahren im Gefolge einer neuen kritischen Öffentlichkeit wurde der Name Beimlers bei an Zeitgeschichte Interessierten bekannter. Die stärkere Berücksichtigung von Sozial-

---

189 Annedore Leber (Hg.): Das Gewissen entscheidet, Berlin, Frankfurt/M 1957, S. 123-127.

190 Als Opfer Stalins diente Beimler in einer Debatte des deutschen Bundestages dem CDU-Abgeordneten Manfred Grund dann auch als Argument gegen eine Ehrung von Reichstagsabgeordneten, die in den Internationalen Brigaden gekämpft hatten; vgl. Sitzung v. 29.9.2006, Plenarprotokoll 16/55.

191 Junge Freiheit, Nr. 29/2006, v. 14.7.2006

192 Zit. nach der englischen Ausgabe »Did 6 million really die«, in: http://www.biblestudysite.com/sixmil.htm (12.3.2010)

193 So benannte die DKP München ihr Parteizentrum Anfang der 1970er Jahre nach Hans Beimler, in Augsburg gibt es bis heute ein »Hans-Beimler-Zentrum«.

geschichte und die Beschäftigung mit der Geschichte der Arbeiterbewegung in der wissenschaftlichen Forschung trug wesentlich mit
dazu bei, dass auch in der Bundesrepublik der Widerstand aus der
Arbeiterbewegung und auch der von Kommunisten zunehmend
berücksichtigt wurde.[194] Auch der Krieg in Spanien rückte erstmals
ins Blickfeld.[195] Damit fand der Name Beimlers zunehmend Berücksichtigung in Ausstellungen[196], Zeitungsberichten, Broschüren und
Rundfunksendungen.[197] Auch in der im Jahr 2003 neu gestalteten
Ausstellung der KZ-Gedenkstätte Dachau wird auf Beimlers Schicksal eingegangen.[198] Immerhin einmal ein großes Publikum erreichte
der 1982 von Carin Braun für das Bayerische Fernsehen produzierte
Dokumentarfilm »Halt durch, Dirndl!« über Centa Herker-Beimlers
Erinnerungen.[199]

Diese Veränderungen bewirkten zwar auch in seiner bayerischen
Heimat noch keinen wirklich großen Bekanntheitsgrad Beimlers, aber
sie schufen doch die Voraussetzung dafür, dass auch in seiner Heimatstadt München Anträge auf eine Straßenbenennung erfolgreich waren; damit gibt es nun nach der »Hans-Beimler-Straße« in Augsburg
seit 1990 einen »Hans-Beimler-Weg« in München.

---

194   Vgl. zur bayerischen KPD v. a. Hartmut Mehringer: Die KPD in Bayern
      1919-1945, München 1983, sowie Gerhard Hetzer: Die Industriestadt Augs-
      burg, München 1981.

195   Vgl. in Bezug auf Beimler v. a. die Arbeit von Patrik von zur Mühlen: Spa-
      nien war ihre Hoffnung, sowie die Erinnerungen von Interbrigadisten in:
      Max Schäfer (Hg.): Spanien 1936-1939, Frankfurt/Main 1976.

196   So die 1976 von bayerischen Verfolgtenverbänden, Kirchen und dem DGB
      konzipierte Ausstellung »Widerstand und Verfolgung in Bayern 1933-
      1945«, die auf der Überblickstafel stellvertretend vier Persönlichkeiten
      zeigt: Sophie Scholl, Pater Rupert Mayer, den Sozialdemokraten Waldemar
      von Knoeringen und Hans Beimler.

197   Als Beispiel für das neue Interesse auch in Beimlers oberpfälzischer »Hei-
      mat«: Stefan Voit: »Vom ›Kistnbübl‹ bis zum Abgeordneten des Reichs-
      tags«, in: Der neue Tag. Oberpfälzischer Kurier, v.1./2.7.1995; Markus
      Mayer: »Lieber unter Kugeln sterben!«. Der bayerische Kommunist Hans
      Beimler, Sendemanuskript Bayerischer Rundfunk, München 2000.

198   Konzentrationslager Dachau 1933-1945, Katalog, Dachau 2005, S.109.

199   Carin Braun: »Halt durch, Dirndl!«, 45 Min., München 1982.

Abb. 28: Hans-Beimler-Weg in München

Wie schwer bis heute der offizielle Umgang mit Hans Beimler fällt, zeigt das 1992 eingeweihte Denkmal vor dem Reichstagsgebäude in Berlin, das der Erinnerung an 96 von den Nationalsozialisten ermordeten Reichstagsabgeordneten gewidmet ist. Der Name von Hans Beimler fehlt. Eine offizielle Begründung dafür gibt es nicht, zu vermuten ist jedoch, dass die Umstände seines Todes und der Ort Spanien die Ursache sind. Was macht man mit jemand, der als entflohener KZ-Häftling im Spanischen Bürgerkrieg im Kampf gegen faschistische Truppen, die vom Nationalsozialismus ausgerüstet wurden, den Tod findet?[200]

Würdigung

»Große Worte und Gesten waren nicht sein Fall. Darin unterschied er sich nicht von den hunderten und aberhunderten unerschrockener, uneigennütziger, der kommunistischen Bewegung ohne Pose bis zum Letzten und so auch über manche inneren Zweifel hinweg ergebenen Arbeiterfunktionären, die das Rückgrat der Partei bildeten. In Bayern bewahrte sich dieser Schlag von Funktionären, von denen manche – wie auch Beimler selbst – aus der revolutionären Matrosenbewegung kamen, wiederholt noch eine Portion jener bajuwarischen Querköpfigkeit, der, wenn es darauf ankam, weder Berlin noch ein Stalin so ohne weiteres imponieren konnten.«[201]

---

200 Siehe dazu K.J. Herrmann:»Auf Suche nach Beimlers Platz im Denkmal«, in: Neues Deutschland, v. 19.7.2003.

201 Franz Feuchtwanger: Der Militärpolitische Apparat der KPD in den Jahren 1928-1935. Erinnerungen, in: Internationale wissenschaftliche Korrespondenz zur Geschichte der deutschen Arbeiterbewegung, 17. Jg. 1981, S.488.

Franz Feuchtwanger schrieb diese Zeilen 45 Jahre nach einem letzten kurzen Zusammentreffen mit seinem Freund Hans Beimler 1936
in Prag.

Auch wenn das zur Verfügung stehende Quellenmaterial eine ab-
schließende Würdigung von Hans Beimler nicht erlaubt, so ist Feuchtwangers Eindruck wohl treffend.

Dass er nicht der Mann großer Worte, Gesten und Posen war, belegen viele Erinnerungen von Menschen, die ihn kannten, aber auch
seine recht spärlich überlieferten schriftlichen Äußerungen. Dass er
in der Kommunistischen Partei die einzige Kraft sah, die Gesellschaft
revolutionär zu verändern und ihr deshalb seine ganze Energie wid-
mete und kleine und große Zweifel beiseite schob, ist unbestritten.
Feuchtwangers Hinweis auf die vielen Funktionäre (und auch Mitglieder), die genauso dachten und handelten wie Beimler, ist wichtig, weil
er den Alltag der KPD ins Blickfeld rückt: Dieser bestand vor allem
aus Arbeiterinnen und Arbeitern, die glaubten, nur in und mit dieser
Partei ihre Idee des Kommunismus als einer Gesellschaft der Gleich-
heit und der Beseitigung des Krieges verwirklichen zu können. Diesen
Alltag gilt es, sich auch im Fall Beimler immer wieder vor Augen zu
führen, will man nicht Gefahr laufen, beim Stichwort KPD ausschließ-
lich oder in erster Linie Putschversuche, Stalinismus und Moskau zu
assoziieren. Gewiss trug Hans Beimler als führender bayrischer Funktionär auch eine hohe Verantwortung für die gesamte Politik der KPD.
Zu bedenken ist aber, dass deren Nein zum Weimarer Staat nicht wie
bei dessen konservativen oder völkisch-nationalistischen Feinden aus
der Furcht vor zu viel »Volksherrschaft« gespeist wurde, sondern im
Gegenteil aus der Empörung über soziales Elend und Machtlosigkeit
der Arbeiterschaft in dieser Republik. Auch von daher verbietet sich
die Legende von der gemeinsamen Zerstörung der »Demokratie von
Weimar« durch Nationalsozialisten und Kommunisten.

Der Alltag der Parteiarbeit in der bayerischen KPD war immer
auch bestimmt von (nicht nur bajuwarischer) Querköpfigkeit der Mitglieder und Funktionäre, von Arbeitslosenversammlungen und Spendensammlungen, von der Empörung gegen Wohnungselend, Rüstung
und stärker werdender NSDAP. Auch bei der Propaganda für die

Sowjetunion gilt es genauer hinzuschauen. Wenn Beimler bis zuletzt an der Sowjetunion festhielt, so nicht wegen der dortigen Verfolgung politischer Gegner, sondern weil er – wie viele andere, so auch bekannte Schriftsteller der Weimarer Republik – in ihr den Gegenentwurf zu Krieg und Ausbeutung sah und auch sehen wollte.

Diese Sichtweise ist vor allem deshalb wichtig, um den einzelnen Parteimitgliedern und Funktionären auch als Personen gerecht werden zu können und nach ihren Motiven zu fragen. Auch da unterschied sich Beimler nicht von vielen anderen, die in der Unterschicht des Kaiserreichs geboren waren, das Elend und die Grausamkeit des Krieges ertragen mussten und auch danach wenig Chance hatten, menschenwürdig zu leben.

Dass Beimler mit solchem Einsatz für seine Partei und ein »rotes Bayern« stritt, so unerbittlich gegenüber der »bürgerlichen« Gesellschaft und dem Weimarer Staat war, ja, wie er selbst sagte, sein Leben für Partei und Revolution zu opfern bereit war, hing vielleicht auch mit seinen besonderen Erfahrungen zusammen. Dass er bereits als Kind Ausgrenzung erfahren musste, dass er als Jugendlicher von seiner Mutter verleugnet wurde, weil sie sich vor dem »besseren« Herrn Offizier nicht zu ihrem Sohn zu bekennen wagte, mag neben den allgemeinen Bedingungen und der Politisierung als Arbeiter und Matrose eine Rolle gespielt haben für seine Unerbittlichkeit, für seinen Mut und auch für seine Wut auf »die da oben«.

Die Niederlage der Arbeiterbewegung angesichts der Machtübernahme durch die Nazis war ein Einschnitt, dessen Tragweite sich Beimler wie so viele andere nicht gleich bewusst war. Noch im Frühjahr, ja selbst nach den Qualen, die er im Konzentrationslager erleiden musste, glaubte er noch an eine Massenerhebung der Arbeiterschaft; optimistisch war er immer.

Trotz seiner illegalen Arbeit im Exil blieb wohl auch ihm dann die Ernüchterung nicht erspart, als er mitansehen musste, wie es den Nazis zunehmend gelang, viele seiner illegal arbeitenden Genossen auch in Bayern zu verhaften und, schlimmer noch, wachsende Zustimmung in der deutschen Bevölkerung zu erhalten. Der spanische Bürgerkrieg und die Aufrufe zur Solidarität waren auch für ihn ein Moment der

Befreiung: endlich wieder eingreifen zu können mit der großen Hoffnung, dem Faschismus auf diese Weise eine empfindliche Niederlage
zufügen zu können.

Mit nur 41 Jahren fand der bayerische Kommunist Beimler, entflohener KZ-Häftling, als Mitstreiter der Internationalen Brigaden bei
den Kämpfen vor Madrid den Tod. In der späteren DDR wurde er
deshalb hoch geehrt und dabei zum Helden verklärt – ohne dass er
sich wehren konnte. In der Bundesrepublik wurde er die meiste Zeit
totgeschwiegen, weil er Kommunist war und aus der Arbeiterschaft
kam und in nicht in der Legion Condor auf Seiten der Faschisten gekämpft hatte.

Schnelle Etikettierungen helfen im Fall Beimler nicht weiter. Sieht
man ihn nur als fanatischen Kommunisten und Sowjet-Propagandis-
ten oder als leutseliges, bescheidenes Opfer des Stalinismus oder als
kommunistischen Überhelden – in allen Fällen nimmt man sich die
Möglichkeit, der Persönlichkeit Beimlers auch in ihren Widersprü-
chen näher zu kommen.

Beimler stellte sich vor 1933 den Nazis in den Weg. Seit deren
Machtübernahme setzte er sich – trotz der Leiden in der »Mörderhöl-
le« – in Deutschland, im Exil und in Spanien für den Sturz der Terror-
herrschaft ein. Dieser mutige Widerstand ist jenseits von partei- und
geschichtspolitischen Interessen zu würdigen.

Zeittafel

2.7.1895 im Münchener Stadtteil Haidhausen als einziges Kind der ledigen Köchin Rosina Beimler (1869-1947) geboren, mit drei Wochen in die Obhut der Großmutter Anna Beimler nach Waldthurn/Oberpfalz gegeben, anschließend Schulbesuch und Schlosserlehre im Betrieb seines Onkels in Waldthurn

1911 Wanderjahre als Schlossergeselle

1913 Rückkehr nach München, Arbeit als Schlosser, Eintritt in den Metallarbeiterverband

1914 Arbeit in Hamburg auf der Werft Blohm und Voss

9.10.1915 zur I. Matrosendivision auf das Schiff »König Albert« eingezogen, dann Kriegsdienst auf einem Minensuchboot in der Ostsee

November 1918 Beteiligung an der Novemberrevolution in Cuxhaven

27.2.1919 Entlassung aus dem Militärdienst und Rückkehr nach München

April 1919 Mitglied der Beschlagnahmekommission der Räterepublik und der bayerischen »Roten Armee«, beteiligt an den Abwehrkämpfen gegen Freikorpseinheiten am 16. April nahe Dachau

1.7.1919 Heirat mit Magdalena Müller (1898-1928)

28.9.1919 Geburt der Tochter Rosamaria (Rosi)

1919 vermutlicher Eintritt in die KPD, 1920 »1. Obmann« der Sektion München-Neuhausen

28.4.1921 Geburt des Sohnes Johann (Hansi)

9.7.1921 wegen Beihilfe zum »Hochverrat« zu 2 Jahren und 3 Monaten Festungshaft verurteilt

9.4.1923 Entlassung aus dem Gefängnis »Niederschönenfeld«, anschließend Arbeit bei der Lokomotivenfabrik Krauß & Co.

März 1924 als Kandidat auf einer oppositionellen Liste zum Vorsitzenden des Betriebsrats gewählt

Mai 1925 Verantwortlicher für Betriebsarbeit im Bezirk Südbayern der KPD, ehrenamtliches Mitglied der Bezirksleitung

14.7. bis 28.8.1925 Teilnehmer der 1. deutschen Arbeiterdelegation in die Sowjetunion

November 1925 Anstellung als Leiter der Gewerkschaftsabteilung bei der Bezirksleitung der KPD

16.3.1928 Selbstmord seiner Frau Lena

Juli 1928 Versetzung nach Augsburg als Leiter des dortigen Unterbezirks der KPD

8.12.1929 Wahl in den Augsburger Stadtrat

26.7.1930 Heirat mit Centa Dengler (1909-2000)

24.4.1932 Wahl in den Bayerischen Landtag, Hans Beimler wird Politischer Leiter des KPD-Bezirks Südbayern

31.7.1932 Wahl in den Deutschen Reichstag

September 1932 Umzug der Familie Beimler nach München

6.11.1932 Wahl in den Deutschen Reichstag

7.2.1933 Teilnahme an der illegalen Sitzung des Zentralkomitees der KPD in Ziegenhals/Berlin

12.2.1933 letzter öffentlicher Auftritt bei einer Wahlveranstaltung in München

5.3.1933 Wahl in den Deutschen Reichstag

11.4.1933 Verhaftung und Einlieferung ins Münchner Polizeigefängnis, anschließend Konzentrationslager Dachau

21.4.1933 Verhaftung Centa Beimlers, bis 20.2.1937 in »Schutzhaft«

8./9.5.1933 Flucht aus dem KZ Dachau, bis 23.7.1933 illegal in Deutschland

26.7.1933 Ankunft in Moskau nach Flucht über Prag und Warschau, anschließend Erholungsaufenthalt und Abfassung seines Erlebnisberichts »Im Mörderlager Dachau«

19.8.1933 Erscheinen der deutschen Ausgabe »Im Mörderlager Dachau« in Moskau

Dezember 1933 Mitarbeit bei der »Internationalen Roten Hilfe« in Paris

September 1934 Leiter der Grenzstelle Prag der KPD

Dezember 1934 Organisierung der Flucht seiner Kinder Rosi und Hansi aus Deutschland in die Sowjetunion

Frühjahr 1935 Leiter der Züricher Außenstelle der Roten Hilfe Deutschlands, zuständig für Süddeutschland

13.6.1936 Reise nach Paris zur Aufklärung der Vorfälle um den Nazi-Spitzel »Theo«, der in der Führung der illegalen süddeutschen KPD tätig war

7.8.1936 Ankunft in Barcelona als Beauftragter der KPD zur politischen Betreuung der deutschen Emigranten in Spanien und deren Organisierung als Freiwillige in der Centuria Thälmann

21.11.1936 zweite Fahrt zur Front in Madrid

1.12.1936 beim Besuch der Frontstellungen des Thälmann-Bataillons im Madrider Universitätsviertel gefallen

5.12.1936 Beisetzung unter Beteiligung hunderttausender Spanierinnen und Spanier auf dem Friedhof Montjuic in Barcelona

Quellen, Literatur und Bildnachweis

Archive

Archiv des Auswärtigen Amts
Inland, Vorgang Hans Beimler 1934-1937

Archiv des Instituts für Zeitgeschichte München
Zeitzeugenschrifttum, Bestand Theo Pinkus
Mikrofiche-Edition: Widerstand als »Hochverrat« 1933-1945

Archiv der KZ-Gedenkstätte Dachau
Bestand Hans Beimler

Archiv der Münchner Arbeiterbewegung
KPD München

Bundesarchiv Berlin, Stiftung Archiv der Parteien und Massenorganisationen der
    DDR im Bundesarchiv (BA/SAPMO)
Kommunistische Partei Deutschlands
Vereinigung der Verfolgten des Naziregimes

Hauptstaatsarchiv München (HStA München)
Monatsberichte des Regierungspräsidenten von Oberbayern
Staatskanzlei, Kommunismus/Bolschewismus
Reichsstatthalter Epp

Staatsarchiv Augsburg (StA Augsburg)
Gefangenenbuch JVA Niederschönenfeld
Oberstaatsanwalt OLG Augsburg, Berichte Niederschönenfeld 1919-1925
Halbmonatsberichte der Regierung von Schwaben und Neuburg

Staatsarchiv München (StA München)
Polizeidirektion München
Staatsanwaltschaft München
Landratsamt München
Gestapo

Stadtarchiv Augsburg
Berichte der Polizeidirektion
Zusammensetzung des Stadtrats
Gesamtsitzungen Stadtrat
Allgemeine zeitgeschichtliche Sammlung

Stadtarchiv München
Einwohnermeldekartei

Privatarchiv des Verfassers
Dokumente Centa Herker-Beimler und Rosi Schober-Beimler

Mündliche Informationen

Gespräche mit Theresia Buff, Obertresenfeld, und Rosa Vitzthum, Lennersried,
22.7.2009.
Gespräch mit Josef Felder, München, 9.11.1993

Gedruckte Quellen und Literaturauswahl

Abel, Werner (Hg.): Die Kommunistische Internationale und der Spanische Bürgerkrieg, Berlin 2009
Abusch, Alexander (Hg.): Braunbuch über Reichstagsbrand und Hitlerterror, Paris 1933
Andersch, Alfred: Die Kirschen der Freiheit. Ein Bericht, Zürich 1968
Arbeitsgemeinschaft Bayerischer Verfolgtenorganisationen (Hg.): Katalog zur Ausstellung »Widerstand und Verfolgung in Bayern 1933-1945«, München 1976
Bayerischer Landtag. Stenographischer Bericht des Bayerischen Landtags 1932/33, Bd. 1, 4. Sitzung, München 1933
Beevor, Antony: Der Spanische Bürgerkrieg, München 2008
Behnken, Klaus (Hg.): Deutschland-Berichte der Sozialdemokratischen Partei Deutschlands, 3. Jahrgang 1936, Frankfurt/Main 1982
Beimler, Hans: Mörderlager Dachau, Neuausgabe 1976, Berlin/DDR
Bernecker, Walther L.: Krieg in Spanien 1936-1939, Darmstadt 2005
Braun, Carin (Regie): »Halt durch, Dirndl!«, Dokumentarfilm, 45 Min., München 1982
Brauns, Nikolaus: Schafft Rote Hilfe! Geschichte und Aktivitäten der proletarischen Hilfsorganisation für politische Gefangene in Deutschland (1919-1938), Bonn 2003
Brettschneider, Heike: Der Widerstand gegen den Nationalsozialismus in München 1933 bis 1945, München 1968

Brigada Internacional ist unser Ehrenname … Erlebnisse ehemaliger Spanienkämpfer, ausgewählt von Hanns Maaßen, Bd. 1, Berlin/DDR 1974

Comité Internationale de Dachau u. a. (Hg.): Konzentrationslager Dachau 1933-
1945, Katalog, Dachau 2005

Courtois, Stéphane u. a.: Schwarzbuch des Kommunismus, München/Zürich
1999

Cramer-Fürtig, Michael u. a. (Hg.): »Machtergreifung« in Augsburg. Anfänge der
NS-Diktatur 1933-1937, Augsburg 2008

Dehl, Oleg u. a. (Hg.): Verratene Ideale. Zur Geschichte deutscher Emigranten in
der Sowjetunion in den 30er Jahren, Berlin 2000

Detjen, Marion: »Zum Staatsfeind ernannt«. Widerstand, Resistenz und Verwei-
gerung gegen das NS-Regime in München, München 1998

Deutsche Kommunistische Partei (Hg.): Die wiedergefundene Liste. Portrait von
Münchner Kommunistinnen und Kommunisten, die im antifaschistischen
Widerstandskampf ihr Leben ließen, München 1998

Distel, Barbara: Im Schatten der Helden. Kampf und Überleben von Centa
Beimler-Herker und Lina Haag, in: Dachauer Hefte. Frauen, 3. Jg. 1987,
H. 3, S. 21-57

Distel, Barbara: Münchner Kommunisten im Konzentrationslager Dachau, in:
Dachauer Hefte. Die Zukunft der Erinnerung, 25. Jg. 2009, H. 25, S. 119-
134

Duhnke, Horst: Die KPD von 1933 bis 1945, Köln 1972

Ehrlich, Hugo (Hg.): Hans Beimler. Ein Leben für die Freiheit, Augsburg (1946)

»Ein Leben für die Freiheit. Dem Gedenken Hans Beimlers, gefallen am 1. Dezember 1936 vor Madrid«, in: Bayerisches Volks-Echo v. 1.12.1952

Feuchtwanger, Franz: Der Militärpolitische Apparat der KPD in den Jahren
1928-1935. Erinnerungen, in: Internationale wissenschaftliche Korrespondenz zur Geschichte der deutschen Arbeiterbewegung, 17. Jg. 1981, S. 485-
533

Freundeskreis »Ernst-Thälmann-Gedenkstätte e. V. Ziegenhals (Hg.:) Rede Ernst
Thälmanns vom 7.2.1933, Berlin o.J.; URL: <http://www.etg-ziegenhals.
de/Rede.html> (24.5.2011)

Friedrich, Gunter (Regie): Die Sprungdeckeluhr, Spielfilm, 82 Min, DDR/BRD
1990

Gedenkstätte Deutscher Widerstand: Biographien. Hans Beimler, Berlin 2011;
URL: <http://www.gdw-berlin.de/bio/ausgabe_mit.php?id=451> (14.4.2011)

Gritschneder, Otto: Die Akten des Sondergerichts über Stadtpfarrer Dr. Emil
Muhler, in: Beiträge zur altbayerischen Kirchengeschichte, Bd. 29, 1975,
S. 125-149

Grünwiedl, Martin: Dachauer Gefangene erzählen, München 1934

Haferkorn, Katja: »Wir haben das Recht, stolz zu sein auf einen solchen Kämpfer…«. Hans Beimler, in: Beiträge zur Geschichte der Arbeiterbewegung,
23. Jg. 1981, H. 1, S. 84-93

Heeke, Matthias: Reisen zu den Sowjets: Der ausländische Tourismus in Russland 1921-1941, Münster 2003

Hedeler, Wladislaw (Hg.): Chronik der Moskauer Schauprozesse 1936, 1937 und 1938, Berlin 2003

Herker-Beimler, Centa: Erinnerungen einer Münchner Antifaschistin, hg. v. der VVN-BdA München, München 2002

Herrmann, K. J.: »Auf Suche nach Beimlers Platz im Denkmal«, in: Neues Deutschland, v. 19.7.2003

Hetzer, Gerhard: Die Industriestadt Augsburg. Eine Sozialgeschichte der Arbeiteropposition, in: Martin Broszat u. a. (Hg.): Bayern in der NS-Zeit, Bd. 3, München, Wien 1981

Hirschberg, Max: Jude und Demokrat. Erinnerungen eines Münchner Rechtsanwalts 1883-1939, München 1998

Hoegner, Wilhelm: Der schwierige Außenseiter. Erinnerungen eines bayerischen Sozialdemokraten, München 1975

Hornung, Karl (=Julius Zerfaß): Dachau, Zürich 1936

Janka, Walter: Spuren eines Lebens, Reinbek bei Hamburg 1992

Kellner, Stefan: Emigrantenschmuggel an der Schweizer Grenze, in: Wolfram Wette (Hg.): Stille Helden. Judenretter im Dreiländereck während des Zweiten Weltkriegs, Freiburg 2005

Kraushaar, Luise: Deutsche Widerstandskämpfer 1933-1945. Biographien und Briefe, 2 Bde., Berlin 1970

Kuckuk, Peter: Bremen in der Deutschen Revolution 1918-1919. Revolution, Räterepublik, Restauration, Bremen 1986

Kurz, Rudi: Hans Beimler, Kamerad, Berlin 1970

Langkau-Alex, Ursula: Deutsche Volksfront 1932-1939. Zwischen Berlin, Paris, Prag und Moskau, Bd. I-III, Berlin 2004 f.

Leber, Annedore (Hg.): Das Gewissen entscheidet, Berlin, Frankfurt/M. 1957

Mammach, Klaus: Die KPD und die deutsche antifaschistische Widerstandsbewegung 1933-1939, Frankfurt/M. 1974

Mannheimer, Max: Spätes Tagebuch, Zürich 2000

Marx, Sergio: Mythos Hans Beimler in der DDR. Die Konstruktion eines Helden, Berlin 2009

Mayer, Markus: »Lieber unter Kugeln sterben!«. Der bayerische Kommunist Hans Beimler, Sendemanuskript, Bayerischer Rundfunk, München 2000

McLellan, Josie: Antifascism and Memory in East Germany. Remembering the International Brigades 1936-1939, Oxford, New York 2004

Mehringer, Hartmut: Die KPD in Bayern 1919-1933. Vorgeschichte, Verfolgung und Widerstand, in: Martin Broszat u. a. (Hg.): Bayern in der NS-Zeit, Bd. 5, München 1983

Münz-Koenen, Inge: Die verschiedenen Arten des Schweigens, Mskr., Vortrag auf der Tagung »Das verordnete Schweigen«, Berlin, 19.6.2010

Mund, Karlheinz (Buch und Regie): Spanien im Herzen. Hans Beimler und andere, Dokumentarfilm DEFA, Berlin 1986

Neuhäusler, Johannes: Wie war das in Dachau? Ein Versuch, der Wahrheit näher zu kommen, München (1960)

o. N.: »Verirrte Kugeln«, in: Der Spiegel, Nr. 32, v. 8.8.1956

Priess, Heinz: Spaniens Himmel und keine Sterne, Berlin 1996

Regler, Gustav: Das Ohr des Malchus. Eine Lebensgeschichte, Stuttgart u. a. 1985

Reinhold, Ursula: Anmerkungen zu einem Hans-Beimler-Fragment von Alfred Andersch, in: Sinn und Form, 36. Jg. 1984, H. 3, S. 640-646

Reinecke, Rüdiger: Mythos oder Licht der Erinnerung? (Literarische) Spurensuche zur Rezeption des Spanienkrieges in der DDR am Beispiel von Hans Beimler und anderen, in: Wolfgang Asholt u. a.: Der spanische Bürgerkrieg in der DDR. Strategien intermedialer Erinnerungsbildung, Frankfurt/M. 2009, S. 153-183

Richardi, Hans-Günter: Schule der Gewalt. Das Konzentrationslager Dachau 1933-1934, München 1983

Riedel, Dirk: Kerker im KZ Dachau. Die Geschichte der Bunkerbauten, Dachau 2002

Schäfer, Max (Hg.): Spanien 1936-1939. Erinnerungen von Interbrigadisten aus der BRD, Frankfurt/M. 1976

Schick, Günter: Bibliographie deutschsprachiger Veröffentlichungen der »Verlagsgenossenschaft ausländischer Arbeiter in der UdSSR« Moskau, Leningrad, Berlin 1992

Schmidbauer, Georg: Hans Beimler aus Waldthurn. Ein unerschrockener Kämpfer gegen den Faschismus, in: Oberpfälzer Heimat, 51. Jg. 2007, S. 101-112

Schmitz, Norbert: Alfred Stern (1846-1936). Ein europäischer Historiker gegen den Strom der nationalen Geschichtsschreibung, o. O. 2008

Schober, Rudolf: Ein Mann, eine Mensch, ein Antifaschist. 1910-1998, bearb. v. Rudolf Schober jun., Wien 2000

Schumacher, Martin (Hg.): M. d. R. Die Reichstagsabgeordneten der Weimarer Republik in der Zeit des Nationalsozialismus. Eine biographische Dokumentation, Düsseldorf 1994, S. 28 f.

Seghers, Anna: Hans Beimler, in: Anna Seghers: Aufsätze, Ansprachen, Essays 1927-1953, Berlin/DDR 1980

Senat von Berlin (Hg.): Unabhängige Kommission zur Straßenumbenennung, Abschlussbericht v. 17.3.1994, Berlin 1994

Stern, Antonia: Hans Beimler. Dachau-Madrid, (Mskr.), o. O., o. J.

Stern, Antonia: Hans Beimler – ein Lebensweg, (Paris 1956), in: Annedore Leber: Das Gewissen entscheidet, Berlin, Frankfurt/M. 1957

Stern, Antonia: Die Falschmünzer. Zum 20. Todestag Hans Beimlers, gefallen am 1. Dezember 1936, in der Universitätsstadt Madrid, als Opfer seiner revolutionären Gesinnung, Paris 1957, neu hg. von Nikolaus Brauns, 2002; URL: <http://www.raeterepublik.de/Hans_Beimler__A.Stern_.htm> (11.1.2010)

Stoll, Max: Hans Beimler. Unser Vorbild, unser Freund, Berlin/DDR 1969

Teubner, Hans: Exilland Schweiz. Dokumentarischer Bericht über den Kampf emigrierter deutscher Kommunisten 1933-1945. Berlin/DDR 1975

Thoms, Marianne: Hans Beimler. Ausbruch aus dem Mörderlager, in: Helmut Bock: Sturz ins Dritte Reich. Historische Miniaturen und Portraits 1933/1935, Leipzig 1983